Périclès qui annonce cette rationalité dont s'e[
l'amour de la sagesse naissante.

De Socrate à Nietzsche
Sylvain Matton

L'histoire de la philosophie comprend le courage
suivant des interrogations qui se déplacent : quel statut
y donner au savoir (Platon) ? À l'espérance (Aristote) ?
Le courage ne fait-il qu'un avec la sagesse (Épictète) ?
Est-il l'impassibilité imitée du divin (Plotin) ? Un
simple effet de conditions physiologiques ? De Platon à
Nietzsche, le trajet du courage dans ses
problématisations philosophiques.

2. *Images* 53

*Quand le courage se montre, se projette
immédiatement non ce qui le constitue, mais
une image, frappante ; une image qui fait
impression. Soudainement saisi le regard se
déporte, il appréhende ce à quoi renvoie le
« héros », non pas ce qu'il est mais l'épreuve
fabuleuse qu'il représente. Une figure y est
reconnue, déjà légendaire, une trame symbolique
s'impose invisiblement, et ce que le courage
porte de mythologique attire vite vers ce qu'il
évoque de terreur et de force, de victoire
magnifique, d'affrontement sublime.*

De la beauté du geste 54
Pierre Michel Klein

Le courage a quelque chose d'impressionnant. Les
opinions les plus courantes y perçoivent une limite qui
se dépasse, une terreur conjurée, une victoire sur
l'impossible. Mais aussi le sens du courage magnifique
s'estompe, quand il lui est permis de recouvrir les
vains défis, voire les crimes. Et l'on reste stupide
devant cette étrange vertu qui détiendrait le pouvoir de
diffuser de la valeur, jusqu'à rendre la violence
admirable.

Endurer, refuser, se trouver, mourir pour une idée...
Roland Topor porte un regard rieur et grave sur ces
aspects du courage qu'il passe au crible de son
expérience d'homme et d'artiste. Une vision sans
complaisance qui met un désordre salutaire dans les
idées reçues et fait encore une fois la preuve que la
question du courage, et plus largement de la morale,
n'est pas la chasse gardée des seuls « spécialistes ».

Dans les contes, romans et films destinés aux jeunes,
le courage occupe une place importante. La figure du
héros intrépide fait toujours rêver. Mais comment les
enfants vivent-ils et perçoivent-ils le courage dans leur
vie quotidienne et dans ce qu'ils savent du monde ?
La prise en compte du collectif et de l'Histoire est-elle
valorisée comme l'est l'acte individuel ? Là, se pose la
question de la transmission.

« Les héroïnes qui luttent, se révoltent ou affrontent les
difficultés de la vie parviennent-elles toujours à
préserver ce corps et ce visage dont le cinéma a tant
besoin pour modeler ses images ? » Signes et critères
du courage féminin dans les scénarios et leur mise en
scène cinématographique.

*Le fait d'être nous est donné. Mais l'existence
dure alors, et chacun se voit pris dans de
multiples embarras, aventures ou accidents où il
faut se tenir, ou se perdre. Les images qu'on a
de soi, les idéaux autorisés et les valeurs apprises
font aussi ce que nous sommes ; mais en y*

Lorsqu'on sait ce que la vérité exige et qu'il faut
prendre une décision grave pour soi-même, on peut se
demander d'abord si on en aura bien le courage. Mais
pour un responsable politique, une telle résolution
engage directement un grand nombre d'existences. La
démarche alors s'inverserait : « D'abord fixer ce que
doit être le devoir à accomplir ; ensuite arrêter la
conduite qui doit en découler. Le constat du courage -
courage physique autant qu'intellectuel - ne vient
qu'ensuite. »

Guérir est parfois l'enjeu d'une lutte acharnée, d'un
violent assaut contre quelques sourds et implacables
destructeurs du corps. Où donc se puise cette étrange
énergie ? Peut-être dans ce mélange singulier fait de
passion, où l'intelligence prend une forme physique ;
d'obstination, qui semble autant spéculer sur l'illusion
que sur le savoir ; de rébellion aussi, constamment
insurgée face au désastre, déjouant les pièges de la
douleur et même, tant qu'il est temps, les tentations
de la mort.

On est seul avec, au-dedans de soi, quelque chose
d'étrange et qui détruit. Comment se maintenir dans
la conscience simple d'être soi-même, vivant et libre ?
Ces moments face à la maladie n'amènent-ils pas à
renouer avec une autre intimité, lointaine et oubliée,
du point de vue de laquelle la vie même, assignée à
réagir, retrouverait comme un étrange pouvoir de se
reconcevoir ?

On lit le mot « courage » et il nous semble
entendre un sens familier, quoique divers suivant

*les circonstances et les caractères propres, et sans
qu'il y ait là énigme totale. Cela, c'est le
courage représentable. Mais il y a eu la
Catastrophe. Ce siècle-ci a placé l'homme face à
l'inhumanité ; au crime contre lui-même. Et
contre cela, contre la terrifiante industrie nazie
de l'horreur, un autre courage a dû s'élever,
dont il faut prendre ici mémoire.*

Comment tenir dans l'intenable ? Et soutenir la vue,
nuit après nuit, de cette « flamme dans le ciel noir »
qui le saturait des poussières de millions d'êtres
humains carbonisés, presque tous morts d'être nés
juifs ? Quelques pages qui en témoignent, afin qu'au
moins demeure inoubliable ce que l'on ne comprendra
jamais.

5. *Annexes*   223

Préface
Pierre Michel Klein

« Il faut commencer par le commencement.
Et le commencement de tout est le courage. »
Vladimir Jankélévitch

Le courage est la vertu du commencement, nous dit Jankélévitch. Quel commencement ? Il ne faut pas de courage pour naître, ni pour être. Il en faut pourtant, parfois, pour continuer d'être, ou pour cesser d'être. Mourir, nous n'y pouvons rien ! Peut-être y pouvons-nous malgré tout quelque chose, faire face, ou bien garder la face sans se laisser envahir au moment d'être anéanti. Le courage, vertu inaugurale : ce qu'il faut faire ne va pas de soi, mais provient de nous-même, nous instaurons cela, quand sans notre intervention les choses n'iraient que par la « force des choses ».

Or commencer - commencer de lutter, commencer de résister - non seulement ne va pas de soi, mais peut aller aussi contre soi-même, malgré soi. Malgré la peur, malgré l'inertie, malgré ce qui en nous permet et pousse aux douces lâchetés, aux serviles abandons. Sans doute ce qui se nomme « lâcheté » nous propose-t-il de ne rien commencer quand il faudrait commencer quelque chose, ou bien de suivre ses propres pesanteurs en un gras laisser-aller de soi-même en soi-même, en dépit de tout, comme aspiré par sa propre nuit. Le courage alors s'imposerait malgré cela, malgré le désir peut-être, ou bien malgré l'obéissance, en une subversion dressée

contre les submersions où la mort sait respirer. On le sait, le commencement courageux ne manque pas de mobiles de s'abandonner.

Commencement, donc ; et contre l'ordre des choses. Et malgré
tout ce qui en nous tend à rejoindre cet ordre ; malgré nous-même.
« Commencer malgré » : voici une double et indissociable détermination du courage qu'il faudra suivre le long des pages, parmi la
diversité de ses modalités et de ses figures concrètes. Face au hasard
qui peut sembler nous faire, aux accidents qui nous bouleversent.
Face à notre propre corps et à son ordre, l'ordre des choses
qu'impose la maladie, sa grave chronométrie, jour après jour. Là
aussi, peut-être, commencer quelque chose, ne pas s'abandonner,
trouver en soi de quoi intervenir au sein d'un soi-même devenu
apparemment impossible, quand se mettent à y loger d'étranges
ennemis. Face à l'ordre barbare qui réglait l'industrie de l'horreur
nazie.

Et face à la mort. La mort elle-même, face à son ordre implacable, quel acte ? une manière ? un style ? ou bien peut-être aussi
quelque chose à dire, encore, quand on a seulement envie de crier.

Le courage, donc, intervient et s'oppose : à un problème, un
danger, un péril... Cette gradation du risque confère sans doute
davantage qu'une simple intensité au courage, car de la nature
exacte de cette « chose » qu'il faut surmonter naît la qualité propre du courage : ce qu'il est, son contenu, son sens. Car il faut
bien se demander s'il suffit de lutter contre un contraire, quel qu'il
soit, pour affirmer qu'il y a là une sorte de courage. La lutte est
une chose, son sens en est une autre. Là peut-être pourrait-on éclairer, par exemple, la persistante question où il est demandé de décider entre le courage morbide du suicidaire qui se détruit, et le
courage qui l'appellerait à ne pas se détruire. Courage malgré la
pulsion de vie, courage malgré la pulsion de mort : doit-on exclure
de la compréhension de la notion de courage l'idée qui l'inspire,
la puissance qui l'invite, le monde qui s'y porte ? Ce point de vue
- du sens, de l'idée - permettrait au moins de donner une raison
de ne pas estimer que ferait preuve d'« un certain courage » la brute
qui irait jusqu'au bout de son intention de salaud.

Mais dans le courage, il n'y a pas seulement un objectif à atteindre. Il y a aussi un sujet qui cherche en lui de quoi l'atteindre,
et qui le trouve, ou ne le trouve pas. Car le courage participe-t-il

d'une sorte de « don » ? d'un caractère, d'une détermination subjective ? Il faudra chercher à repérer, parmi les témoignages et les
réflexions qui suivent, comment se décide un homme, qui jusque-
là se serait pensé « trouillard », ou brave, et qui révélerait un stu-
péfiant courage, ou une lâcheté inattendue au moment de l'événement. Quelle empreinte, quelle trace subjective suit-il alors en
lui-même, quelle lumière éclaira donc les premiers pas du premier
aveugle ?

Car le « malgré tout » qui fait le courage se profile sur un horizon chargé de bien des découragements possibles, liés à l'obstacle,
bien sûr, mais aussi à ce mystérieux « soi » qui peut aider ou empêcher et qui n'est pas à lui seul tout à fait digne de confiance. Ne
faut-il pas savoir rompre avec sa nature, ne pas s'acharner forcément à poursuivre un penchant - serait-ce un penchant au courage
- sans se demander si faire montre de profondeur n'est pas parfois
une manière de s'enfoncer ?

Et l'on devra comprendre où peut bien se situer ce qu'on
nomme la « lâcheté », entre le découragement, vers lequel un
étrange vertige nous attire, et le complice laisser-aller qu'il nous
arrive de prendre pour du courage, et qui nous aide seulement à
nous y pousser.

Mais le courage ne s'accomplit pas seulement dans le face à face,
avec soi-même ou contre un ordre. Il lui faut aussi compter avec
le temps. Une décision n'est pas facile à prendre, on hésite, on
peut s'engluer dans les raisons de ne rien faire, mobiliser toutes
les ressources de sa mauvaise foi afin de permettre l'abandon. On
s'enfonce en soi-même de toute son épaisseur et puis, parfois, la
décision héroïque surgit quand même, et voilà : on se voit face
à ce qu'une sombre facilité aurait pu éviter, une indifférence, un
sommeil... et non. Les yeux ont décidé de s'ouvrir, il faut désormais persister. Il y a eu le courage de l'instant même, mais il faut
maintenant durer, jour après jour, matin après matin, et endurer
les nuits. Il y a l'héroïsme de l'éclat, à la force duquel les colon-
nes s'écroulent, et celui du tunnel poursuivi sans fin, l'un et l'autre
aveugles et en vue d'évasion.

Comment vaincre l'irrésistible ? Comment endurer l'impossible ?
Et pourquoi ? Quelle raison, quel idéal, quelle responsabilité, quel
regard nous lient donc aux secondes qui viennent ? Et qui crée notre

avenir à partir de rien ? Cela, il faudra le lire et l'écouter, et le demander à ceux qui ont su s'inventer, ou vivre l'enfer, ou survivre à l'indicible.

Dans la persévérance elle-même, ou bien dans le temps d'assumer la décision courageuse, peut-être prononçons-nous en nous-même : « si j'avais su… ». Et que savions-nous alors ? Quelle ignorance, quelles illusions sont donc les nôtres au moment de nous précipiter ? Au fond, nous nous demandons parfois si nous avons raison, ou si nous sommes vraiment lucides. Comment nous débrouiller dans cela ? Quel exact degré de clarté doit donc accompagner une décision ? Ne faut-il pas un peu d'une certaine illusion pour mobiliser un effort ? Ces questions portent sur la « conscience » courageuse, et sur l'inconscience aussi.

La sagesse antique répugnait à l'idée qu'on puisse se donner du courage avec un peu d'eau-de-vie. Et l'alcool n'est pas la seule puissance à nous préserver de la défaillance. Il suffit d'être « imbu » de nous-même, ivre d'amour pour notre image ; ou bien imbibé du torrent de mythes plus ou moins fascinants dont s'inondent les pensées courantes. Plus tard parfois, bien plus tard, on peut se demander ce qui nous a pris de nous mettre ainsi dans de sales draps et l'on se dit : « si j'avais su… ». Donnons deux suites à cette formule : « … je l'aurais fait quand même » ; fidèle à un acte, nous refusons aux raisons le dernier mot - d'ailleurs, cette lucidité rétrospective a-t-elle vraiment, avec le courage, quelque chose à voir ? - « … je ne l'aurais pas fait » ; nous prendrions alors conscience de ce que notre courage était halluciné, au moment décisif, et nous serions tombé comme un somnambule du haut d'un toit. Le sommeil et l'ivresse nous préservent un peu de la peur, non de la chute. Or le courage ne suppose-t-il pas une claire conscience de la peur elle-même, et par là du risque exact et du danger ? Quelle est la juste part de la conscience et de l'inconscience dans le courage ? Mais si le courage conserve son mystère, c'est qu'on peut penser que ces questions n'en épuisent pas le fond : alors ce que l'on « sait » ou ce que l'on ne « sait » pas importe peu, puisqu'il s'agit premièrement de « faire » quelque chose. Le fait du courage appelle à d'inépuisables interprétations, dès qu'on s'engage à tenter de lever cette seule difficulté : peut-on à la fois prendre conscience de toutes les bonnes raisons d'agir et ne pas agir ? Probablement ; mais alors, la lucidité ne serait que le témoin impuissant de notre lâcheté. Ou bien, avoir raison d'agir serait si contradictoire avec ne rien faire qu'une telle lâcheté n'indiquerait, au fond, que des « raisons » dont nous n'aurions pas pleinement conscience...

En tout cas, une sorte d'idéal se pose en nous comme un motif qui nous guide ; et notre plus ou moins nette lucidité porterait aussi sur l'appréciation - parfois bien hasardeuse - de la valeur de ce motif : car vaut-il pour lui-même, et pas seulement pour nous, que nous en payions le prix ? S'il vaut suprêmement, soyons prêts au sacrifice suprême. Et s'il ne vaut rien ou pas grand-chose ? Notre acte n'aurait-il de valeur que par le seul courage qu'il y aurait à l'accomplir ? Là commence le courage pur et simple, indépendant de la valeur de l'idéal, le courage irrationnel, libre, de cette seule liberté d'où surgit l'acte gratuit. L'aventure permet ce genre de courage, auquel se risquent les risque-tout. Mais attention : cette belle indépendance vis-à-vis de la valeur de l'idéal ouvre aussi aux courages destructeurs, dévastateurs. Et le courage pur ne ferait que dissimuler sous sa belle apparence le courage brut.

Le courage est lié à l'idéal, mais quelle peut être au juste la teneur de ce lien ? Ou bien le courage crée-t-il de la valeur de par son effectivité même ? On voit que l'on peut vite se laisser captiver par l'esthétique du courage, ébloui au point parfois d'oublier que le beau n'est pas le bien. Mais aussi, qu'ajoute au bien que l'on fait, le fait de le faire « avec courage » ?

Pierre Michel Klein

1. *Idées*

Depuis Platon, le courage est pensé comme une vertu
« cardinale », la vie morale gravitant autour de ce pivot (cardo),
comme autour des trois autres fondements de l'existence
pratique : la sagesse, la tempérance et la justice. Retirer l'une
de ces vertus, c'est désorienter le sens même du bien vivre et
du bien agir. D'où l'importance capitale de distinguer le
contenu exact de cette « notion ». Sur cela, thèses et
interrogations s'exposent, s'expliquent, ne cessant d'affiner la
difficulté de saisir les conditions sans lesquelles le courage ne
serait pas lui-même : force, savoir, illusion, peur, espoir, esprit,
raison, beauté même, volonté, liberté... Toutes ces corrélations
supposées se tissent et s'entrelacent, s'enchevêtrent aussi au
cours d'une réflexion qui ne se termine pas.
C'est ce parcours de l'« idée » du courage qui se propose
d'abord, l'histoire embarrassée de sa pensée.

Du mythe à la raison[1]

Étienne Smoes

*La vertu nommée courage n'est pas univoque. Et les difficultés
rencontrées par Platon, en quête de sa définition, viennent de
ce que jusqu'au Vᵉ siècle avant notre ère, les modèles grecs du
courage subissent évolutions et variations : l'héroïsme d'Achille,
enthousiaste, sûr de sa force et méprisant le danger, n'est pas
le même que celui d'Ulysse, conscient de ses faiblesses, héros
d'endurance et de ruse. Et la vaillance du citoyen-soldat, ferme
à son poste, se distingue de la ténacité d'Archiloque ou du
courage calculateur de Périclès qui annonce cette rationalité
dont s'emplira l'amour de la sagesse naissante.*

Le courage est une valeur très importante
dans l'idéologie de la cité-État et dans l'anthropologie grecque en
général. Un citoyen est parfois appelé bon *(agathos)* ou mauvais
(kakos) en fonction de son courage, et le plus grand titre d'honneur pour les citoyens d'Athènes est le titre posthume d'*andres aga-
thoi*, les hommes de cœur, les braves, titre décerné par l'oraison
funèbre à ceux qui ont conquis la valeur dans le sacrifice de leur
vie pour la cité. On exalte, on magnifie la mort héroïque et exemplaire de ceux qui ont acheté de leur sacrifice le salut des vivants.
Le courage est donc d'abord vertu politique, vertu de l'homme
public. D'autre part, l'*andreia*, mot grec posthomérique le plus courant pour signifier le courage, est la qualité de l'*anèr*, du mâle,
au sens de guerrier. Ainsi, dans *L'Iliade*, on trouve fréquemment
l'exhortation « Soyez des hommes *(aneres este)*, ne laissez pas mollir
votre valeur ardente » (VI, 112).

Avant Socrate existaient deux conceptions traditionnelles du courage explicitement liées à la guerre : la première est celle du guer-

---

1. Cet article est un extrait d'un ouvrage qui va paraître prochainement, *Le Courage chez
Platon et Aristote.*

rier aristocratique, tels Achille et Hector. Mais, dès la cité grecque classique, le courage héroïque de l'exploit individuel des champions de *L'Iliade* cède peu à peu la place au courage civique et discipliné du citoyen-hoplite qui « garde le rang ». Au VIIe siècle, la conception héroïque du courage recule pour une vision plus universelle et plus intérieure, s'affirmant souvent en dehors de tout contexte politique, la *tlêmosunê* ou ténacité, l'endurance, incarnée par Ulysse, mais présente également chez des lyriques grecs comme Archiloque et Théognis. Enfin, au cours du mouvement rationaliste du Ve siècle émerge une vision progressiste et intellectualiste plus spécifiquement athénienne, que l'on trouve, par exemple, chez Thucydide.

Le modèle du guerrier aristocratique

Dans l'*Iliade*, le courage est le privilège d'une caste guerrière. Il appartient aux meilleurs, les *aristoi*. Cette vision héroïque du courage restera comme un modèle constant à l'époque classique. Ainsi, la grandeur d'Achille, investi par le divin, semblable aux dieux, capable d'envisager et d'accepter sa propre mort beaucoup plus pleinement et plus passionnément que n'importe quel héros, servira de modèle au Socrate de Platon dans l'*Apologie* ; à ceux qui lui demandent s'il n'a pas honte d'avoir mené un genre de vie qui, aujourd'hui, le met en danger de mort, Socrate répond :

> « Il est mal, mon ami, d'affirmer, comme tu le fais, qu'un homme de quelque valeur ait à calculer ses chances de vie et de mort, au lieu de considérer uniquement, lorsqu'il agit, si ce qu'il fait est juste ou non, s'il se conduit en homme de cœur *(andros agathou)* ou en lâche. À ton compte, on estimerait peu ces demi-dieux qui sont morts devant Troie, notamment le fils de Thétis, pour qui le danger était si peu de chose, comparé au déshonneur [...] et qui méprisa la mort et le danger ; il craignait bien plus de vivre en lâche, sans venger ses amis[2]. »

Marcel Detienne met en évidence la différence profonde entre

---

2. *Apologie*, 28 b-c.

l'hoplite et le guerrier mythique de l'épopée, entre la discipline du fantassin de la phalange et l'exploit singulier du héros en proie à la *furor*. En effet, l'activité guerrière héroïque se condense dans le haut fait du champion possédé par les dieux. Or,

« l'exploit s'accomplit dans un état d'exaltation où le guerrier, en quelque sorte hors de lui-même, est possédé de folie furieuse. À ce combat d'individus, la phalange oppose une action collective : le combat n'est plus l'œuvre d'un guerrier, pourvu de qualités exceptionnelles ; la bataille est livrée par un groupe d'hommes, soumis à une même discipline. Tenir sa place dans le rang, s'élancer d'un même pas contre l'ennemi, combattre bouclier contre bouclier, exécuter toutes les manœuvres comme un seul homme, autant d'activités que résume une notion capitale : *taxis*. Entre le sens technique de position occupée par l'hoplite et les valeurs éthiques de maîtrise de soi, de discipline et d'ordre, il n'y a pas d'hiatus. Sur le plan des conduites, le changement est donc radical : la *sophrosunè*, la ''maîtrise entière de soi'', remplace cette ivresse, cette mise hors de soi, qui faisait du guerrier un possédé de *Lyssa*[3]. »

Un autre changement essentiel, signalé par Jean-Pierre Vernant[4], est que l'armée ne forme plus un corps spécialisé, une armée de métier avec ses formes propres d'organisation. Dès le VIIe siècle, avec le déclin de l'aristocratie, apparaît le citoyen-soldat, tel l'hoplite athénien. Tout citoyen est appelé à être guerrier si la cité se met en guerre. L'armée, c'est l'assemblée sous les armes, la cité en campagne. De plus, l'hoplite est avant tout un fantassin formé selon le système d'éducation générale du gymnase. La guerre passe d'une élite militaire, du *laòs*, aux égaux et les chefs, les stratèges, sont les plus hauts magistrats civils qui ont été élus. La cité absorbe la fonction guerrière.

Cette attitude qui consiste à tenir bon *(hupomenein)*, à « garder le rang » *(en tè taxei menôn)*, ne pas abandonner ses compagnons, ne pas jeter son bouclier pour fuir, deviendra un comportement exemplaire, voire un lieu commun de la littérature grecque (*Lachès*, 191 a). On le retrouvera chez des écrivains aussi différents que Tyrtée, Thucydide, Euripide, mais aussi chez Socrate,

---

3. M. Detienne, *Problèmes de la guerre en Grèce ancienne. La phalange*, Paris, Mouton, 1968, p. 121-122.
4. *Ibid.*, introduction de J.-P. Vernant.

Platon et surtout dans l'éthique d'Aristote[5]. Ainsi, l'*Héraclès* d'Euripide affirme que « l'épreuve de la bravoure n'est pas le tir à l'arc, l'arme la plus lâche ; elle consiste à rester à son poste *(menòn)*, et à voir, sans baisser ni détourner le regard, accourir devant soi tout un champ de lances dressées, toujours ferme à son rang » (*Héraclès*, 162). Il s'agit de l'opinion courante qu'il faut plus de vaillance pour attendre dans la ligne, sans broncher, le choc de la lance que pour envoyer de loin, et bien à l'abri, des flèches contre l'adversaire. Socrate aussi fit ses preuves comme hoplite à Délion, Potidée ou Amphipolis, et il veut « garder le rang » lorsqu'il affirme son refus de déserter *(leipein tèn taxin)*, par crainte de ses juges, la mission que lui a assignée le Dieu de Delphes (*Apologie*, 28 e, *Criton*, 51 b).

L'endurance d'Ulysse

À côté du courage « physique » et militaire apparaît un courage plus intérieur, un courage « moral » qui consiste à résister à un « ennemi » interne : passions, souffrances, malchance. Le modèle par excellence de l'endurance *(tlèmosunè)* est Ulysse. Déjà dans *L'Iliade*, par deux fois, Ulysse est appelé l'endurant *(tlèmon)* (X, 231 et 498). Mais, dans *L'Odyssée*, c'est systématiquement que l'épithète homérique *polutlas*, « le héros d'endurance », est attachée à son nom. Désormais l'héroïsme épique recule ou se déplace, en supposant que l'on admette la thèse courante que l'*Odyssée* daterait seulement du VIIe siècle. Ce nouvel idéal épique apparaît, ajoutant à l'héroïsme l'habileté, l'expérience et la débrouillardise d'Ulysse *(polumèchanos)*, voire la dissimulation. Avec l'intelligence, seule la détermination permettra à Ulysse de tenir *(tlènai)*, encerclé et assiégé par un monde hostile. Car le héros de *L'Odyssée* est en position de faiblesse :

> « Sur la terre, il n'est rien de plus faible que l'homme de tous les animaux qui marchent et respirent : tant que les Immortels lui donnent le bonheur et lui gardent sa force, il pense que jamais le mal ne l'atteindra ; mais quand, des Bienheureux, il a sa part de maux, ce n'est qu'à contrecœur qu'il supporte la vie. » (XVIII, 130)

---

5. Le mot *hupomenein* se rencontre plus de 15 fois dans le L. III de l'*Éthique à Eudème* et tout autant dans l'*Éthique à Nicomaque* (III, 9-12).

Pourtant, Ulysse reste confiant ; il est moins fataliste que les héros de *L'Iliade*. Certes, comme eux, il reste un héros investi par les dieux. C'est presque exclusivement Athéna qui éveille en lui l'énergie et l'audace *(menos kai tharsos)*. Mais elle investit aussi le cœur de Télémaque ou celui de Nausicaa :

> « Quand l'horreur de ce corps tout gâté par la mer leur apparut, ce fut une fuite éperdue jusqu'aux franges des grèves. Il ne resta que la fille d'Alkinoos : Athéna lui mettait dans le cœur cette audace *(tharsos eni phresi thèke)* et ne permettait pas à ses membres la peur. Debout, elle fit tête... » *(Odyssée*, VI, 139)

Mais il s'agit d'affronter Ulysse ! Le contexte guerrier de *L'Iliade* a disparu. En proie aux malheurs, Ulysse, malgré sa faiblesse, garde son optimisme. Aidé par Athéna, porté par la certitude invincible de revoir Ithaque, rien n'entame sa détermination de revoir les siens, ni tempêtes, ni Cyclopes, ni Sirènes, ni la séquestration par Calypso, ni même la possibilité de mariage avec Nausicaa. Ulysse est vraiment le cœur de fer *(kradiè sidèreè)* (IV, 293). Il résiste aux peurs, comme aux séductions.

C'est surtout face à la tempête que le héros homérique va affirmer son *aristeia*, au large de l'île des Phéaciens. Il affronte la sauvagerie des éléments. Ballotté par l'océan déchaîné, Ulysse garde la force de délibérer :

> « Tant que mes bois tiendront, unis par les chevilles, je vais rester dessus, endurer et souffrir *(tlèsomai algea paschôn)* ; mais sitôt que la mer brisera le plancher, je me mets à la nage ; il ne me restera rien de mieux comme espoir. Son esprit et son cœur ne savaient que résoudre, quand l'Ébranleur du sol souleva contre lui une vague terrible, dont la voûte de mort vint lui crouler dessus... » (V, 361)

De même, menacé d'être écrasé sur des récifs par le ressac, Ulysse reste « l'homme pensant ». Malgré l'acharnement de Poséidon contre lui, sa résistance lui permet de garder la tête froide, de se raisonner lui-même et d'agir au bon moment.

Par deux fois surtout, Ulysse, dur avec lui-même, résistera à ses propres impulsions. Il maîtrise ses sentiments irréfléchis. Cela annonce le *karterein* et le *thumos* de Platon, et l'*encrateia* ou la *kartéria* d'Aristote. Le héros de *L'Odyssée* dialogue avec son propre cœur et se réprimande. La patience du héros, attendant son heure, apparaît surtout lorsque, bafoué par les prétendants, il revient incognito à Ithaque. Ulysse se couche pour dormir comme un mendiant dans sa propre maison, la veille du jour de la vengeance par laquelle il regagnera sa place comme roi. Là, il entend certaines de ses servantes aller retrouver, en riant, leurs amoureux parmi les prétendants. Humilié, le cœur d'Ulysse fait rage mais il réprimande son cœur et l'exhorte à endurer.

> « Patience (Tetlathi), mon cœur ! c'est chiennerie bien pire qu'il fallut supporter (etlès) le jour que le Cyclope, en fureur, dévorait mes braves compagnons ! ton audace avisée me tira de cet antre où je pensais mourir ! C'est ainsi qu'il parlait, s'adressant à son cœur ; son âme résistait, ancrée dans l'endurance[6]. »

De même avec le Cyclope endormi dans son antre, Ulysse sait attendre son heure et résister à une brusque impulsion de vengeance. Il prend conseil de son cœur valeureux. Semblablement, Athéna affirme à Ulysse :

> « Sache donc les soucis que, jusqu'en ton manoir, le destin te réserve. Il faudra tout subir (tetlamenai)... sans mot dire, il faudra pâtir de bien des maux et te prêter à tout, même à la violence ! » (XIII, 307-310)

Bref, Ulysse deviendra le modèle de la patience active du héros en proie aux malheurs, qui transforme sa faiblesse en force. Le recul du modèle héroïque et l'affirmation de l'idéal d'endurance vont encore s'accentuer avec les Lyriques. La ténacité est, en effet, la vertu des périodes troublées et de changement.

Ainsi Archiloque, d'origine modeste, poète-mercenaire du VIIe siècle, refuse l'héroïsme dans le célèbre fragment du bouclier (fr. 13). Le poète sait se battre, mais s'il lui faut lâcher son bouclier pour sauver sa vie, il le lâche et affirme, sans aucune honte, presque avec sarcasme et légèreté :

> « Mais j'ai sauvé ma vie. Que m'importe mon vieux bouclier ! Tant pis pour lui ! J'en achèterai un autre tout aussi bon. »

---

6. Odyssée, XX, 18-23 et J. de Romilly, « Patience, mon cœur ». L'essor de la psychologie dans la littérature grecque classique, Paris, Les Belles Lettres, 1984.

Archiloque, individualiste, tient peu compte de l'*aidôs* et de l'opinion publique. Et il met en question les valeurs homériques et l'idéalisation héroïque de la mort du guerrier. La gloire est éphémère et le mort est vite oublié, si grand qu'il ait été (fr. 111). Cependant, comme mercenaire il peut affirmer la camaraderie unissant les combattants face à la mort. La gloire est moins de mourir que d'oser exposer sa vie. Il semble qu'il y a déjà chez Archiloque une modification profonde de mentalité. Le poète, tout individualiste anarchique qu'il est, n'en affirme pas moins la fidélité au groupe, l'affirmation du groupe plus que l'exaltation de l'honneur individuel. L'idéal n'est plus la gloire mais l'amitié.

« Un courage qui s'appuie sur le profond sentiment de camaraderie qui unit les combattants en face de la mort égale pour tous, mais un courage qui refuse de partager les risques du combat à côté des lâches[7]. »

De plus, désormais l'homme nouveau se plie au rythme réglant les choses humaines par la *sophrosunè*, qui se substitue à la première des vertus épiques qu'était le courage, ou plutôt donne une autre assise au courage du héros, soumis aux lois du monde. Le remède contre l'irrémédiable : la ténacité, la volonté de résister.

« Aux maux les plus incurables, ami, les dieux ont ménagé un remède : la fermeté d'un cœur endurant *(krateren tlemosunèn)*. Le malheur va de l'un à l'autre. Aujourd'hui c'est nous qu'il a touché, la plaie saigne et nous fait crier : demain, d'autres auront leur tour. Eh bien, vivement, prenez courage *(tlète)*, et laissez aux femmes le deuil et sa plainte. » (fr. 1)

Plus loin il affirme encore :

« À pleurer, je ne guérirai pas ma peine : elle n'empirera pas si je cours les plaisirs et les fêtes. » (fr. 5)

C'est dans un contexte volontiers fataliste que s'insère l'endurance, comme il apparaît dans le célèbre *tois theois tithei apanta* (fr. 123) :

« Abandonne toutes choses aux dieux ! Souvent ils tirent du malheur, ils mettent debout ceux qui gisaient sur le sol noir. Souvent ils abattent, ils renversent sur le dos ceux qu'on voyait bien campés dans leur assurance. »

---

7. A. Bonnard, *Civilisation grecque*, Lausanne, La Guilde du livre, 1954, p. 117-118.

Théognis, le poète élégiaque du VIᵉ siècle, lui aussi, exalte l'endurance :

« Cyrnos, l'homme de bien, garde toujours l'esprit solide ; il reste fort *(tolma)* dans le malheur comme dans la prospérité... » (*Élégies*, I, 319)

ou encore :

« C'est chez les lâches que le cœur s'aigrit [...] Personne en effet n'est pleinement heureux ; mais tandis que l'homme vertueux sait supporter le mal, et aussi bien n'en rien laisser paraître, le lâche, ni dans le bonheur ni dans l'infortune, ne sait garder calme son cœur. » (I, 366) ;
« Prends courage, ô mon âme *(tolma, thume)*, malgré la désolante épreuve du malheur. C'est le cœur des lâches qui s'aigrit. » (I, 591, 1029, 1162a, 1178a)

Le thème semble bien être un lieu commun de la morale du VIᵉ siècle.

Vision intellectualiste du courage au Vᵉ siècle

Au cours du mouvement rationaliste du Vᵉ siècle apparaît une conception nouvelle du courage et une problématique qui trouvera un grand écho chez Platon, surtout dans les dialogues socratiques du *Lachès* et du *Protagoras*. Cette problématique, nous la trouvons aussi dans *La Guerre du Péloponnèse* de Thucydide ; c'est celle des rapports du courage avec le savoir et surtout avec ce savoir technique qu'est le métier, l'expérience et la compétence professionnelle[8]. Lors de cette guerre implacable de vingt-sept ans qui mettra aux prises une Athènes de plus en plus puissante et sa rivale spartiate, les Athéniens avaient voulu éviter de porter le conflit là où s'affirmait la supériorité péloponnésienne, dans les combats d'infanterie où l'emportent le nombre, la détermination et la vaillance. Vu leur maîtrise des mers, ils préféraient mener une guerre maritime où l'emportent la mobilité prompte, l'effet de surprise,

---

8. La ressemblance d'argumentation entre Thucydide (surtout au Livre II, *La Bataille de Naupacte*) et le *Lachès* ou le *Protagoras* de Platon a été soulignée par plusieurs interprétations, surtout par Jacqueline de Romilly, « Réflexions sur le courage chez Thucydide et chez Platon », *Revue des études grecques*, XCIII (1980/2), nᵒˢ 442-444, p. 307-323.

l'audace qui ne va jamais sans l'intelligence de la stratégie, les calculs de l'expérience et d'une habileté tactique redoutable. Cette confiance dans leur expérience du combat sur mer et dans leur supériorité maritime va diriger toute leur stratégie.

Périclès, dans *La Guerre du Péloponnèse* de Thucydide, à la fin du Livre I, définit son plan de défense « passive » : considérer Athènes, abritée derrière ses murs, comme une île, laisser envahir et piller l'Attique sans engager sur terre un combat inégal, répondre aux incursions par des expéditions navales contre le Péloponnèse :

> « Ils peuvent venir attaquer notre pays par terre : nous, nous irons par mer attaquer le leur. » (*Thucydide*, II, 143, 4)

Le principe de la domination navale des Athéniens repose sur leur expérience et leur métier qui leur confère, depuis Salamine, une grande supériorité de manœuvre, en ménageant un « champ large » pour leurs vaisseaux, ce qui permet la liberté de mouvement, de percement et d'enveloppement des lignes adverses. Mais les Athéniens ne suivront pas jusqu'au bout les conseils de Périclès ; aveuglés par leur succès, ils cédèrent à leur besoin d'expansion et à l'exaltation d'une assurance trompeuse *(thrasei apistoi)* en se laissant entraîner par Alcibiade dans l'aventure de Sicile (I, 120, 4). La flotte athénienne finira par se laisser enfermer dans un « espace étroit » empêchant toute manœuvre, dans la rade de Syracuse. Ses échecs en Sicile sonneront le glas de l'hégémonie et de la grandeur d'Athènes.

Cette approche rationaliste et technique de la guerre apparaît comme une perspective spécifiquement athénienne, et peut-être l'intellectualisme de Socrate s'inscrit-il dans l'intellectualisme des Athéniens en général. L'excellence technique produit l'audace et permet de prévoir et de maîtriser les fortunes de la guerre. Elle annonce la problématique du courage-habileté du *Lachès* et du *Protagoras*. Les Corinthiens eux-mêmes, pourtant adversaires farouches des Athéniens, dans le Livre I de *La Guerre du Péloponnèse*, mettront en évidence le sens du progrès et l'optimisme entreprenant des Athéniens qu'ils opposeront à l'hésitation, au pessimisme et au fatalisme des Spartiates :

> « Eux sont novateurs, vifs pour imaginer et pour réaliser leurs idées, vous, vous conservez votre acquis, vous (les Spartiates) n'inventez rien. Eux pratiquent l'audace sans compter leurs forces *(para dunamin tol-*

mètai), le risque sans s'arrêter aux réflexions et l'optimisme dans les situations graves *(en tois deinois euelpides)*[9] ; votre façon, à vous, vous fait n'agir jamais qu'en deçà de vos forces, vous défier même des plus sûres réflexions et, dans les situations graves *(tôn deinôn)*, vous dire que vous n'en sortirez jamais. Ils sont, en outre, résolus, quand vous hésitez, portés aux déplacements, quand vous les évitez spécialement [...] ; ce qu'une attaque leur fait acquérir n'est encore qu'un maigre résultat en comparaison de l'avenir, et si jamais un essai échoue, une autre espérance vient, pour compenser, combler le manque. » (I, 70, 2-7)

Plus loin, ils affirment encore :

« Dans les techniques *(technè)*, la nouveauté l'emporte toujours... quand on est contraint de multiplier les interventions, il faut aussi multiplier les nouveaux moyens : c'est bien pourquoi les Athéniens, grâce à leur riche expérience *(polupeirias)*, se sont renouvelés plus que vous. » (I, 71, 3)

Enfin, ils proclament que le courage *(eupsuchia)* leur donnera à eux Corinthiens le dessus car c'est un avantage qu'ils doivent à la nature et qui ne peut s'enseigner, tandis que la tactique maritime s'acquiert par l'entraînement (I, 121, 4).

Dans sa célèbre Oraison funèbre, Périclès à son tour décrit les Athéniens comme montrant à la fois l'audace la plus grande et calculant pourtant l'entreprise à venir et, alors que chez d'autres l'ignorance les porte à la résolution *(amathia thrasos)* et le calcul à l'hésitation, ceux-ci font preuve de la fermeté la plus grande ; on peut en effet « considérer à bon droit comme ayant les âmes les plus fermes *(kratistoi psuchèn)* ceux qui discernent de la façon la plus claire le redoutable ou l'agréable, tout en ne se laissant pas, pour autant, détourner des dangers »[10]. Il s'agit donc d'une bonne audace, une audace réfléchie, s'affirmant par-delà tout calcul. Elle mesure le danger, pèse les risques et pourtant les affronte dans un choix lucide ; car, comme l'affirme le *Protagoras* (350 c-d), si tous les courageux sont audacieux, tous les audacieux ne sont pas cou-

---

9. Aristote nous parle des *euelpides*, et nous parle de leur rapport avec l'expérience et avec le courage : *Éthique à Eudème*, 1229 a 21 et surtout *Éthique à Nicomaque*, 1115 b 3, 1116 a 4, 1117 a 10.
10. On rapprochera cette conception intellectualiste du courage de la définition donnée par Nicias dans le *Lachès* : « Cette science est celle des choses qu'il faut redouter ou espérer *(tèn tôn deinôn kai tharraleôn epistèmèn)* dans la guerre et en toutes circonstances. » (195 a)

rageux. L'audace déraisonnable n'est pas courage *(tolma alogistos)*. Mais lors de la crise morale provoquée par les luttes intestines, on détourna jusqu'au sens habituel des mots ; l'audace irraisonnée et aveugle fut appelée courage. Ainsi la sagesse d'un Nicias, tentant vainement d'empêcher l'expédition de Sicile, passa pour de la lâcheté et l'audace la plus folle d'Alcibiade passa pour du courage (VI, 13, 1).

Le débat entre les deux conceptions opposées du courage, entre le volontarisme spartiate et l'intellectualisme athénien, que J. de Romilly rapproche du débat entre Lachès et Nicias dans le *Lachès* de Platon, apparaît surtout dans un exemple privilégié, au Livre II de Thucydide, juste avant la bataille de Naupacte. Patrai (qui voit une première défaite péloponnésienne) et Naupacte sont les premières batailles navales de la guerre du Péloponnèse. Elles opposèrent les forces athéniennes expérimentées à des forces péloponnésiennes inexpérimentées mais beaucoup plus nombreuses. Elles sont précédées des harangues militaires des deux généraux adverses, sous forme de deux discours antithétiques qui constituent une antilogie, une confrontation des thèses opposées. Thucydide, en disciple consciencieux des sophistes, utilise fréquemment ces débats avant les récits de bataille. Ces discours constituent un procédé d'analyse de la situation tactique, des forces en présence, des éléments favorables et défavorables, c'est-à-dire des chances de succès de chaque parti. Ils sont aussi une volonté de rationaliser l'événement, d'y discerner des lignes de force, une unité abstraite, bref de conférer l'intelligibilité, voire l'art de la prévision aux péripéties parfois confuses d'une bataille ou de la guerre en général.

Les arguments des stratèges péloponnésiens sont : les Athéniens ont la technique, nous avons le courage.

> « Sans force d'âme *(aneu eupsuchias)*, tout métier *(technè)* reste dénué de force en face du péril : la frayeur *(phobos)* met la mémoire en déroute et le métier, sans énergie guerrière *(technè aneu alkès)*, ne sert à rien. » (II, 87, 4)

Nous avons été vaincus, mais notre nombre doit nous donner confiance. Phormion, le stratège athénien, prend l'exact contre-pied des arguments de ces derniers. Ils n'ont pas l'apanage du courage ; celui-ci est moins une supériorité naturelle qu'une confiance dans le succès et l'expérience. Le courage est fonction de l'expérience car c'est l'expérience qui rend plus résolu *(empeiroteroi thrasute-roi)*. La valeur naturelle n'existe pas. Les qualités morales, la force d'âme et la vaillance sont subordonnées aux qualités intellectuel-les, même si dans certains cas la bravoure peut compenser une infé-riorité technique. De plus, le nombre des navires péloponnésiens ne s'explique que par leur peur et leur sentiment de faiblesse vu leur défaite antérieure. « Vous ne devez pas éprouver d'appréhen-sion devant ce qui n'est pas à craindre. » (I, 89, 1)

Vous leur inspirez bien plus de craintes que vous ne les crai-gnez. Bref, les deux discours de Naupacte se ramènent au conflit du courage (en tant que capacité innée) et de l'expérience. La fin de la bataille donne raison à Phormion. Naupacte a été la victoire du progrès technique et de l'expérience sur la valeur naturelle.

Nous voyons aussi la fonction de ces exhortations, de ces haran-gues militaires avant un combat. Le soldat sera d'autant plus vail-lant qu'il aura mieux compris les caractéristiques et les avantages de la situation, qu'il en aura analysé tous les éléments. Bref, nous restons dans le domaine de cet équilibre entre pensée et action, entre audace et réflexion, qui apparaissent pourtant inconciliables, et dont l'alliance exceptionnelle, selon Périclès, appartiendrait aux Athéniens.

Nous voyons donc tout ce qui sépare la vision athénienne de la guerre et du courage, tout comme celle de Thucydide (qui fut stratège athénien) de la vision homérique du combat et de la force d'âme : la bataille, dans *L'Iliade*, apparaît comme une série de com-bats singuliers, d'*aristeiai*, comme une mêlée confuse au dénoue-ment imprévisible. Les interventions divines fréquentes insufflent et accroissent le courage et la crainte au cœur des combattants, diri-geant même leurs javelots, dans le cadre merveilleux de l'épopée, et traduisant ainsi les sentiments de l'homme dépassé par les for-ces supérieures, tandis que chez un Thucydide, beaucoup plus ratio-naliste, réaliste et positiviste, le courage, comme nous l'avons vu, est lié à l'expérience, à la supériorité technique et à la connais-sance qui permet, jusqu'à un certain point, la prévision et les pro-nostics. Aussi, l'espérance a mauvaise presse chez Thucydide. Ainsi, Périclès affirme que l'intelligence

> « se fie peu à l'espérance *(elpidi)*, dont la force intervient quand les moyens font défaut ; elle préfère, en se fondant sur les circonstances, se fier à la réflexion, dont le pronostic est plus solide. » (II, 62, 5)

L'espérance n'apparaît que lorsque le calcul ne laisse plus rien
attendre, lorsqu'on ne peut plus compter que sur la chance, voire
quand la situation est désespérée. On s'en remet à l'espérance pour
ce que la réussite a d'incertain car, malgré tout,

> « l'incertitude règne à la guerre. » (II, II, 4)

Assurément, Thucydide reconnaît l'existence de la *tuchè*. Il
appelle ainsi tout ce qui ne peut être prévu par l'esprit d'analyse.
Aussi, elle prend place dans le calcul des chefs. Mais ils ont à lui
faire la part la plus petite possible. Cette intellectualisation de la
guerre et cette rationalisation du courage ne feront que croître.

Déjà, Hérodote opposait au courage des Grecs qui, même dans
un combat naval comme à Salamine, faisaient preuve de jugement
et de bon ordre, le désordre des Barbares qui agissaient par peur
du Grand Roi.

> « La plupart des vaisseaux engagés dans ce combat de Salamine furent
> mis hors d'usage, les uns détruits par les Athéniens, les autres par
> les Éginètes. Les Grecs combattant en bon ordre *(sun kosmô)* et gar-
> dant le rang *(kai kata taxin)*, tandis que les Barbares n'avaient pas
> conservé les leurs et agissaient en tout sans jugement *(oute sun noô)*. »

Hérodote exalte également le courage civique des Grecs, enra-
ciné dans le sens de l'honneur et de la honte, ces Grecs qui combattent pour leur liberté, dans la crainte de la Loi, contrairement
aux Perses, qui combattent pour leurs maîtres, dans la peur du fouet
(VII, 102-104 et 208-210).

Bref, nous voyons que l'historien rejoint souvent le philosophe.
Il pose des questions identiques : le courage est-il un savoir, ou
du moins ne va-t-il pas sans quelque savoir ? Quel est son rapport
avec l'habileté technique ? Bref, s'apprend-il ? Cependant, Socrate
et Platon sont bien éloignés d'exalter la seule intelligence technique et l'efficacité pratique. Ainsi dans des dialogues comme le
Lachès et le *Protagoras*, nous verrons surgir toutes ces définitions
traditionnelles que nous venons de passer en revue ; mais elles apparaissent souvent comme des définitions provisoires ou des exemples
permettant de faire avancer la discussion à un plan plus général,
d'éliminer une hypothèse fragile, d'élargir une définition. Elles ont
fréquemment un rôle purement dialectique. Le courage héroïque,
le citoyen-hoplite, l'endurant, la capacité technique ou la compétence professionnelle sont autant de modèles de comportement fami-

liers à la conscience commune grecque. L'exemple le plus évident
est celui du plongeur de métier qui descend dans un puits. Ce personnage est présent dans le *Lachès* (193 c) comme dans le *Protagoras* (350 a), mais dans le premier dialogue il sert à dissocier courage et habileté, tandis que dans le second il sert à les rapprocher.
De même, le courage comme savoir technique ou comme expérience
professionnelle, conception qu'Aristote attribue injustement au
Socrate de Platon[11], est, en fait, pris simplement comme point de
départ de discussion. Platon n'adhère pas nécessairement aux différentes définitions et aux contre-exemples qu'il utilise. Cependant,
on peut dégager des ressemblances entre le philosophe et l'historien. Ainsi les définitions parallèles du courage, celle du *Lachès* où
il est défini comme constance et savoir *(kartéria* et *phronèsis)* et
celle du *Protagoras* où il est présenté comme audace et savoir *(tharsos*
et *sophia)*, rappellent l'alliance audace-intelligence attribuée par Périclès aux seuls Athéniens.

Ainsi, nous constatons que Platon puise dans les thèses en honneur dans l'Athènes de son temps. Il en montre l'intérêt, ou parfois l'insuffisance et l'imprécision. Les dialogues platoniciens mettront surtout en évidence, nous le verrons, l'ambiguïté de la notion
de science. Ils tenteront de montrer que la science impliquée dans
le courage n'est pas seulement prévoyance technique des moyens,
tentative de contrôler les événements en sa faveur, de saisir l'oppor-
tunité ou le désavantage de telle manœuvre ou de tel mouvement.
Le courage, comme science de ce qu'il faut craindre ou espérer,
plus qu'une science des moyens, un calcul des chances ou une
sagesse technique, apparaîtra, à la manière socratique, comme science
des fins, science des Valeurs, science de ce qu'il est digne ou injuste
d'entreprendre, sagesse morale ou science de ce qui vaut la peine
de risquer sa vie.

---

11. Aristote, *Éthique à Nicomaque,* 1116 b 3-5 ; *Éthique à Eudème,* 1229 a 15.

Étienne Smoes

De Socrate à Nietzsche

Sylvain Matton

L'histoire de la philosophie comprend le courage suivant des interrogations qui se déplacent : quel statut y donner au savoir (Platon) ? À l'espérance (Aristote) ? Le courage ne fait-il qu'un avec la sagesse (Épictète) ? Est-il l'impassibilité imitée du divin (Plotin) ? Un simple effet de conditions physiologiques ? De Platon à Nietzsche, le trajet du courage dans ses problématisations philosophiques.

«J e conçois parfaitement ce qu'est le courage, et ne comprends pas comment cette idée m'échappe si bien que je ne saurais l'expliquer et la formuler » (*Lachès*, 194 b). Voilà l'exclamation de dépit que Platon met dans la bouche de Lachès, et qui n'est pas sans rappeler ce que saint Augustin dira du temps. La nature du courage serait-elle si difficile à saisir ? On s'accorde à reconnaître, observe Socrate, que c'est une vertu : ce n'est certes pas la vertu tout entière, mais « une partie » de la vertu. Or, poursuit Socrate, comment définir cette vertu particulière de manière à rendre compte de *toutes* les formes de courage : non seulement le courage du soldat au combat, mais celui du marin exposé aux dangers de la mer ou de l'homme affrontant la maladie, la pauvreté, les passions, les souffrances et même les plaisirs ? En faisant du courage, répond Lachès, « une certaine force de l'âme ». Mais la force d'âme se rencontre aussi chez les fous, objecte Socrate. Le courage sera donc « la force d'âme intelligente ». Pourtant, dans la mesure même où elle diminue le risque, l'intelligence, qui est aussi prudence, n'est-elle pas réductrice du courage ? Ce dernier devra donc être « la force d'âme insensée ». Définitions contradictoires qui suscitent le découragement de Lachès ! Et son rival Nicias ne sera guère plus heureux en proposant de définir le courage comme « la science de ce qu'il faut craindre et ne pas craindre ». Car, fait observer Socrate, la science jugeant également du passé, du présent et de l'avenir, le courage s'avérerait alors être « la science de tous les biens et de tous les maux en tous temps », et serait donc la vertu tout entière : or le courage, a-t-on reconnu, n'en est qu'une partie.

Pourtant, malgré l'aporie sur laquelle se clôt le *Lachès*, la définition de Nicias sera reprise par Socrate dans le *Protagoras* (360 d) pour preuve que la vertu est science, et peut donc s'enseigner : comme la sagesse, la justice et la tempérance, le courage est *savoir*. Puisqu'en effet la lâcheté est « l'ignorance de ce qu'il faut craindre », le courage, son contraire, est bien « la science de ce qu'il faut craindre et ne pas craindre ».

Tandis que le *Lachès* insistait sur la contradiction interne du courage qui suppose que la raison tout à la fois connaisse et ignore les dangers encourus, le *Protagoras* paraît donc se résoudre à faire du courage la connaissance du vrai danger. Cette apparente inconséquence des premiers dialogues platoniciens s'efface, au moins partiellement, dans la *République* (429 c), où, jouant sur le mot *sôtêria* qui signifie ici le fait de conserver quelque chose et le fait d'être préservé par cette chose, Socrate définit le courage comme « la sauvegarde de l'*opinion* relative à ce qu'il faut craindre ». Certes, l'opinion qui anime le courage est « droite et juste », et c'est elle que, dans la république idéale, la loi doit susciter chez les guerriers par le moyen de l'éducation ; il n'en reste pas moins que, par définition, l'opinion est un savoir reçu qui enveloppe l'ignorance. La science au sens strict n'étant pas la condition propre du courage, ce dernier peut donc se porter vers le danger comme vers quelque chose qui lui est simultanément connu et inconnu.

C'est d'ailleurs parce que l'opinion n'est pas la science que, dans la cité idéale, la sagesse, qui est la science véritable, celle qui préside à l'éducation des guerriers par l'entremise des lois, ne se trouve pas dans leur corps social mais seulement dans celui des gouvernants, à savoir des législateurs philosophes. Mais c'est parce que l'opinion des guerriers sur ce qui est à craindre et à ne pas craindre est ainsi étroitement liée à la science qu'elle mérite ce nom de courage, qu'on ne saurait donner à celle « d'une bête ou d'un esclave ». Si la source du courage est en effet la « partie irascible » de l'âme *(thumoiédès)*, qui tient dans cette dernière une position centrale entre la raison et le désir sensuel, il ne peut y avoir de courage que si cette partie irascible se soumet aux préceptes de la raison (442 c). Ainsi le courage prend-il une valeur morale ; ainsi apparaît-il comme une vertu politique essentielle (430 c).

Cette dimension politique du courage se retrouve chez Aristote, mais modifiée dans un sens beaucoup plus pragmatique. Car pour Aristote la vertu ne se définit plus par référence à l'ordre transcendant d'un idéal politico-éthique. Disposition acquise et volontaire, elle est « une sorte de moyenne, puisque le but qu'elle se propose est un équilibre entre deux extrêmes » (*Éthique à Nicomaque*, II, VI). Le courage sera donc « une juste moyenne entre la crainte et la hardiesse » (II, VII ; III, XI). Les sujets de crainte, ce sont les maux, telles l'infamie, la maladie, la pauvreté, la solitude, la mort. C'est devant cette dernière que se révèle d'ailleurs tout particulièrement le courage :

> « On peut légitimement déclarer courageux l'homme qui se montre sans peur en face d'une belle mort et devant les dangers soudains, susceptibles d'entraîner la mort, lesquels se rencontrent tout particulièrement à la guerre. » (III, IX)

Cependant, « l'homme courageux ne saurait avoir du courage contre *tous* les maux » (III, XI) ; il serait en effet honteux de n'en point redouter certains, par exemple l'infamie : l'homme courageux doit *craindre* tous les maux résultant du vice. On voit par là que le courage procède tout autant, sinon davantage, du sentiment de ce qui est noble, de l'honneur, que de la colère : « les gens courageux agissent poussés par le bien et la colère ne fait que leur venir en aide » *(ibid.)*. Il faut que la forme du courage provoquée par la colère « s'accompagne d'un choix réfléchi et de la conscience du but » pour qu'elle se mue en réel courage. Sinon, les bêtes s'élançant elles aussi contre le danger lorsqu'elles sont poussées par la souffrance et l'irritation, il faudrait dire « que les ânes montrent du courage quand ils ont faim : ils ont beau recevoir des coups, ils ne se détournent pas pour autant de leur pâture » *(ibid.)*. Le véritable courage s'accompagne donc de lucidité : qui ignore les périls - par exemple dans l'ivresse - n'est pas réellement courageux. Le courage est aussi, dans sa forme la plus haute, antinomique de l'espérance : par là même qu'il ne nourrit plus aucun espoir, l'homme courageux devant une maladie mortelle l'est davantage que ne l'est le marin dans la tempête ; c'est pourquoi : « ceux que soutient l'espoir ne sont plus pour autant de vrais braves », non plus que ceux qui ont la conviction d'être les plus forts, de pouvoir triompher au combat. Enfin, le courage s'accompagne d'affliction et de tristesse, puisqu'il se définit comme une constance montrée dans les cas pénibles (III, XII). De fait, plus l'homme courageux est vertueux, plus il sera heureux, et par conséquent plus il sera navré de mourir.

De Platon à Aristote, une chose est remarquable : en étant rapproché de la sagesse et de la vertu, le courage se voit de plus en plus dégagé de sa primitive connotation martiale, celle-là même qu'enveloppent les termes grec (*andreia*, force virile) et latin (*fortitudo*, force) qui le désignent. Pourtant, ni chez Platon ni chez Aristote, ce processus d'émancipation, dont la source est évidemment le courage de Socrate devant sa mort, n'est mené jusqu'à son terme, tant s'en faut. Bien que, dans la cité, Aristote ne lie plus aussi étroitement que le faisait Platon le courage aux guerriers, celui du soldat demeure pour lui un modèle. Sa conception du courage au reste ne se départ pas, comme celle de son maître, d'un certain préjugé aristocratique. Témoin cette remarque, visant sans doute les esclaves : « Celui qui, sous la menace du fouet, ne perd rien de son assurance, ne mérite pas pour cela le nom de courageux. » (III, IX) Réalisation de ce qui est noble, rejet de ce qui est bas, le courage s'incarne davantage dans les natures libres que sont les citoyens que dans les natures serviles que sont les esclaves.

L'adéquation entre courage et sagesse s'accomplit en revanche totalement chez les stoïciens, au point que ces mots apparaissent presque synonymes : le courage, c'est la force d'âme, qui est la sagesse. Certes, les stoïciens distinguent plusieurs vertus, mais en même temps ils semblent les confondre. Faut-il y voir une inconséquence, comme Plutarque le reprochera au fondateur de l'école du Portique ?

« Zénon, écrit Plutarque, admet qu'il y a plusieurs vertus et il distingue, comme Platon, la prudence, le courage, la tempérance et la justice, vertus inséparables sans doute, mais distinctes et différentes l'une de l'autre. Mais il définit ainsi chacune d'elles : ''Le courage, dit-il, est la prudence dans les choses à supporter ; la justice, la prudence dans les choses à attribuer'', comme s'il croyait la vertu unique et différant seulement dans ses actes et par ses rapports avec leurs objets. »

C'est qu'en réalité pour les stoïciens toutes les vertus sont liées, et qui en possède une possède les autres. Cela est manifeste pour le courage, son objet particulier, comme le rappelle Diogène Laërce, étant « ce qui est à supporter » (*Vies*, VII, 126). La maxime « supporte » n'est-elle pas la maxime fondamentale du sage ? Dès lors le courage ne saurait avoir aucun lien, entretenir aucune connivence avec les passions : il ne relève pas de la colère ou d'une partie irascible de l'âme, mais de la seule raison : il est la condition et la marque de cette vie raisonnable, « selon la nature », que mène le sage. Aussi quand Cicéron, dans son *Traité des devoirs*, décrit l'âme courageuse *(fortis animus)*, c'est le portrait même du sage qu'il dépeint :

« On reconnaît, écrit-il, une âme courageuse et grande surtout à deux choses, d'abord au mépris qu'elle a des choses extérieures, dans la conviction où elle est que l'homme ne doit rien admirer, souhaiter ni rechercher que l'honnêteté et la convenance, et qu'il ne doit céder ni aux hommes ni aux passions ni à la fortune ; ensuite quand on a cette qualité d'âme dont j'ai parlé, à ce qu'on accomplit de grandes actions sans doute très utiles, mais surtout pleines de difficultés et de labeurs, qui mettent en danger la vie même et bien des choses qui servent à la vie ; c'est dans celle-ci qu'apparaît tout l'éclat de cette vertu, toute sa grandeur, et j'ajoute son utilité ; mais c'est dans celle-là qu'est la cause et le principe qui fait la grandeur des hommes ; en elle est ce qui fait les âmes supérieures et leur inspire du mépris pour les choses humaines. Un trait enfin leur est commun : juger que seul l'honnête est le bien, être affranchi de toute passion. Tenir pour peu de choses ce que la plupart des hommes trouvent remarquable et magnifique, voilà, il faut le croire, le fait d'une âme courageuse et grande ; supporter les tristesses si nombreuses et si diverses de la vie et la destinée des hommes, de façon à garder une contenance naturelle et à ne pas se départir de la dignité du sage, cela appartient à une âme forte et constante. » (XX, trad. L. Robin)

Dans ces conditions, le courage militaire ne peut plus être tenu pour le courage modèle. De quoi prend acte Cicéron lui-même, qui écrit : « Il y a un courage civique qui n'est pas inférieur au courage d'un soldat et qui exige même plus de travail et d'activité. » (XXII) Le courage d'un Solon l'emporte sur celui d'un Thémistocle.

Parallèlement au stoïcisme, le néoplatonisme va lui aussi repenser le courage dans une perspective éthique de libération individuelle. Cependant, tandis que chez les stoïciens la libération par le courage se fait en quelque sorte horizontalement (le sage se libérant en ne voulant que ce qui doit arriver et en coopérant ainsi rigoureusement avec la nécessité qui gouverne le monde), la libération que le néoplatonisme demande au courage d'opérer se fait verticalement, puisqu'il s'agit pour l'âme de fuir le monde et de remonter vers ce divin d'où elle a déchu. Car le moyen d'échapper au monde d'ici-bas et de devenir ainsi, nous dit Platon « semblable à Dieu », c'est d'être vertueux (*Théétète*, 176 a). Mais, s'interroge Plotin (*Ennéade*, I, 2, 1), en atteignant à la vertu, à quel dieu devenons-nous semblables ? Il existe en effet, selon les néoplatoniciens, plusieurs principes ou « dieux » hiérarchisés dans le monde divin : l'Un, principe suprême, au-delà de tout, puis l'Intelligence universelle, et enfin l'Âme universelle. Serait-ce donc à ce dernier « dieu », à l'Âme du monde, que nous rend semblable la vertu ? Mais ce « dieu » possède-t-il la vertu ? Il ne peut en tout cas posséder le courage, puisque, rien n'existant hors de lui, il n'a rien à craindre. Est-ce au « dieu » qui se situe au-dessus de l'Âme du monde, à l'Intelligence ? Mais il ne saurait posséder les vertus civiles, celles dont Macrobe (par qui l'analyse plotinienne pénétrera le Moyen Âge) dira qu'elles « font le bon citoyen, le bon magistrat, le bon fils, le bon père et le bon parent » (*In somn.*, I, VIII) ; il ne saurait notamment posséder le courage puisque celui-ci se rapporte à la « partie irascible » de l'âme, dont il est dépourvu. Et pourtant, explique Plotin, même si ce « dieu » ne les possède pas, même si elles appartiennent à l'âme seule, les vertus nous permettent de devenir semblables à lui. Cela, de deux manières. En premier lieu, les vertus civiles nous rendent meilleurs parce qu'elles mettent de l'ordre en nous, qu'elles imposent des limites et une mesure à nos désirs et nos passions, qu'ainsi elles nous font toujours davantage devenir divins. En second lieu, les vertus sont à l'œuvre dans la purification, ce processus par lequel l'âme se détache du corps et pense l'Intelligible ; elles sont alors des vertus cathartiques. Dans la purification, en effet, l'âme agit seule, et c'est la prudence ; la raison et l'intelligence dominent en elle, et c'est la justice ; elle n'est plus en sympathie avec le corps, et c'est la tempérance ; « une fois le corps quitté, elle ne ressent plus la crainte » (*Enn.*, I, 2, 3), et c'est le courage. Porphyre, lui, dira que « le courage consiste à ne pas craindre de se détacher du corps, comme si l'âme se précipitait dans le vide et le néant » (*Sentences*, 32). Mais dans l'âme purifiée devenue un dieu, y a-t-il encore des vertus ? Oui, répond Plotin : des vertus purifiées, qui marquent la concentration en l'esprit de l'âme libérée, tournée vers la seule Intelligence. Ainsi le courage y consiste-t-il en « une impassibilité imitant l'impassibilité naturelle de l'Intelligence vers laquelle l'âme dirige ses regards » (*Enn.*, I, 2, 6), c'est-à-dire, selon Macrobe, « à ignorer les passions, non pas à les vaincre, de manière à ne connaître ni la colère ni le désir » *(loc. cit.)*. En revanche, dans l'Intelligence que l'âme contemple, il n'existe point de vertus, mais seulement les « exemplaires » des vertus. Là, nous dit Plotin, « l'analogue du courage, c'est l'identité de l'Intelligence avec elle-même et la persistance de son état de pureté » (*Enn.*, I, 2, 7).

La tension entre la conception guerrière et philosophique du courage se prolonge au Moyen Âge. Elle se voyait renforcée par l'instauration de la société féodale, d'une part, et par l'enseignement du christianisme, de l'autre. Mais, la théologie médiévale elle-même la retrouvait dans les Saintes Écritures, en raison de la polysémie du terme latin désignant le courage, *fortitudo*, qui, nous l'avons vu, signifie au sens large la « force ». L'Ancien Testament nous parle en effet de la « force » au sens de puissance (souvent avec une connotation guerrière) comme constituant l'une des perfections de Dieu, tandis que le Nouveau pose une nette prééminence de la force morale, c'est-à-dire du courage, sur la force physique, prééminence qui culmine dans la parole de Paul (2 Cor. 12, 10) : « lorsque je suis faible, c'est alors que je suis fort », cette force ou courage dans la faiblesse étant la vie en Christ.

La théorie scolastique du courage ou, pour employer le langage théologique, de la « force », est dominée par l'analyse de saint Thomas d'Aquin (*Somme théologique*, $2^a 2^{ae}$ q. 123), qui synthétise la conception chrétienne avec celles des philosophies antiques, pour l'essentiel l'aristotélisme et le stoïcisme transmis par Cicéron et Sénèque.

À la suite de saint Grégoire (*Mor.*, XXII, 1), de saint Ambroise (*Sup. Luc.*, VI) et de saint Augustin (*De mor. Eccles.*, XV), Thomas d'Aquin fait de la force une vertu cardinale, et ce, parce qu'elle revendique pour elle la fermeté, qui est la condition de toute vertu (art. 11). Cependant la force ne l'emporte pas sur les autres vertus : subordonnant la volonté à l'intellect, Thomas subordonne la force à la prudence qui, en tant que perfection de la raison, est la première des vertus cardinales : elle est suivie par la justice, seulement ensuite par la force, et enfin par la tempérance (art. 12). C'est d'ailleurs cette fermeté caractéristique de la force qui a pu conduire à voir en elle une vertu générale ; mais « en tant qu'elle fortifie l'esprit contre l'étendue et la grandeur du danger, elle est une vertu spéciale » (art. 2, concl.). Saint Thomas se fait ici, dans son analyse de la force, tributaire d'Aristote : l'objet de la force, c'est en effet « la crainte et l'audace, car elle comprime la crainte et modère l'audace » (art. 3, concl.) ; c'est tout spécialement « la crainte de la mort, parce que de tous les maux corporels la mort est le plus terrible » (art. 4, concl.) ; ce sont « les dangers de mort, non seulement ceux dont on est menacé dans une guerre générale, mais encore dans les combats particuliers » (art. 5, concl.).

Il y a là, on n'a pas manqué de le faire remarquer, une détermination trop stricte, que saint Thomas lui-même a sentie, et qu'il s'efforce de réduire en assimilant au combat guerrier le martyre et en reliant les affaires domestiques ou civiles aux affaires militaires. En revanche, l'analyse aristotélicienne lui permet de maintenir au sein de la force la tension entre la passion de la colère et la raison, car « le fort emploie pour produire un acte de force, non pas toute espèce de colère, mais celle qui est réglée par la raison » (art. 10). Encore que le fort fasse usage de la colère dans ses actions, la force reste donc bien « une vertu qui maintient l'homme dans les limites de la raison, en repoussant ce qui pourrait empêcher de quelque manière l'usage de cette faculté ou les choses qui lui sont conformes » (art. 1, concl.). Une énergie, un « appétit » de l'âme obéissant à la raison, voilà donc le courage, et en ce sens, selon Thomas, il devient possible de concilier la position d'Aristote et celle des stoïciens.

Thomas rejoint d'ailleurs ces derniers en considérant que l'acte principal de la force, c'est de rester ferme dans le péril : « Supporter, c'est-à-dire se tenir immuable dans le danger, c'est plutôt

l'acte de la force que d'affronter le danger même » (art. 6, concl.),
réminiscence sans doute de saint Ambroise, qui avait souligné que
la force consistait davantage à supporter qu'à vaincre (*De officiis*,
I, 41). Selon Thomas, en effet, « la résistance est plus difficile que
l'attaque », comme le prouvent trois arguments : 1) Résister, c'est
s'opposer à un agresseur plus fort que soi, donc faire montre de
plus de courage. 2) En résistant on sent immédiatement le péril,
tandis qu'en attaquant on le considère comme à venir. 3) La résistance implique une prolongation du temps, au lieu que l'attaque
peut être l'effet d'un mouvement subit. Mais Thomas s'éloigne des
stoïciens en n'identifiant pas le courage avec l'ataraxie, puisque,
comme le voulait Aristote, le courage s'accompagne de souffrance
et de tristesse : « Le fort goûte des joies spirituelles d'un côté
lorsqu'il considère son acte et sa fin, mais d'un autre il éprouve
de la douleur et de la tristesse par suite des chagrins et des peines
qu'il est obligé de supporter. » (art. 8, concl.) Enfin, comme pour
Aristote, pour saint Thomas le vrai courage est tout entier tendu
vers le bien ; mais ce bien n'est plus le bonheur de la vie vertueuse, c'est Dieu même : « Le fort agit pour le bien de son état
en tant que fin prochaine [...] quoiqu'il agisse pour la béatitude
et pour l'amour de Dieu en tant que fin dernière. » (art. 7, concl.)
Bien plus, Dieu n'est pas seulement la fin du courage, il en est
aussi la source vive : le courage parfait est grâce, l'un des sept dons
divins à côté de la crainte, de la piété, du conseil, de la science,
de l'intelligence, de la sapience : « La force par laquelle l'homme
persiste jusqu'à la fin de sa vie dans une bonne œuvre commen-
cée et par laquelle il surmonte tous les périls qui le menacent est
un don de l'Esprit Saint. » (q. 139, concl.)

Cette doctrine thomiste domine toute la littérature religieuse
sur le courage jusqu'à l'époque moderne, les auteurs postérieurs
lui ajoutant peu, quand ils ne l'encombrent pas de considérations
qui dissolvent pour ainsi dire la spécificité du courage, par exemple Jean Busée en énumérant dans son *Bosquet des vertus chré-
tiennes* (1610) les moyens d'obtenir le don du courage : implorer
avec une grande foi le nom de Dieu, craindre Dieu, l'aimer, son-
ger à la vie future, s'entraîner à briser les passions de l'âme,
considérer combien il est beau de supporter pour le Christ les adver-
sités, méditer les exemples de ceux qui montrent une haute force

d'âme ; ou en en marquant les indices : supporter les imprévus et hasards pénibles, être charitable envers son prochain, désirer le martyre, supporter de lourdes peines pour son salut, mortifier toutes ses passions. Mais le goût de l'allégorie et des « belles similitudes » qui envahit vers la même époque la littérature de piété conduira à de surprenantes descriptions du courage, comme celle que fait Benoît de Canfeld dans son *Chevalier chrétien* (1609). Ce chevalier y dialogue avec un païen en lui expliquant les sens allégoriques de ses armes, de son équipage et de sa demeure. Le chapitre IX porte sur les étriers, et examine « de quoi et comment ils sont forgés » :

> *Le Païen.* - Les étriers donc de votre selle, comment les appelez-vous ?
> *Le Chevalier.* - Courage et Constance, desquels Courage est le premier, où je mets le pied gauche pour monter en la selle de Mortification, et Constance le second, où je mets le pied droit pour m'y sûrement tenir et arrêter.
> *Le Païen.* - Qu'entendez-vous par le courage, n'est-ce pas la magnanimité ?
> *Le Chevalier.* - Ce n'est pas tout à fait Magnanimité, qui est la première des quatre parties de Force (encore qu'elles appartiennent à cette même vertu, comme dit saint Thomas) et est une ferveur, vigueur ou hardiesse indomptée. Au reste pour forger et bien façonner cet étrier, il faut le tenir dans les pincettes, les deux côtés desquelles sont Fermeté d'espérance et Anéantissement de crainte (comme disent les Docteurs).
> *Le Païen.* - Mais ces pincettes-là mêmes sont assez rares à recouvrir, et difficiles à forger, et ne sais comment on les fait.
> *Le Chevalier.* - Le premier côté d'icelles, qui est Fermeté d'espérance, est façonné dans le feu de dévotion, sur l'enclume de cœur pur et dur contre le vice. Lequel feu de dévotion et dure enclume de Pureté de cœur font avoir grande espérance en Dieu. L'autre côté, qui est l'Anéantissement de crainte, est forgé dans le feu du zèle de son salut, sur l'enclume du mépris du monde et de soi-même, qui chasse toute crainte. Or l'étrier de courage ne défaudra jamais à celui qui a ces pincettes de Fermeté d'espérance et d'Anéantissement de crainte, ains se le forgera à souhait. » (p. 253-254)

En ce qui concerne la mystique, un J. Alvarez de Paz, dans son traité *De la recherche de la paix* (1617), apporte une intéressante contribution en soulignant le rôle capital du courage dans la contemplation : c'est une force nécessaire pour « supporter les évasions de l'esprit, les extases, les ravissements » (p. 1346). Et de fait, les mystiques comme sainte Thérèse d'Avila rappelleront que dans ces « ravissements impétueux », dans ces « vols de l'esprit plus prompts que celui d'une balle de mousquet » où elle est emportée comme un vaisseau dans les flots en furie, l'âme s'épouvante devant la puissance de Dieu, qu'il lui faut « beaucoup de courage pour soutenir la vue de la majesté de Dieu » et qu'il « lui en faut encore plus, quand elle est humble, pour soutenir la vue de son impuissance à reconnaître de si sublimes faveurs » (*Le Château intérieur*, VIes demeures, V).

Mais cette dimension religieuse du courage et son appréhension comme don de l'Esprit Saint vont aussi aboutir à une négation de toutes ses autres formes. Ainsi le père Senault s'emploiera à montrer dans *L'Homme criminel* (1644) qu'il n'existe de vrai courage que chrétien, la nature de l'homme ayant été si corrompue par le péché qu'il ne pouvait y avoir de réelles vertus avant qu'elle ne fût réparée par la grâce et le sacrifice du Sauveur : ainsi le courage des païens, leur force, pour user du vocabulaire théologique, n'était que faiblesse ou vanité :

> « Quoique la force, écrit Senault, soit si belle en idée, elle ne laisse pas d'être faible dans les païens, et de couvrir de véritables défauts sous de trompeuses apparences ; car comme elle ne peut avoir chez eux la charité pour principe, elle dérive souvent de l'amour propre, et elle hérite de toutes les faiblesses de son père ; il faut qu'elle cherche sa gloire puisqu'elle ne connaît pas celle de Dieu, il faut que la colère l'échauffe, que la vengeance la provoque, et que la vanité l'anime, puisque la foi ne l'assiste pas. Toutes ces passions confuses ensemble font la meilleure partie de sa grandeur, et quand on examine ses intentions ou ses motifs, l'on trouve que ses plus nobles exploits ne sont que des péchés magnifiques. »

Ainsi la gloire des Anciens dont on dit qu'ils firent preuve de courage est-elle vaine : la mort même d'un Caton est laide, car « qui ne voit que l'orgueil a plus de part en cette action que le courage ? Qui ne juge que Caton est plus superbe que César, et que ce n'est pas tant l'honnêteté qui lui met le poignard en la main que la lâcheté ? Qui ne reconnaît que c'est plutôt la faiblesse qui l'engage à la mort que la constance ? » (III, VII).

En dehors des théologiens et des auteurs de spiritualité, les humanistes et philosophes de la Renaissance paraissent s'être assez peu intéressés au problème du courage ; du moins ne produisirent-ils pas de doctrines originales, se contentant de répéter celles que leur fournissait l'Antiquité. Témoin le *De fortitudine libri II* de Giovanni Pontano (1426-1503), l'un des rares ouvrages consacrés exclusivement au courage, dont le premier livre traite du courage guerrier et héroïque *(De fortitudine bellica et heroica)* et le second du courage domestique *(De fortitudine domestica)*. Empruntant ses exemples tant à l'Antiquité qu'à son temps, ses vues à Aristote, aux stoïciens, mais aussi à Horace, Pontano s'attache à définir une doctrine purement laïque, et assez prosaïque, du courage ; doctrine qui passe par une réévaluation du rôle des passions et voit le comble du courage héroïque dans celui dont fit preuve le romain Horatius Coclès en défendant seul le pont Sublicius contre l'armée de Porsenna.

Le XVIIe siècle vit se multiplier les écrits sur les passions, largement liés à la renaissance du stoïcisme initiée dans la seconde moitié du XVIe siècle et à la réaction qu'elle entraîna. Le courage, ou hardiesse, n'y est pas oublié. Ainsi Senault, qui s'élève contre les stoïciens, intitule-t-il « De la hardiesse et de la crainte » le IVe traité de son ouvrage *De l'usage des passions* (1641). Analysant d'abord la nature, les propriétés et les effets de la hardiesse, Senault la relie à la vertu de la force : « elle est une passion de l'âme, qui va chercher les dangers pour les combattre et pour les vaincre ; c'est pourquoi on la peut appeler une force naturelle, et une disposition à cette vertu généreuse qui triomphe de la douleur et de la mort » (1er disc.). C'est que pour Senault toutes les passions sont bonnes dans leur primitive pureté originelle, n'étant devenues « plus criminelles qu'innocentes », ne penchant davantage du côté du vice que de la vertu « qu'à cause du dérèglement de notre nature » consécutif, nous l'avons déjà vu, au péché originel, la souveraineté de l'esprit sur le corps, de la raison sur les passions se voyant, avec la perte de la grâce, renversée. L'âme se soumet alors aux sens et aux représentations de l'imagination. D'où la malignité des passions, car si « leurs inclinations sont bonnes [...] leurs jugements sont précipités » et donc pernicieux (3e disc.). Considérées dans leur principe, en effet, toutes les passions « regardent le bien et le mal » mais toutes visent le bien, toutes procédant de deux passions fondamentales, l'amour et la haine. Or l'amour cherche à *acquérir* le bien en employant le désir et l'espérance, tandis que la haine *déteste* le mal et s'y oppose, en usant soit de la crainte pour le fuir, soit « de la hardiesse et de la colère pour le combattre et le vaincre », et en s'appuyant pour ce faire, elle aussi, sur l'espérance. En sorte que les passions de l'amour et de la haine, conclut Senault, « pour avoir des objets différents ne laissent pas d'être d'accord ; quoique l'une cherche le bien et que l'autre provoque le mal, elles travaillent toutes deux pour le repos de l'esprit, et, par des routes écartées, elles recherchent une même fin ». Si donc le courage ou hardiesse procède de la haine, il reste tourné vers le bien lorsqu'il affronte le mal, tentant « l'impossible pour satisfaire aux promesses de l'espérance » : le triomphe du bien. Ce qu'il ne peut accomplir qu'en écoutant la raison et après « avoir calmé la fureur de ses premiers mouvements » (3e disc.), souvent peu durables, car « le feu de la hardiesse s'allume bientôt, mais il s'éteint aussi bien promptement, et comme la fureur des vagues se convertit en écume, la violence des audacieux se change en timidité » (2e disc.). Mais conduite par la prudence, vivifiée par la grâce, la hardiesse devient force : « la force est une hardiesse raisonnable et la hardiesse une force naturelle », « la hardiesse est une vertu imparfaite et la force est une passion accomplie » (3e disc.). Alors, « comme l'âme et le corps conspirent ensemble pour pratiquer la vertu, la nature s'accorde avec la grâce pour combattre le péché ». Senault persiste donc à souligner, comme il l'avait fait dans *L'Homme criminel*, que le courage ne peut devenir une vertu qu'avec le secours de la grâce divine, que sans cette dernière il se vicie et n'a que l'apparence de la vertu.

Que le courage n'ait le plus souvent que l'air de la vertu, que son honnêteté soit douteuse et qu'il faille donc s'en méfier, c'est également ce qu'expliquera à la même époque, mais dans une tout autre perspective, François de La Mothe Le Vayer avec son opuscule *De la hardiesse et de la crainte*. Professant un scepticisme qui n'épargne ni les dogmes religieux ni la morale, mais aussi en réaction à « un temps plein de tumultes guerriers », Le Vayer juge que des formes de la hardiesse « il n'y en a peut-être point de si pures dans le monde » qui ne se doivent rapporter à celles « qui n'ont que l'apparence trompeuse de la vertu qu'elles représentent », à savoir la hardiesse militaire, qui « n'est fondée que sur l'exemple et l'accoutumance », celle des ivrognes, celle des enfants, fondée sur l'ignorance, celle des amants, fondée sur la passion, la hardiesse civile, enfin, fondée sur la honte.

« Qu'on me donne, s'exclame Le Vayer, un homme si légitimement et si essentiellement hardi que ni l'exemple ni la coutume ni l'ambition ni aucune de toutes les passions que nous avons nommées n'émeuvent jamais, pour n'être excité que par la seule considération de l'honnêteté en tout ce qu'il entreprend de grand et de généreux ! En vérité je pense qu'il n'y en a que peu ou point de cette trempe, et que si nous limitons la hardiesse aux termes que les philosophes lui ont prescrits dans leurs définitions, nous la réduisons facilement à la nature des chimères et des fantômes, qui ne subsistent que dans l'imagination. »

Le langage lui-même, par des expressions telles que « courageux comme un lion » ou « un tigre » montre assez le caractère au fond bestial du courage, qui « sent si fort la férocité animale ». De plus, contrairement aux autres vertus dont c'est le propre de faire aimer et estimer ceux qui les cultivent, la hardiesse, elle, « rend suspects, et par là odieux presque tous ses possesseurs ». Enfin, comment lier le courage à l'honnêteté quand le juste et l'injuste eux-mêmes varient d'un pays à l'autre ? C'est pourquoi « ce qui est hardiesse en un lieu ne l'est pas ailleurs, et le plus haut degré de cette vertu passe pour un vice dans la meilleure philosophie ». Il apparaît, dans ces conditions, que « les hommes hardis ne méritent pas tant d'estime » qu'on le présuppose ordinairement, tout comme, à regarder les choses d'un peu près, on n'observe pas « que la peur soit ni si fort honteuse, ni si fort à redouter » qu'on le dit, puisque « ce froid qui est inséparable de la crainte n'est pas seulement un lien pour réunir les amis lorsqu'ils tombent dans quelque appréhension, mais que comme c'est le propre de la froideur de resserrer et d'assembler en un, jusques aux choses hétérogénées et de différentes natures, la peur fait souvent que les ennemis mêmes s'accordent et s'unissent contre ce qui les épouvante. »

Le lien étroit que Senault établissait entre le courage et l'espérance, en faisant, contre le sentiment d'Aristote, reposer le premier sur la seconde, est au centre de l'analyse cartésienne. Dans *Les Passions de l'âme* (1649), Descartes met en effet lui aussi le courage et la hardiesse - cette « espèce de courage qui dispose l'âme à l'exé-

cution des choses qui sont les plus dangereuses » (art. 171) - sous
la dépendance de l'espérance. Mais il résout tacitement le désaccord entre les positions d'un Senault et d'un Aristote, en faisant
observer que désespoir et espérance cohabitent parfaitement dans
la dynamique du courage, dans la mesure où ils n'ont pas les mêmes
motifs.

> « Car il est à remarquer, écrit-il, que, bien que l'objet de la hardiesse
> soit la difficulté, de laquelle suit ordinairement la crainte ou même
> le désespoir, en sorte que c'est dans les affaires les plus dangereuses
> et les plus désespérées qu'on emploie le plus de hardiesse et de courage, il est besoin néanmoins qu'on espère ou même qu'on soit assuré
> que la fin qu'on se propose réussira, pour s'opposer avec vigueur aux
> difficultés qu'on rencontre. Mais cette fin est différente de cet objet ;
> car on ne saurait être assuré et désespéré d'une même chose en même
> temps. Ainsi quand les Décies se jetaient au travers des ennemis et
> couraient à une mort certaine, l'objet de leur hardiesse était la difficulté de conserver leur vie pendant cette action, pour laquelle difficulté ils n'avaient que du désespoir, car ils étaient certains de mourir ; mais leur fin était d'animer leurs soldats par leur exemple, et
> de leur faire gagner la victoire, pour laquelle ils avaient de l'espérance ; ou bien aussi leur fin était d'avoir de la gloire après leur mort,
> de laquelle ils étaient assurés. » (art. 173 : « *Comment la hardiesse
> dépend de l'espérance* »)

Le courage apparaît ainsi comme le désespoir de l'instinct de
conservation surmonté par l'espérance de l'idéal.

Descartes, par ailleurs, fonde intégralement le courage sur
« l'usage de notre libre arbitre, et l'empire que nous avons sur nos
volontés », « la ferme et constante résolution » d'en bien user à
l'égard d'autrui étant la générosité, que l'École appelle magnanimité (§ 153). Ce dont se souviendra Spinoza, en posant la générosité comme une partie essentielle du courage ou force d'âme, mais
en plaçant sa source non dans une libre volonté - que Spinoza tient
pour illusoire - mais dans le désir de persévérer dans l'être. En effet,
après avoir établi que « parmi tous les sentiments qui se rapportent à l'esprit en tant qu'il est actif, il n'en est pas qui ne se rapportent à la joie ou au désir » (*Éthique*, III, prop. LIX), Spinoza
donne la scolie suivante :

> « Toutes les actions qui suivent des sentiments qui se rapportent à
> l'esprit en tant qu'il comprend, je les rapporte à la Force d'âme (*For-*

titudinem) que je divise en Fermeté *(Animositatem)* et en Générosité *(Generositatem)*. Car par Fermeté, j'entends le Désir par lequel chacun s'efforce de conserver son être d'après le seul commandement de la Raison. Et par Générosité, j'entends le Désir par lequel chacun s'efforce, d'après le seul commandement de la Raison, d'aider les autres hommes et de se lier avec eux d'amitié. »

Le XVIIIe siècle, dont l'effort principal sera de fonder une morale naturelle, ajoutera peu aux analyses antérieures du courage. Dans *Les Mœurs* (1748), qui fut condamné au feu pour avoir exposé un plan de morale naturelle indépendante de toute croyance religieuse et de tout culte extérieur, F.V. Toussaint divise le courage en grandeur d'âme, qui est de parvenir à se vaincre soi-même, et héroïsme, qui est de vaincre les difficultés s'opposant à ses desseins (IIe part., art. II). Mais dans ses *Considérations sur les mœurs de ce siècle* (1754), Ch. Duclos expose une distinction plus intéressante, dans la mesure où elle sera exploitée par l'*Encyclopédie*, celle entre le courage de cœur et le courage de l'esprit.

> « Les hommes, écrit-il, ont plus de timidité dans l'esprit que dans le cœur, et les esclaves volontaires font plus de tyrans que les tyrans ne font d'esclaves forcés. C'est sans doute ce qui a fait distinguer le courage d'esprit, du cœur, distinction très juste, quoiqu'elle ne soit pas toujours bien fixée. Il semble que le courage d'esprit consiste à voir les dangers, les périls, les maux et les malheurs précisément tels qu'ils sont, et par conséquent les ressources. Les voir moindres qu'ils ne sont, c'est manquer de cœur, la timidité les exagère, et par là les fait croître, le courage les aveugle, les déguise, et ne les affaiblit pas toujours ; l'un et l'autre mettent hors d'état d'en triompher. Le courage d'esprit suppose et exige souvent celui du cœur ; le courage du cœur n'a guère d'usage que dans les maux matériels, les dangers physiques, ou ceux qui y sont relatifs. Le courage d'esprit a son application dans les circonstances les plus délicates de la vie. On trouve aisément des hommes qui affrontent les périls les plus évidents ; on en voit rarement qui, sans se laisser abattre par un malheur, sachent en tirer des moyens pour un heureux succès. » (VI)

Dans l'article « Courage » de l'*Encyclopédie*, le chevalier de Jaucourt, qui n'était pourtant pas matérialiste, use donc de cette « distinction philosophique » entre courage du cœur et courage de l'esprit pour ramener le courage à des causes purement physiologiques ou circonstantielles, qui ne tiennent pas à la nature même de l'individu. Réduisant d'abord la part du courage de l'esprit en en faisant une « qualité des plus rares », de Jaucourt observe en effet que l'autre espèce de courage, le courage de cœur, « est beaucoup plus dépendante de la complexion du corps, de l'imagination échauffée, des conjonctures, et des alentours ». Les conditions physiologiques ? « Versez dans l'estomac d'un milicien timide des sucs vigoureux, des liqueurs fortes, alors son âme s'arme de vaillance, et cet homme devenu presque féroce, court gaiement à la mort au bruit des tambours. » L'environnement immédiat ? « On est brave à la guerre, parce que le faste, le brillant appareil des armes, le point d'honneur, l'exemple, les spectateurs, la fortune, excitent les esprits que l'on nomme *courage*. » À quoi il faut ajouter la pression sociale : seul dans la maladie « où l'on n'a point de spectateurs », on est « craintif et lâche » et les héros des champs de bataille meurent lâchement dans la solitude de leur lit. Il apparaît ainsi qu'il n'y a pas de nature courageuse, mais des états du corps et des circonstances qui rendent courageux.

On pourrait relier à cette tentative de naturalisation du courage les brèves remarques de Hume qui, dans son *Enquête sur les principes de la morale*, observe que si le courage est loué, c'est, comme pour les autres vertus, en raison de son utilité, encore qu'il possède un « éclat particulier » qu'il tire entièrement de lui-même et de la « noble élévation qui en est inséparable », sublimité qui diffuse par sympathie chez ceux qui en sont témoins une semblable sublimité de sentiment. Hume ajoute encore que la prédominance du courage guerrier dans les sociétés incultes vient de ce qu'elles sont « ignorantes des avantages qui accompagnent la bienfaisance ».

Quant à Kant, il se borne à rappeler dans les *Fondements de la métaphysique des mœurs* que, la moralité se fondant uniquement sur le devoir, qui est « la nécessité d'accomplir une action par respect pour la loi », laquelle est dictée par la raison, le courage, qui paraît constituer une partie de la valeur interne de la personne, ne saurait être considéré sans restriction comme bon, mais qu'il doit s'appuyer sur les principes d'une bonne volonté, sans laquelle il peut devenir mauvais :

> « De tout ce qu'il est possible de concevoir dans le monde, écrit Kant, et même en général hors du monde, il n'est rien qui puisse sans restriction être tenu pour bon, si ce n'est seulement une *bonne volonté*.

L'intelligence, la vivacité, la faculté de juger et les autres talents de l'esprit, de quelque nom qu'on les désigne, ou bien le courage, la décision, la persévérance dans les desseins, comme les qualités du tempérament, sont sans aucun doute à bien des égards choses bonnes et désirables ; mais ces dons de la nature peuvent devenir aussi extrêmement mauvais et funestes si la volonté qui doit en faire usage, et dont les dispositions propres s'appellent pour cela caractère, n'est pas bonne. » (1re sect.)

En réalité, quoique en liaison avec leur inclination pour une morale naturelle, ce qui semble avoir surtout intéressé les Lumières dans la question du courage, c'est celle de l'éducation : comment développer le courage chez l'enfant, tel est le souci d'un Locke dans ses *Pensées sur l'éducation* ou d'un Rousseau dans l'*Émile*.

Trois philosophies du courage dominent, nous semble-t-il, le XIXe siècle : celles de Hegel, de Kierkegaard et de Nietzsche. Pourtant chacune d'elle reste marginale dans leur œuvre, et ne prend son importance qu'à travers elle.

Chez Hegel, le courage en tant que *risque de la vie* devient un moment capital de cette lutte des consciences de soi opposées qu'est la fameuse dialectique du Maître et de l'Esclave exposée dans la *Phénoménologie de l'esprit*. De cette lutte, en effet, le Maître sort vainqueur parce qu'il a accepté de perdre la vie dans un but non vital, non biologique, mais idéal, spirituel, celui de la Reconnaissance de soi, tandis que l'esclave en sort vaincu parce qu'il a subordonné ce désir d'être reconnu à celui de conserver sa vie. En effet, nous dit Hegel, « c'est seulement par le risque de sa vie qu'on conserve la liberté, qu'on prouve que l'essence de la conscience n'est pas l'être, n'est pas le mode immédiat dans lequel la conscience de soi surgit d'abord, n'est pas son enfoncement dans l'expansion de la vie. » (I, IV, B) Or si le courage du Maître lui a fait braver ce risque, la crainte de l'Esclave l'a refusé. Ce faisant, cette dernière conscience « a éprouvé l'angoisse non au sujet de telle ou telle chose, non durant tel ou tel instant, mais elle a éprouvé l'angoisse au sujet de l'intégralité de son essence, car elle a ressenti la peur de la mort, le maître absolu. Dans cette angoisse elle a été dissoute intimement, a tremblé dans les profondeurs de soi-même et tout ce qui était fixe a vacillé en elle ». L'Esclave en éprouvant la terreur de sa mort a éprouvé la terreur de son néant et son enchaînement à l'égard de la vie et de la nature, dont il n'a pu, contrairement au Maître, se détacher lors du combat. C'est pourquoi, dans sa soumission au Maître, il restera intercalé entre ce dernier et la nature, qu'il travaillera pour répondre aux besoins et exigences du Maître, dont l'existence peut ainsi rester exclusivement guerrière. Mais alors, par un renversement dialectique, tandis que le courage du Maître se révèle du même coup stérile, la lâcheté de l'esclave devient productive par le biais du travail, où peut se déployer une nouvelle forme de courage.

Adversaire déclaré de l'hégélianisme, Kierkegaard place, lui, la forme supérieure du courage dans la « nuit horrible », la solitude absolue et muette de la foi, dont le mouvement infini s'effectue en vertu de l'absurde et dont le héros est Abraham acceptant de sacrifier son fils Isaac. Quand le courage du héros tragique consiste à se sacrifier au général, comme Agamemnon immolant Iphigénie, le courage du héros de la foi consiste non seulement en un renoncement absolu à tout le fini, mais à dépasser le général et à sortir de la sphère éthique pour atteindre une fin au-delà du stade moral. Mais paradoxalement ce mouvement infini de la foi, loin de perdre le monde fini, s'opère de manière à le gagner intégralement. C'est pourquoi, nous dit Kierkegaard, « il faut un courage purement humain pour renoncer à toute temporalité afin de gagner l'éternité ; mais du moins je l'acquiers et ne peux, une fois dans l'éternité, y renoncer sans contradiction : mais il faut l'humble courage du paradoxe pour saisir alors toute la temporalité en vertu de l'absurde, et ce courage est celui de la foi. » (*Crainte et tremblement*, p. 72)

Or c'est exactement à émanciper le courage de l'éthique, à dénoncer sa réduction en *vertu* que Nietzsche va s'employer en invitant à découvrir la généalogie de la morale et ses fondements physiologiques et égoïstes : « Les origines de la justice, comme celles de la sagesse, de la modération, de la bravoure - en un mot de tout ce que nous désignons sous le nom de *vertus* socratiques - sont *animales* : ces vertus sont une conséquence de ces instincts qui enseignent à chercher la nourriture et à échapper aux ennemis. » (*Aurore*, § 26) Dégager, ce faisant, le courage de toute une dimension morale débilitante liée à l'idée de responsabilité, pour lui restituer l'innocence et la noblesse caractérisant les actes de ceux qui s'inscrivent spontanément dans le mouvement de la vie et dans le devenir du monde, s'y aventurant avec l'aisance d'êtres assez forts et libres pour ne pas s'interroger sur leur liberté, voilà le propos de Nietzsche, qui inaugure une « ère du soupçon » à laquelle il faut sans doute rapporter l'éclipse qu'en dépit des analyses de P. Tillich ou de V. Jankélévitch, connut le courage dans la réflexion philosophique contemporaine. Mais à l'amer pessimisme d'un Cioran, emblématique d'une certaine modernité, qui ne veut voir dans le courage que « l'extrémité d'une conscience infatuée d'elle-même » se prenant pour « le point de mire d'événements hostiles » et accordant « abusivement une signification et une gravité à la vie » *(Précis de décomposition)*, on pourra répondre avec René Le Senne que si « le courage est à nous en ce sens que c'est nous qui avons à donner notre courage [...], nous savons bien qu'il n'est pas de nous, puisque, suivant les circonstances, il se donne ou se refuse à la volonté, qui pour ainsi dire ne peut écarter la peur qu'en priant pour y échapper. Ces deux caractères en font déjà une valeur, mais une valeur qui, sourdant en nous, est comme de la transcendance immanentisée. » *(Traité de morale générale*, p. 539)

Sylvain Matton

2. Images

Quand le courage se montre, se projette immédiatement non ce qui le constitue, mais une image, frappante ; une image qui fait impression. Soudainement saisi le regard se déporte, il appréhende ce à quoi renvoie le « héros », non pas ce qu'il est mais l'épreuve fabuleuse qu'il représente. Une figure y est reconnue, déjà légendaire, une trame symbolique s'impose invisiblement, et ce que le courage porte de mythologique attire vite vers ce qu'il évoque de terreur et de force, de victoire magique, d'affrontement sublime. Ces images, composées suivant des formes diverses, interviennent alors jusqu'à compliquer le sens de l'acte courageux, voire le pervertir. Comprendre donc davantage ce qu'il est, cela demande que l'on débatte aussi de ce qu'il paraît être.

De la beauté du geste

Pierre Michel Klein

Le courage a quelque chose d'impressionnant. Les opinions les plus courantes y perçoivent une limite qui se dépasse, une terreur conjurée, une victoire sur l'impossible. Mais aussi le sens du courage magnifique s'estompe, quand il lui est permis de recouvrir les vains défis, voire les crimes. Et l'on reste stupide devant cette étrange vertu qui détiendrait le pouvoir de diffuser de la valeur, jusqu'à rendre la violence admirable.

« Toute image est déjà caricature. »
Emmanuel Lévinas *(La Réalité et son ombre)*

Qu'est-ce que le courage ? Prenons cette question, pour ainsi dire, de l'extérieur. C'est quelque chose d'admirable. Si l'on commence par cela, « le courage est admirable », on se trouve immédiatement engagé dans la sphère de l'esthétique, au sens premier du terme : ce qui fait « sensation » *(aistesis)*, ou ce qui frappe l'imagination, ou bien ce qui produit une vive impression : le sensationnel. Évidemment on ne dira pas de la même façon que la modestie est admirable, ou que la discrétion est sensationnelle. Mais le courage, lui, peut frapper de manière spectaculaire, même lorsqu'il s'agit d'un courage discret ; car lorsqu'il se donne à voir, lorsqu'on l'a reconnu, le courage seul apparaît, et on l'admire. Le courage donc est impressionnant ; cette impression ne touche encore qu'à l'effet produit sur une personne *extérieure* au sujet qui fait montre de courage, ou si l'on veut : le courage n'est ici esthétique que pour l'autre.

Bien entendu, cela n'est pas contredit par le fait que l'on peut s'impressionner soi-même, se regarder faire et s'étonner, s'admirer peut-être. On sait bien que chacun peut tenir à l'image qu'il a de lui-même, et en ce sens, le courage introduit en soi une sorte de dédoublement par lequel un sujet s'efforce de façonner à son

propre regard une figure qui lui convient. Le courage reste ici extérieur, quelque chose qui se montre et qui impressionne. Quelle peut
bien être la nature exacte de cette impression que le courage produit en nous ?

Tenons-nous en au courage d'autrui, de cette autre personne
qui manifeste ce que je reconnais être du « courage ». Comme il
s'agit d'un autre, ce qui lui arrive ne m'arrive pas : cet accident
est son accident, cette condamnation est sa condamnation. Cette
peur est sa peur. Et le voilà qui agit, le voilà qui lutte et, si proche soit-il de moi-même, je demeure forcément spectateur, je
regarde ; je me sens bien éprouvé mais l'épreuve reste la sienne
et l'émotion qui m'agite n'est qu'un écho lointain de l'action qu'il
entreprend. L'impression du courage se produit entièrement en moi-
même, moi qui n'ai pas précisément à en faire preuve. Jusqu'ici,
le courage ressemble à ce que la philosophie classique nommait la
qualité « seconde » d'une chose, sa couleur, sa saveur, ce qui ne
la définit pas - elle - essentiellement, mais plutôt ce que je ressens
- moi - en sa présence. Le courage ne serait pas alors la qualité
première d'une personne courageuse, mais le nom donné à l'impression éprouvée par une autre personne, mise en présence de cette
qualité sans nom.

Quand donc nous sommes impressionnés, ou quand nous admi-
rons le combat que mène un autre contre quelque chose ou
quelqu'un qui risque de le détruire, ce qui se manifeste immédiatement et que nous nommons « courage » n'aurait pas directement
prise sur l'essentiel, ni même sur ce que vit intimement la personne courageuse. Ce qui apparaît, c'est bien sûr quelque chose
qui agit en elle, mais seulement sous la forme de ce qui se montre à nous. Ce qui agit est très divers, mais cette forme unifie à
nos yeux ces contenus disparates, suffisamment pour nous permettre de les recouvrir d'un seul mot : courage. Reste que l'expérience
intime du courage se défie de ce mot. Pour preuve, ces réflexions
et témoignages des pages qui suivent, dont voici quelques exemples, laissés dans leur diversité.
Ainsi Michel Gillibert écrit-il :

« On sait que l'on est handicapé et que les ''debout'' ne nous accepteront pas toujours facilement. C'est une prise de conscience de décider de combattre mais ce n'est pas du courage. Le courage n'existe pas en tant que tel. »

Daniel Mayer évoque quant à lui la décision courageuse de Léon Blum, restant en France et affrontant le danger, prêt à répondre publiquement de ses actes même devant un tribunal vendu à l'ennemi. Cette attitude - qui rappelle celle de Socrate refusant de s'exiler et faisant face à ses juges - était déterminée par la claire connaissance du devoir à accomplir. Et Daniel Mayer remarque ceci :

> « Le constat du courage - courage physique autant qu'intellectuel - ne vient qu'ensuite. »

Dans un autre domaine Marc Fréchet, pensant à la lutte des malades contre le cancer, conclut ainsi sa réflexion :

> « La maladie que je côtoie n'est pas une affaire de courage ! Elle semble restaurer un contrat à soi-même. »

Ou bien encore, Georges Canguilhem nous rappelle cette surprenante phrase de Jean Cavaillès, définissant sa résistance contre les nazis :

> « Nécessaires les enchaînements des mathématiques, nécessaires même les étapes de la science mathématique, nécessaire aussi cette lutte que nous menons. »

Et Lucie Aubrac nous apprend cette sorte de principe de la Résistance, telle qu'elle l'a vécue et pratiquée :

> « Héroïsme et courage ne sont pas les mots de notre vocabulaire mais nous affirmons la volonté de garder ou de reconquérir notre bien le plus précieux : la dignité de l'homme. Ce fut, pendant la Résistance, et cela reste, notre commune pudeur. »

Pudeur, et non modestie. Conscience, devoir, contrat, nécessité, dignité impriment leur exigence intérieurement à un sujet dont l'intimité échappe toujours aux autres, et ces autres le soupçonnent bien. Sans doute pourtant sont-ils trop impressionnés par le péril et l'affrontement sensationnels pour s'intéresser vraiment à ce qui reste imperceptible, et remarquer que l'essentiel du courage qu'ils admirent ne s'admire pas, mais se fait et se comprend.

Ce qui impressionne serait la forme de l'affrontement, son

contenu exact demeurant à l'état de soupçon confus. L'appréciation du courage conserve en elle cette sorte de confusion, un incompréhensible, quelque chose comme un mystère extraordinairement
visible. Dans cette seule apparence, la forme et le mystère se mêlent,
et le courage s'enveloppe vite d'une cape d'allure puissamment
belle, comme surnaturelle, ou surhumaine, et facilement brodée de
figures antiques, tragiques, héroïques. Ce qui surprend alors n'est
plus vraiment ce que fait la personne courageuse, ni qu'elle le fasse,
mais une sorte de mythe résurgent réapparu à la faveur de ce que
l'impression aura pu ouvrir ; et l'acte courageux, s'effaçant devant
ce mythe qui s'y profile, n'est plus saisi qu'en ce qu'il porte de
fabuleux. Comme si la figure de la lutte, dégagée de son sens, pouvait enfin renvoyer au-delà du monde, vers ces grottes sombres où
dans l'ombre un monstre souffle, prêt à cracher, quand Hercule
s'avance cependant vers l'Hydre et tranche, sans trembler, une à
une, chaque tête hideuse. Et la force se fait surnaturelle, une merveille, un don des dieux qui permet de les rejoindre, de revenir
à l'immortalité.

La mythologie ne cesse de brosser son tableau des vertus en les
ramenant à des qualités qui rendent l'homme capable de prodi-
ges. Quand le rusé Ulysse aura persuadé le Cyclope de goûter de
son vin de Maron, il parviendra - à force de patience - à percer
de son épieu brûlant l'œil unique de l'ogre endormi. L'intelligence
elle-même devient une sorte de force, occulte, invisible au regard
hostile qui menace mais ne possède pas l'œil supplémentaire, celui
qui perçoit ce qui ne se voit pas. Et l'impression que produit le
courage peut n'être pas exempte de ces rappels à l'extraordinaire,
vers ce qui permet de croire en l'incroyable, où l'impossible se transforme en possible, où les limites qui livrent un homme aux hasards
redoutables se métamorphosent, comme par enchantement, en attri-
buts d'une puissance infinie.

Qu'est-ce alors qui est admirable dans la force ? On comprend
que cette question semble viser une sorte de substrat généalogique
dont se nourrirait obscurément l'impression produite par le courage. « Courage », en grec *andreia*, lequel se rapporte à *aner* (le
mâle), mot issu de l'indo-européen *-ner* qui par ailleurs donna *neu-
ron* (la fibre) et le latin *nervus* (le tendon, la corde de l'arc). Mais
c'est d'une autre racine, *vir*, que les Romains tirèrent le nom qui

désignera la virilité et par suite *virtus* : le courage. C'est que *vir* désigne l'homme simplement par opposition à la femme, et *ner* indique sa qualité essentielle, sa « nervosité ». Il est remarquable que ce qu'on nomme la « vertu », la qualité en général qui distingue un sujet, conserve en son nom cette virilité ; que l'opposition physique de l'homme et de la femme ait métaphoriquement composé le modèle moral de la différence. Étendue au genre humain, cette particularité devenue abstraite distingue ceux qui s'efforcent de ceux qui ne s'efforcent pas. Toute vertu suppose alors l'effort, cette tension de l'âme par laquelle un sujet se dispose à exister suivant une valeur à laquelle il tient. Quel est au juste le contenu de cette valeur ? D'où provient-elle, qui la prescrit ? Cela reste problématique. Mais qu'il faille faire effort pour la poser, là est le courage inhérent à tout mérite, la vertu de la vertu. De sorte que ce que l'on admire dans la vertu peut être ambigu : d'une part il y a la valeur qu'elle permet, et d'autre part la force qui la permet. Et le courage, lui aussi défini comme une vertu, porte cette même ambiguïté : la force qu'il suppose est tout entière celle d'un sujet, dans sa relation à lui-même ; mais la valeur qu'il pose est tout entière dans sa relation à l'autre.

Or, si faire c'est bien faire, ou faire le bien, ou montrer une volonté bonne, alors ce qui est fait est l'objet d'un jugement éthique, bien sûr inquiet de ce que dit ce mot : le « bien ». Mais faire, c'est aussi purement et simplement agir, avec la tension et l'effort que cela suppose, avec aussi la distinction qui se marque. On sait que la langue grecque insiste sur la nuance entre le fait de produire *(poiesis)*, où prédomine la qualité de l'objet créé, et le fait d'agir *(praxis)*, où s'accomplit principalement la qualité du sujet. Et cet « agir » se dégageant de la chose faite, de sa valeur objective, amène le regard à se complaire en deçà d'elle vers ce sujet pur et mystérieux, vers ces éléments mêlés de peur et d'amour qui s'agitent en lui comme en un au-delà de lui-même, jusqu'à ces fonds d'ardeur confuse où s'animent les figures légendaires de la condition humaine, laquelle s'y montre puissante et tourmentée, y affrontant l'immémoriale adversité grâce à une énergie libre et étrange, à la fois aveugle et visionnaire. Et l'impression qui emplit le jugement visant le courage n'est plus alors d'ordre éthique, on la dirait esthétique, analogue à celle produite par cette sorte de portée métaphysique spontanée qui se dégage d'une œuvre d'art.

Ce qui est beau dans le courage viendrait de ce qui en lui serait métaphorique. De là son ambiguïté morale. Le respect du soldat pour le soldat qu'il combat, la « paix des braves » que ce respect rend possible ; la difficulté apparemment insurmontable que pose la tenace question : « faut-il être courageux ou bien lâche pour se suicider ? » ; la « beauté du geste » qui est tout ce qui reste d'un courage inutile ; l'idéal sportif du dépassement de soi, corrélatif du dépassement de l'autre ; les symboles des records ou des champions du monde où le premier des hommes, dépassant tous les autres, est pris pour surpasser l'humanité elle-même ; le sacrifice qui se croit suffisant pour produire du sacré, voire du saint, voire du divin ; tout cela frappe le contemplateur et l'impressionne, et d'une certaine manière l'abrutit. Qu'il faille du courage pour exécuter une louable intention, c'est là ce qu'imposent une nature et une humanité prodigues en obstacles de tous genres qui s'opposent à l'acte simple et bon. Mais au regard spontané l'acte peut éluder sa valeur éthique et, ne présentant que sa forme pure, se faire la forme elliptique de tout autre chose que de cette valeur éthique. Alors le courage paraît garder de la vertu son allure, et même son sens premier. Mais aussi son sujet s'irréalise, il se met imperceptiblement à idéaliser l'action pour elle-même. Et en idolâtrant la Puissance absurde en tant que telle il en vient à conjurer, comme en ses premiers âges, d'innombrables forces occultes et arbitraires, sur un mode superstitieux.

L'aspect esthétique du courage, sa portée métaphorique qui fait impression, sa « sensationnalité » se saisissent - disions-nous - *extérieurement*. Ce qui est objectivement fait est éludé, le sens dernier de l'action se voit éclipsé ; et une sorte de forme pure ainsi délestée s'envole et survole librement ces dangereuses régions où les luttes humaines prennent enfin l'allure d'agitations inoffensives. Ce qui compte à ce moment n'est pas que la personne courageuse surmonte vraiment sa peur, c'est que la personne impressionnée conjure illusoirement sa terreur. Reste cependant la personne courageuse, qui fait *intérieurement* l'épreuve de son courage. Qu'en est-il au juste du courage dans son épreuve intime elle-même ?

Pour comprendre cela, il faut bien se confronter à cette difficulté tenace : que l'aspect esthétique d'un comportement est pour un sujet ce qui complique en lui le motif exact qui le fait agir.

Les figures symboliques de l'idéal ne manquent jamais de zèle pour composer l'intention la moins suspecte de complaisance : les exemples ne manquent pas de héros qui donnèrent leur vie pour une idée dont l'histoire aura montré trop tard le sens dévastateur. À ce point on pourrait croire que la seule complication dont s'embrouille le courage consisterait dans cette figure esthétique à laquelle il se verrait associé, de sorte qu'à être captif de sa forme symbolique, le courage esquisserait, en même temps que son geste, l'éclipse de son sens. Pourtant si l'on examine cela, on s'aperçoit que la captivation d'un sujet par la figure de son propre courage n'est pas la seule aliénation qu'il risque. Car du côté du sens lui-même, l'intention vivante et animante de l'action courageuse peut aussi se constituer en facteur d'illusion ; ce ne serait plus le mythe qui se jouerait de l'intention, mais l'intention qui se jouerait d'elle-même. Tâchons de démonter ce nouveau dispositif.

Un sujet donne un sens à son acte, et cela s'appelle son intention « idéale » si l'on veut : son sens premier. Mais ce que vaut cet acte se révèle au moment de se faire : quelque chose change effectivement, pour soi ou pour les autres, en vertu de cet acte. Que la situation nouvelle soit bonne ou mauvaise, là est la valeur « réelle » de ce qui a été fait pour l'établir, son sens ultime. Mais lorsque le courage intervient dans l'action, lorsqu'il faut appliquer sa volonté et son effort pour réaliser son « idéal », un tel souffle peut aller jusqu'à envahir l'idée elle-même, la saisir brusquement comme d'une inspiration étrangère ; et l'idéal, nouvellement gagné par cette brume puissante, se verrait transformé en écran de sa propre valeur. Peu à peu, l'idéal se ferait imperceptiblement proéminent, d'autant que la figure esthétique du courage ne manquerait pas de le magnifier davantage. D'où ce cercle vicieux, au tour inflationniste : à force de courage, l'idéal s'idéaliserait lui-même, encore et encore, jusqu'à perdre le sens de sa valeur, son sens dernier. Lorsque ainsi l'on apprend à quantité de gens qu'il faut savoir donner sa vie pour une cause, cela peut être vrai ; mais comment reconnaître cette vérité, si la valeur de la cause est immédiatement estimée au courage qu'il faut pour la défendre, et non pas à sa valeur propre ? L'effet de l'illusion fanatique est là : non qu'on échange sa vie contre l'avènement d'une cause, mais qu'on donne à cette cause la valeur de sa vie.

Il y aurait alors deux courages : l'un initial et déterminant, lié au sens premier, à l'idéal ; l'autre final et vigilant, lié au sens dernier, à la valeur. Et une personne ne serait vraiment courageuse qu'en associant l'un à l'autre, en affrontant la peur, mais en gardant la crainte de passer ce seuil où le courage bascule, quand l'idéal n'est plus perçu que du point de vue aveugle qui rend l'avenir indésirable.

De même, donc, que dans sa saisie extérieure l'appréciation du courage comporte quelque chose d'« ambigu », de par sa portée métaphorique, de même dans sa saisie intérieure il faut discerner la nature - disons « amphibologique » - du courage, de par sa portée axiologique, son pouvoir de valoriser. Éclairons cela.

Le sujet rencontrerait dans le courage une sorte de puissance de valoriser ce qu'il fait. Un idéal est posé comme un but à atteindre, indépendamment de sa valeur objective : qu'il faille l'atteindre, cela suffit à l'emplir de tout l'intérêt du sujet. Toute l'énergie, libérée en vue d'y parvenir, et la somme des dangers, des douleurs, de l'effroi qu'il faut surmonter l'amènent à faire preuve de ce « courage » où les représentations terriblement présentes se voient traversées, jusqu'à se confronter à cet idéal tellement absent, et si suprêmement désirable. Dans cet effort, les limites du présent et de l'avenir s'estompent, comme celles qui séparent ce qui se trouve effroyablement là de ce qui est terriblement absent. Une sorte d'éclatement de la finitude ouvre alors sur ce que le sujet découvre en lui comme une surprenante puissance de l'infini : il s'étonnerait lui-même d'envisager un horizon nouveau de son intimité, une subversion des limites rigoureuses qui s'imposaient, jusque-là, à sa condition ordinaire. Cette puissance de l'infini, soudainement découverte et dynamiquement vécue, peut être considérée de l'intérieur, le sujet prenant un certain recul par rapport à ce qu'il fait, ce qui lui permettrait d'y supposer ce qui s'appelle « courage » ; mais la représentation esthétique qui compose cette perspective a pour nom le « sublime ». Ainsi trouve-t-on chez Kant cette remarque :

> « Tout affect du genre ''courageux'' *(von der wackeren Art)* (qui nous fait prendre conscience de nos forces nous permettant de vaincre toute résistance) est esthétiquement sublime *(ästhetisch-erhaben)*. » (*Critique de la faculté de juger*, I, § 29)

Dans ce sentiment du sublime, l'imagination se sent « illimitée » *(umbegrenzt)* en raison de la disparition des bornes du sensible. Et :

> « Cette abstraction est aussi une présentation de l'infini *(Darstellung des Unendlichen)* qui, précisément pour cette raison, ne peut jamais être qu'une présentation négative, laquelle cependant élargit l'âme. » *(Ibid.)*

Dans l'épreuve du courage l'âme s'ouvrirait à un au-delà du monde empirique, au-delà infini mais imprécis, dépourvu de contenu distinctement saisissable ; un infini qui, bien qu'abstrait, ne se définirait pas du simple effacement des limites, lequel n'est que négatif. Quelque chose de positif est malgré tout saisi, quelque chose d'invisible dont pourtant nous aurions comme un semblant d'intuition : dans le courage, nous éprouverions le pouvoir de rendre présent l'invisible, de nous y porter ; de nous élever, du monde qui nous contraint, vers celui que nous devons vouloir. Ce qu'il y a de sublime dans le courage, c'est qu'au moment d'affronter âprement ce qui le terrifie, se dégageant de la stupeur, un homme toucherait en lui à une confiance inattendue, un plaisir étrange, une perception mystérieusement lucide de l'ailleurs qu'il appelle, qui lui fait signe, qui l'engage à comprendre d'autres paroles, pour se mettre déjà à écrire le monde à venir.

Dans un tel sentiment du sublime, l'esthétique du courage montrerait l'homme capable d'éthique. Capable, seulement. De là sans doute l'éventuel effet pervers de cette puissance de valoriser qui pourrait bien risquer de tourner à vide, dans le cercle vicieux décrit plus haut ; là où, par son courage, un sujet emplirait illusoirement de valeur des œuvres vaines, voire des méfaits. C'est que si le courage ouvre le fini à l'infini, le contenu de l'infini demeure encore indistinct, indifférencié, comme vacant, apparemment semblable à rien ; et le sujet courageux peut se laisser happer par une fascination nouvelle, une tentation de l'insolite, une séduction vertigineuse. Aussi le courage que nous nommons ici esthétique ne prend-il son sens positif, ne trouve-t-il sa *vérité* qu'en restant vigilant, attentif à ce seuil qui s'ouvre à l'éthique.

Car l'infini lui-même ne mène à rien, si l'on n'y observe rien de sérieux.

Pierre Michel Klein

La politique de l'archipel
Roland Topor

Endurer, refuser, se trouver, mourir pour une idée... Roland Topor porte un regard rieur et grave sur ces aspects du courage qu'il passe au crible de son expérience d'homme et d'artiste. Une vision sans complaisance qui met un désordre salutaire dans les idées reçues et fait encore une fois la preuve que la question du courage, et plus largement de la morale, n'est pas la chasse gardée des seuls « spécialistes ».

> « Vivre en marge pour ne pas mourir au milieu :
> la politique de l'archipel. »

E*ndurer.* - L'inertie, c'est très tentant puisque c'est une force ; il n'y a pas de mal à la faire surgir ! Pas besoin de se donner beaucoup de mal pour coller au sol. Mon idée du courage, c'est une attitude noble, esthétique, admirable, méritoire, mais dans un rapport disproportionné, lorsqu'on n'est pas du bon côté du manche. Et je trouve du courage dans le fait d'*endurer*. Je pense, par exemple, aux serveuses de restaurant qui bossent comme des folles et donnent un bel exemple de courage parce que, en souriant, elles ont gardé une grâce dans ce rapport de forces disproportionné.

Le courage n'est pas un but en soi. C'est l'énergie que l'on met à être soi-même, à endurer. Il y a un mot à la mode, c'est *assumer*. Moi, je préfère *endurer*.

Courage physique. - Je n'ai aucun souvenir personnel d'avoir fait preuve de courage physique. J'ai peur des coups et de la souffrance ; lorsqu'il est question d'affrontement physique, je ne suis pas sur mon terrain, je suis mauvais. Ah si ! Un jour, en sixième, un grand embêtait les petits. Je m'y suis opposé vertueusement et j'en ai pris plein la gueule. Depuis, je ne me suis jamais battu !

Je pense à l'exemple d'une femme violée en public par trois mecs avec un couteau. On s'étonnait que personne ne soit intervenu. Moi pas ! Le rapport de force entre un passant non entraîné et trois mecs armés et motivés est trop inégal... Puisqu'on a délégué notre parano aux institutions, qu'on est assisté, on n'est pas censé faire justice soi-même. Pourquoi alors faut-il brusquement faire respecter l'ordre soi-même ?

Un jour, j'ai vu un type qui cognait quelqu'un à la tête. Je suis passé, j'ai regardé ailleurs... Mon Dieu, mon Dieu, dans quel monde vit-on ! La jungle des villes... Je crois qu'il y a des proies et des prédateurs. Je suis plutôt du côté de la proie. Dans les films sur les animaux, quand un guépard attaque un zèbre ou une girafe, les autres ils courent ! Du point de vue de la proie, il n'y a pas tellement de différence entre les animaux et les humains si ce n'est que nous, on a multiplié les valeurs ajoutées, donc il n'y a plus de prédateurs et les gens ne savent pas qu'ils sont des proies. Les animaux recherchent la nourriture, la survie ; nous, on a rajouté la beauté, l'argent, l'intelligence, l'amour...

La guerre. - En ce qui me concerne, le courage m'oblige à parler de la guerre de 40. Je m'aperçois que ça a beaucoup compté pour moi ; le sentiment, très tôt, que les gens voulaient ma peau.

Lorsque nous étions encore à Paris, ma mère nous briefait, ma sœur et moi, parce que notre concierge et notre propriétaire essayaient de nous tirer les vers du nez pour savoir où était notre père. Le fait d'avoir un faux nom, le passage de la ligne de démarcation m'ont donné, très jeune, le sentiment que pour être soi-même il ne suffisait plus d'avoir du courage ; il fallait que le destin, la chance soient de votre côté. Avoir survécu, c'est déjà la preuve d'être du bon côté. À l'époque, toute l'imagerie du courage était alors incarnée par les méchants, les flics, les uniformes, le maréchal Pétain.

L'héroïsme. - Le courage des résistants, je n'arrive pas à m'y projeter. Parmi les faits « militaires », le seul que j'admire c'est la révolte des juifs du ghetto de Varsovie : réagir dans des conditions impossibles, dans un rapport de force nul, est à mes yeux admirable... Le fait de prendre son destin en mains... même ça c'est une blague ! Le simulacre est déjà héroïque.

En ce qui concerne les survivants de la guerre, le courage y était pour peu de chose. Il s'agissait plus d'un esprit d'initiative fou, de l'énergie du désespoir, d'un concours de circonstance heureux. Le courage, c'est plutôt le type qui craque et décide d'y passer d'une façon esthétique. Je vois là une propagande insidieuse pour y passer. Les situations qui semblent belles, héroïques, sont souvent crapuleuses. Il vaut mieux ne pas y être !

J'aime bien l'héroïsme car c'est une attitude salutaire contre l'anonymat, pour ne pas être perdu dans les statistiques. Il y a, d'un côté, les gens célèbres qui ont remplacé les aristocrates et, de l'autre, les pauvres, les sans-nom qui peuvent s'en sortir par l'héroïsme. Pour prendre un exemple trivial, regardez les héros de comptoir qui boivent bien : on sait qu'ils sont bourrés mais ils ne titubent pas, ils restent corrects et se dirigent vers la sortie en essayant d'être dignes. Il y a cette dimension du courage ordinaire ou de la dignité héroïque chez certains ivrognes.

Mon héro favori : Ulysse, parce qu'il finit par rentrer à la maison après avoir été partout. Il écoute les sirènes sans se boucher les oreilles et il rentre... très tard ! À mon avis parce que le vin avait assez vieilli !

L'exemple. - Je me méfie beaucoup des faits exemplaires puisque leur vocation est d'être imités. Il y a un exemple de courage complètement kamikaze, donc pas salutaire, qui est la charge des Polonais à cheval contre les tanks allemands. Voilà un exemple de détournement de courage dans le sens où les individus illustrent les qualités énoncées par une société qui les utilise, en étant dupes.

Le courage d'être soi-même c'est une chose, mais celui qui consiste à rentrer dans le moule que l'on vous indique, dans l'uniforme du courage, du héros, me paraît être un détournement car ça n'est plus une vertu individuelle. Les États parlent de vertu mais ils ne sont pas moraux ; d'ailleurs, ça n'est pas leur but, qui est simplement d'exister.

La morale, je ne suis plus sûr que ce soit une valeur. Il s'agit plutôt d'exemples qu'il est fortement conseillé de suivre. C'est l'imitation de Jésus-Christ : imiter des comportements qu'on nous a présentés comme valorisants. Mais quand on gratte un peu, on s'aperçoit que les puissants ne respectent pas forcément les valeurs à suivre... Dans notre société, la valeur suprême, c'est l'argent et les autres sont des exemples assez proches de la haute couture...

Mourir pour une idée. - Prendre son courage à deux mains, c'est réunir toute l'énergie dont on est capable. Tant qu'on a une vitalité suffisante, on peut supporter de survivre en se passant de la valeur morale qui aurait voulu qu'on disparaisse. La grande difficulté pour ne pas mourir pour une idée, c'est que dans chaque individu, il y a aussi une partie de la société qui se regarde et se condamne. Moi, j'ai décidé de ne jamais me condamner. Les autres s'en chargent ! Je considère que je suis rare, précieux, qu'il est miraculeux que je sois en vie, et j'essaie de faire taire, de contrer cette partie de la société en moi qui, de temps à autre, exerce un jugement sur moi-même.

Vérité. - Je suis sensible au courage de ne pas être comme les autres, d'incarner *sa* vérité. *La* vérité, ça se dit dans les régimes totalitaires. Le courage isolé du reste, comme toutes les valeurs morales, est ridicule. Cervantès en a bien parlé à travers le caractère dérisoire de celui qui s'identifie à une valeur morale. Je ne crois pas en *LA* valeur rédemptrice, mais plutôt en un cocktail de valeurs mêlées à des défauts.

J'ai un ami guinéen qui dit : « le mensonge est sucré, la vérité est amère », et je trouve que devenir amer parce qu'on a la vérité, ça ne vaut pas le coup. La grâce, c'est la vérité avec un peu de sucre. La vérité a un aspect repoussant qui parfois déteint sur les gens. La légende veut que la vérité soit belle, que les profondeurs de la vie soient nobles, or souvent ça n'est pas le cas... Le courage visible me répugne.

Désir. - On parle rarement du courage de ses désirs, qui suppose qu'on les respecte assez pour ne pas les confondre avec ceux qui nous sont insufflés. Dans les sociétés de consommation, beaucoup de désirs sont perçus par les gens comme étant les leurs, mais ça n'est pas vrai. Pour faire la différence, il faut aller un peu plus loin dans ses désirs pour savoir à quel moment ils vous donnent du plaisir ou pas, vous ressemblent ou pas.

Confort. - Face à la douleur ou à la maladie, l'appel au courage signifie : « conduis-toi bien sans faire chier, respecte le code le plus pratique, le plus confortable pour tout le monde ». Je suis frappé, dans les séries américaines ou françaises, quand quelqu'un est en train de mourir, par exemple quand un flic a pris deux pruneaux dans le ventre, il y a toujours son copain qui arrive et lui dit : « tais-toi, ne dis rien ». On essaie de fermer la gueule à l'agonisant ! On demande aux individus d'accepter leur disparition sans mettre la société en danger. Un individu ne se survit pas à lui-même alors que la société survit à la mort d'un individu, donc les intérêts sont diamétralement opposés.

Se trouver. - Sur le plan individuel, face à la maladie, plus on est atteint, plus on est soumis à la fatalité. Et se trouver au moment où on se perd, c'est un peu tard, ça ne sert pas à grand-chose... Faire une dernière saloperie !

Le courage d'être soi-même est une bonne chose, mais tout dépend de ce qu'on trouve. J'aurais préféré qu'Hitler ne se trouve pas ! Je préfère Sade qui a eu le courage en étant enfermé d'écrire ses fantasmes à une époque où ça ne s'appelait pas fantasmes.

Artistes. - Mon travail dérange lorsque les codes tiennent tellement à vous que si quelqu'un rue dans les brancards, vous sentez les coudes dans les côtes ! Mais ceux qui sont dérangés physiquement devraient se soigner ! Il ne s'agit jamais que d'idées, de jeux avec l'encre et du papier... Je trouve que l'on exagère avec le courage de l'artiste, son rôle subversif. Le malaise survient lorsqu'on malmène certains codes intouchables : la femme, l'enfant, la mère, le corps. Si je mets une main à la place d'une tête, certains diront « quelle horreur, c'est un cochon ! », mais c'est une réaction pathologique. Mieux vaut dédramatiser les choses. En mettant le foie à la place du cerveau et le cerveau à la place des pieds, je n'ai pas l'impression de piétiner des valeurs et de contribuer à l'écroulement de la société. J'élargis juste un peu le domaine de la spéculation et du jeu en dérangeant des choses qui paraissent très stables, immuables. Mais moi, je ne crois pas à cette stabilité. On a trop tendance à pétrifier les choses.

Il y a eu des grands moments artistiques dans des périodes très difficiles ; il y a alors un certain courage à exalter la vie dans ce contexte. Il faut aussi un certain courage à faire les ordures. Par exemple, Armand, que par ailleurs je n'aime pas beaucoup, a fait sa première exposition en remplissant toute une galerie d'ordures. C'est très difficile d'engager les gens dans cette démarche, de leur faire comprendre, de trouver des acheteurs ou du moins des gens qui acceptent ce qui est moins confortable, moins joli. L'art est toujours arrêté avant vous. Donc, quand vous arrivez, personne n'a besoin de vous.

Refuser. - Je n'ai pas dit que je n'avais pas un atome de courage ! Je ressens un dégoût d'être traité comme une quantité négligeable qui doit juste suivre. Je n'aime pas l'autorité. Une fois, un type m'a emmené à un congrès de l'UJRF (Union des jeunesses républicaines de France), une émanation du parti communiste. Et là, ils reçoivent un télégramme de Maurice Thorez annonçant qu'il ne pouvait pas venir. Alors ils ont tous commencé à crier « Maurice ! Maurice ! », en tapant du pied. J'étais rouge de honte et je suis parti. Je ne supporte pas, et ça me sert de pensée.

J'ai réussi à éviter d'aller me battre en Algérie, je n'ai pas fait mon service, je ne suis pas croyant, je n'ai pas été au parti communiste ni dans un parti de droite, j'ai travaillé à *Minute* d'où j'ai démissionné au bout de trois mois en leur disant, très lâchement, que j'allais me consacrer à l'illustration ! On était quelques dessinateurs, dont Sempé, et selon les tempéraments on en est sorti un, deux ou trois mois après...

Père. - Mon père m'a toujours dit que le courage c'est une connerie. Il est arrivé en France en tant que sculpteur, ensuite il a dû faire de la maroquinerie toute sa vie, en la gagnant difficilement, sans amertume ni aigreur. Il aimait bien ses clients, voyager, et, comme toujours, il a reporté ses espoirs sur ses enfants. Quand il a pris sa retraite de maroquinier, il a recommencé à peindre et il peint très bien. Donc, le mot courage s'applique bien à lui.

Vivre. - La lâcheté physique vous exclut de l'imaginaire des autres car on est nourri d'un imaginaire de promotion qui va dans le sens du courage, du fait d'accepter de disparaître, d'être seul contre tous, de défendre la veuve et l'orphelin, etc.

La lâcheté me semble être une technique de survie individuelle qu'il est difficile d'assumer car on se trouve exclu d'une vitrine imaginaire, du Panthéon, de l'Olympe, puisqu'on essaie de ressembler aux dieux. Dans un livre du XIXᵉ siècle, *Essai d'éloquence pour parler au peuple*, il est dit comme il est beau de mourir, pour un chrétien, que celui-ci doit désirer la mort comme moyen de rencontrer Dieu. Mais son seul drame, c'est qu'il n'a pas le droit de se suicider, il faut que ça arrive par les autres. Et bien ce courage-là, cet amour de la mort, je ne les aime pas. Donc, j'essaie d'être cohérent et de trouver les moyens de la retarder au moins. Là, je tombe sur tous les défauts désignés par la morale : la lâcheté, l'hypocrisie, le mensonge, etc. Mais la valeur suprême pour un individu, c'est la vie qu'il faut préserver à n'importe quel prix si possible. Je suis logique puisqu'un individu, c'est le monde. Les valeurs morales sont désuètes. Celles de notre société sont l'argent, la promotion, l'intégration, la célébrité, le pouvoir.

L'antivaleur, c'est l'obscur, le pauvre, le chômeur, l'anonyme, un numéro rayé, une erreur d'ordinateur, une coquille de Dieu. Alors, pour les autres, on peut parler de courage, d'honneur, avec beaucoup d'optimisme... et on peut en changer, personne ne le sait.

Donc, pour moi, il y a la survie et le besoin indispensable de trouver d'autres gens comme soi ; et comme ils sont eux aussi dissimulés, il faut être capable d'émettre des signaux. Il est bon d'être plusieurs... *Vivre en marge pour ne pas mourir au milieu : la politique de l'archipel.*

Parano. — C'est l'histoire de deux Juifs dans une rue de New York, la nuit, qui voient arriver face à eux deux hommes. L'un des deux Juifs est terrorisé et son copain lui dit : « De quoi as-tu peur ? Ils sont deux et nous sommes deux - Non, lui répond l'autre, détrompe-toi, ils sont deux et nous sommes seuls. »

Propos recueillis par Nicole Czechowski

Roland Topor

Au filtre de l'enfance

Lucette Savier

Dans les contes, romans et films destinés aux jeunes, le courage occupe une place importante. La figure du héros intrépide fait toujours rêver. Mais comment les enfants vivent-ils et perçoivent-ils le courage dans leur vie quotidienne et dans ce qu'ils savent du monde ? La prise en compte du collectif et de l'Histoire est-elle valorisée comme l'est l'acte individuel ? Là se pose la question de la transmission.

Ont été sollicités une centaine d'enfants entre onze et douze ans en classes de CM1 et CM2, dans des écoles de banlieue parisienne[1].

Une discussion, des questions, un court temps d'écriture personnelle, et chacun livre une histoire, un texte, une phrase, traductions de ce qu'est le courage.

Pour lancer l'écriture, quatre pistes ont été proposées : « les adultes sont courageux quand... », « le courage c'est... », « j'ai le courage de... » (structures énumératives des actes quotidiens qu'ils jugent courageux) et « si j'étais courageux(euse)... » (structure du si..., propice à l'expression imaginaire et distanciée).

Les conditions de réalisation des textes appellent une mise en garde de lecture : écrits en classe, sous l'œil curieux, complice ou évaluateur de l'instituteur, ils s'inspirent souvent de situations liées à l'école et reflètent tout autant les idées « spontanées » des enfants que celles qu'ils supposent attendues par l'adulte. Ainsi, les phrases sur le courage exprimées ici n'ont pas valeur sociologique et

---

1. Classes de Mmes Gonnot, Dumontier, Piens, Kociuba, de M. Fernandez, et atelier d'écriture de I. Bertola, à Montreuil-sous-Bois, Saint-Denis et Noisy-le-Grand, en région parisienne.

peuvent être lues comme des définitions sans *a priori* et aussi comme les définitions que les enfants pensaient « justes », qu'il « convenait » d'écrire. Les idées les plus fréquemment citées ou au contraire les plus inhabituelles ont été retenues « en l'état » pour donner à lire, en mosaïque, les notions de courage de ces cent enfants. Et l'on verra qu'il est, sous des phrases simples, question de justice, de vérité, de mystère, de bien, de pardon, de mort...

Commençons par les adultes. Leur courage, selon les enfants, s'exprime à travers leur métier. La figure du pompier qui affronte le feu est unanimement reconnue courageuse : « Les adultes sont courageux quand ils savent que la vie d'une personne est en danger. Les pompiers, par exemple, n'hésitent pas à aller éteindre le feu. » D'autres comme « les peintres quand ils sont sur l'échafaudage, les conducteurs de poids lourds, les fabriquants de métaux comme le fer, les sauveteurs, sont courageux ». Sandaly cite aussi « les mineurs qui travaillent dans les mines, les aventuriers qui cherchent des trésors, les infirmiers qui avancent dans le futur contre les maladies, les coureurs qui font des courses automobiles, les soldats qui vont en guerre ». Christophe ajoute « les porteurs de bombes » et Céline juxtapose le courage « des policiers car ils n'ont pas peur de se faire tuer » à celui « des voleurs qui n'ont pas peur de se faire prendre par la police ».

Aucun métier au féminin n'est cité mais, que ce soit pour les hommes ou pour les femmes, le fait de travailler requiert un grand courage. Laurent écrit : « Les adultes sont courageux quand ils partent très tard le soir à leur travail et quand ils nous préparent à manger et doivent partir vite au travail. » Mathieu : « Ils sont courageux pour le travail quand ils doivent faire un long trajet en voiture ; ils sont courageux pour travailler dans leur boulot. »

Nombreuses sont les activités extra-professionnelles des adultes qui suscitent quelque admiration et nécessitent du courage : « prendre le bateau même quand la mer n'est pas contente ; aller escalader les hautes montagnes glissantes ; prendre l'avion quand il y a un orage et être capables de sauter dans le vide avec une sorte d'élastique ; faire la guerre pour sauver son pays » (Mathieu). « Ils sont courageux quand ils se lèvent pour calmer le bébé ; quand ils se font mal, ils ne pleurent pas toujours ; quand les enfants sont très malades, ils ont le courage de les guérir ; quand ils conduisent sur l'autoroute en voiture, ils ont le courage de conduire pendant longtemps ; quand ils vont faire les courses, ils ont le courage de les faire, même s'ils sont fatigués. Ils sont courageux quand ils nous protègent contre les gens qui nous veulent du mal. Quand on revient avec de mauvaises notes, ils ont le courage de les voir, de nous aider et de signer le carnet » (Laurent). « Ils sont courageux quand ils se font opérer ; les adultes sont courageux de se coucher tard et de se lever tôt » (Thomas). Sandaly précise : « Les courageux, ce sont les malades quand ils souffrent du sida. Ce sont les personnes quand elles vont mourir. Ce sont les personnes qui affrontent la vie. »

Et eux, quand se sentent-ils en courage ?

Le courage de savoir faire : « J'ai le courage de dire oui ou non ; j'ai le courage de parler avec quelqu'un. Le courage c'est quelque chose qu'il faut savoir faire ; par exemple il faut avoir le courage de défendre quelqu'un et aussi de faire des efforts ; mais personne ne réussit tous ses courages. Le courage c'est aussi d'apprendre à marcher quand on est un bébé ; de gagner dans les matches même si on est fatigués. » (Éliana)

Le courage de pouvoir : « Le courage c'est de ne pas avoir peur ; c'est ne pas s'énerver et garder son calme dans le noir ; c'est aussi pouvoir s'organiser ; c'est pouvoir ne pas trop manger de bonbons ; c'est quand on est grand pouvoir s'arrêter de fumer ; c'est pouvoir se contrôler. » (Louis)

Le courage de ne pas avoir envie : « Le courage, c'est dire la vérité à ses parents quand on a menti ; c'est de faire des choses comme aller jeter les poubelles quand on n'en a pas envie ; pour moi c'est quelque chose comme rendre service à un copain que je n'aime pas, c'est de supporter quelqu'un qui m'ennuie ; c'est d'aller chez les amis de mes parents quand je n'en ai pas envie ; c'est de mentir à mes copains ; c'est de dire tout le temps les mêmes choses que mes parents. » (Nicolas)

Le courage de faire attention : « J'ai le courage de manger plus de dix morceaux de viande sur mon assiette ; j'ai le courage de ne pas pleurer quand le film se termine. J'ai le courage de faire attention dans les villes. » (Mouloud)

Le courage de pardonner : « Le courage c'est se défendre, c'est défendre les autres. C'est quand je dois dire pardon à une fille que je déteste. Le courage c'est d'affronter quelque chose. » (Laetitia)

Le courage de résister : « Le courage c'est d'aller dans la cave quand il fait noir. Le courage c'est d'affronter des personnes qui vous veulent du mal. C'est de rentrer tout seul à la maison à une heure tardive. C'est de répondre à des accusations que l'on vous porte. Avoir le courage de regarder des choses qui font peur, comme regarder une personne qui est morte. Avoir le courage d'oublier une personne que l'on aime et qui est partie très loin ou qui est morte. Avoir le courage de résister à des coups comme quand on nous tape ; ou quand on tombe, on a le courage de se relever et de se retenir de pleurer. Le courage d'affronter la peur. » (François)

Le courage d'être seule : « Le courage c'est de rester pour la première fois toute seule chez soi ; c'est de prendre l'avion toute seule surtout quand on passe dans des trous d'air ; c'est de regarder des films d'épouvante. » (Mejda)

Le courage de ne pas être sûr : « Le courage c'est de ne pas se désespérer ou de ne pas abandonner ; c'est de travailler en classe quelque chose de nouveau ; c'est de raconter sa poésie si on la connaît mal ; c'est de faire le spectacle à la fin de l'année devant trois cents personnes ; le courage d'apprendre une poésie très longue ; le courage de se faire opérer ; le courage de dire une réponse dont on n'est pas sûr. » (Jérôme)

Le courage d'aider : « J'ai le courage de rester calme quand mon cochon d'Inde fait ses besoins sur mon pantalon. J'ai le courage de faire un exercice quand je le veux. De regarder un film d'horreur avec du sang qui gicle ; de donner une claque à mon frère quand il m'embête ; j'ai le courage d'aider mes parents quand ils ont besoin de moi. » (Gilles)

Le courage de foncer : « Le courage de se suicider ; le courage de sauter en parachute ; le courage de foncer dans un arbre à vélo ; de monter en haut du plongeoir de cinq mètres, le courage de supporter mon maître ; le courage de lire mon texte devant le maître. » (Cédric)

Le courage de garder : « Le courage c'est de voir son propre chien mourir ; c'est d'aller dehors dans le froid ; c'est de garder un secret ; c'est de mettre les pulls en laine que l'on n'aime pas ; le courage c'est de n'avoir peur de rien. » (Frédérique)

Le courage de voir : « Le courage c'est d'écouter et de voir les tempêtes du matin qui se précipitent sur la maison ; c'est de voir ma mère râler sans arrêt ; c'est d'aller chez le dentiste pour se faire mettre un plombage aux dents ; c'est d'être malade et de savoir que la grand-mère ira le répéter dans toute la ville ; c'est d'embrasser une personne qui a de la barbe qui pique. » (Christophe)

Le courage de dire : « Si j'étais courageuse je pourrais dire la vérité quand je fais des bêtises ; je pourrais arrêter la guerre ; suis-je assez courageuse pour le faire ? Je pourrais vaincre ma peur et dire à mes parents mes mauvaises notes. » (Naïma)

Le courage de ranger : « Si j'étais courageux, je me brosserais les dents tous les jours, matin et soir. Je rangerais ma chambre quand il y a du bazar ; je rangerais mes baskets et mes chaussons. Mais, si je suis très courageux pour économiser mon argent de poche, je ne suis pas très courageux pour ranger mes manteaux. » (Ange-Pascal)

Le courage de sauver : « Si j'étais courageuse je pourrais monter sur un arbre pour sauver une petite fille, je pourrais sauver aussi un enfant qui galope à cheval. Je monterais sur la plus haute échelle pour sauver une femme qui a voulu sauver son bébé. Si j'étais courageuse, j'irais rejoindre les bandits qui ont enlevé une femme pour leur donner une bonne leçon ; j'irais aussi me battre contre un animal féroce pour sauver un bébé abandonné. » (Aniça)

Le courage de défendre : « Si j'étais courageux, j'apprendrais à mon petit frère à se battre et je ferais du sport ; je ferais du karaté ; je m'entraînerais durement. Et si quelqu'un frappe mon petit frère, je le frapperai et il ne recommencera plus ; jamais personne ne frappera mon frère, ni mes sœurs, ni moi et on aura la paix. » (Sofyan)

Le courage de se lever : « J'ouvre un œil ; le soleil est déjà haut dans le ciel. "Oh, j'ai la flemme de me lever, laisse-moi maman !" C'était l'heure d'aller à l'école. J'ai quand même réussi à me lever ; il m'a fallu du courage ! » (Latifa). (De nombreux enfants citent le lever du matin comme nécessitant du courage.)

Le courage d'y aller : « Si j'étais courageuse, j'irais dans le jardin de ma mamie Laurence, là où il y a le grand arbre en *v* ; j'y monterais mais au début, je m'arrêterais ; je me dirais "bon, allez Gaby" et je continuerais. J'arriverais en haut et je regarderais autour et, manque de chance, Mamie arriverait ; elle me dirait "Gaby ! Descends !" Mais moi je lui dirais : "Non !". Je serais si contente d'être en haut que je ne voudrais plus descendre. » (Gaby)

Le courage de faire le bien : « Si j'étais courageuse je donnerais à manger et à boire aux pauvres et aux sans-abri puis je demanderais à mes voisins et à mes voisines et aussi aux marchands de journaux et à tous les magasins de me donner un peu d'argent... Mais je suis trop sensible pour le dire à mes parents. » (Audrey)

Le courage d'être le plus fort : « Si j'étais courageux j'attraperais tous les voleurs ; je les mettrais toute leur vie en prison et je serais le plus fort du monde même plus fort que Guillaume le Conquérant ; ils me tueront jamais. Je resterais toujours courageux. » (Fouad)

Le courage d'avouer : « Le samedi où Catherine (l'institutrice) est revenue, elle m'a demandé la note de conduite que m'avait donnée la remplaçante. J'avais très peur de lui avouer que j'avais eu zéro de conduite. Je tremblais de peur ; je savais qu'elle allait me disputer ; mais avec un peu de mon courage, j'ai réussi à lui dire ''j'ai eu... j'ai eu zéro''. Alors, bien entendu, Catherine m'a disputé, mais elle m'a expliqué que grâce à mon courage, sa colère était moins forte. Si je lui avais menti, elle aurait fini par le savoir. Cela m'a donc servi d'être courageux ce jour-là. » (Anthony)

Le courage d'oser : « Si j'étais courageuse, je dirais au maître que je n'ai pas compris même s'il explique ; il y a des mots qu'il dit mais que je ne comprends pas. Si j'étais courageuse je dirais ''non'' quand je n'ai pas envie. » (Houda)

Le courage de sauver sa femme : « Si j'étais courageux, j'irais dans une maison hantée où il y a des chauve-souris ; j'aurais peur mais j'aurais du courage pour sauver ma femme ; il y aurait plein de toiles, plein d'insectes très gros. » (Victor)

Le courage de s'interposer : « Un jour, j'ai vu Ludovic être courageux. Il y avait un petit garçon qui avait peur d'un grand garçon. Il lui donnait toujours rendez-vous dans un petit parc. Le petit garçon y allait car il avait peur. Le grand lui demandait de ramener 10 francs, 20 francs, 30 francs. Un jour Ludovic court, se met devant le grand garçon et lui dit ''Va-t-en ! Ou ça ira mal pour toi''. Le grand prit peur, il ne recommença plus. » (Guillaume)

Le courage d'assumer : « Si j'étais courageux, j'assumerais mes bêtises ; je mangerais une araignée ; j'écrirais comme le maître ; je remonterais dans mes notes ; je parlerais devant le maître. » (Soufiane)

Le courage d'apprendre et de travailler : « Si j'étais courageuse, j'apprendrais mes leçons ; je ferais l'expression écrite à mes étu-

des. Je trouverais un travail ; je me lèverais à 5 heures et je parti-
rais à 6 heures. J'aurais beaucoup de courage pour me lever. »
(Nadège)

Le courage de faire des exploits : « Si j'étais courageux, j'esca-
laderais la tour Eiffel et l'Arc de triomphe ; je serais le premier
garçon à le faire et on me donnerait la médaille du courage. » (José)
« Si j'étais courageuse, j'irais dans la montagne skier sur le mont
Blanc ; je sauterais d'une falaise d'au moins cent mètres. Je dan-
serais avec les garçons ; j'irais sur la lune ; je ferais de la plongée
sous-marine ; j'irais voir les orques et les dauphins. Il me faut une
très très très grande source de courage ! » (Émilie, Hélène) D'autres
textes racontent les exploits de Mac Gyver et de personnages de
séries télévisées.

Le courage de chercher : « Je donnerais tout pour être courageuse. Si j'étais courageuse, je pourrais me défendre sans peine ;
ainsi je n'aurais besoin de personne pour m'aider. De cette façon
quand je serai grande, personne ne m'embêtera. Bien sûr, pour
avoir ce courage, il faut aller le dénicher loin. Et moi je ne sais
pas le chercher. Ah ! Si j'avais la clef de ce mystère ! Des fois,
je me dis cela ne sert à rien mais après, je me dis il faut que je
l'aie. J'espère qu'un jour, je l'aurai, ce courage, et que je percerai
la clef de ce mystère. » (Christelle)

Mais il arrive qu'on perde courage : « Le jeu commence. L'un
de notre équipe, les rouges, a tenté d'attraper le drapeau des bleus ;
malheureusement quand il a vu les six gardiens qui guettaient le
drapeau, il a abandonné la partie. Nous étions tous furieux contre
lui car nous voulions absolument gagner ce jeu. On attendait un
geste de sa part, mais son manque de courage et de réflexe nous
a menés à notre défaite. » (Sandra) « Moi, ma mère, je sais que
parfois, elle perd courage. Moi aussi quand je ne sais pas faire quelque chose. Pour les pompiers, les mineurs, les policiers, il y a des
risques ; alors ils peuvent perdre courage, ils perdent de la force.
Et je les plains beaucoup. » (Émilie) « Il était dans le Grand Huit.
Avant d'entrer, il avait du courage. Quand il était dedans, que
se passait-il ? Il ne le savait pas. Il avait perdu son courage. C'était
horrible ! Il ne savait pas quoi faire. Il ferma les yeux. Il avait envie
de vomir. Sa tête lui faisait mal. Il avait mal au cœur. Il ouvrit
une deuxième fois les yeux. *Surprise* ! Ce n'était qu'un rêve. Il
avait toujours son courage. Mais il avait la grippe. » (Alexandre)

Brahim aussi choisit un rêve : « C'était un homme, j'étais en train de le suivre. Il s'est arrêté, il est tombé. J'ai couru pour le rattraper. Il m'a dit "j'ai perdu mon courage". Je lui ai ramassé, j'ai mis l'homme sur mon dos et je l'ai porté chez moi ; je l'ai mis dans mon lit et je suis parti préparer du café. Il l'a bu et m'a demandé ; "je suis où ?" - "Vous êtes chez moi" - "Qu'est-ce que je fais ici ?" - "Vous avez perdu le courage" - "Je me souviens". Il a dit merci et il est parti sans reperdre courage. »

De cette juxtaposition de phrases se dessine un courage-endurance, un courage-force teinté de résignation. Qu'il permette de surmonter les tracas quotidiens, de résister à l'ennui, à l'abandon et à la fatigue ou d'oser de sportives tentatives, le courage ressemble ici à la potion magique de Panoramix : on en boit un petit coup, et ça repart !

Ainsi peu de propositions - comme celles de braver sa timidité ou de s'efforcer d'être franc - évoquent-elles le courage de l'esprit, le courage intellectuel. Et, hormis pour les métiers cités, le courage s'exerce dans un but individuel ou familial de réussir une épreuve ou d'accéder à un bien-être : les adultes se munissent de courage pour le bonheur de leurs enfants ; les enfants font preuve de courage pour ne pas décevoir parents et maîtres. Bien loin sont les causes, combats, idéaux, engagements collectifs qui nécessitent le courage des individus.

Dans une discussion, Fabien, onze ans suggère que tout cela, alors, n'est pas le vrai courage : « Je n'ai jamais vu un enfant courageux, vraiment courageux. Les courageux, c'est par exemple les gens qui ont fait la guerre, Jeanne d'Arc ou le peuple de Paris en 1789. Le courage, ça ne peut pas grandir. Si on est courageux c'est qu'on n'a pas peur et qu'on a de la chance. »

Vrai ou faux, celui exprimé par les enfants interrogés s'inspire et s'imprègne de celui qu'ils côtoient, de celui qu'on valorise auprès d'eux. Mais comment s'enseignent, se transmettent, s'inculquent les notions de courage ? Comment apprend-on à nuancer, à sérier, à hiérarchiser les situations d'ordre personnel ou collectif ? Comment apprend-on à différencier par exemple le courage de se lever le matin de celui de résister à un oppresseur ou de risquer sa vie pour la justice ?

Dans cette mosaïque, Mac Gyver est seule figure de proue du

courage. Est-ce anecdotique ou symptomatique de notre incapacité à présenter aux enfants des contemporains « réels » incarnant ce à quoi nous accordons valeur ? À fournir avec pléthore des héros seulement télévisés, ne risquons-nous pas de caricaturer le courage et de le laisser confondre avec le spectaculaire, l'action, l'exploit physique ? De quels leurres nourrissons-nous alors les enfants ?

Fabien tranche en concluant : « Y'a pas grand moment dans la vie, aujourd'hui, pour avoir du courage, du vrai courage. » Autre manière de dire, comme La Rochefoucauld, qu'« on ne peut répondre de son courage quand on n'a jamais été dans le péril ».

Cela justifie sans doute d'autant plus une pratique éducative vigilante ; vigilante pour entretenir la familiarité avec l'Histoire et avec les « courageux du passé » ; perspicace pour repérer les périls actuels qui, discrètement, ne manquent pas de nous guetter ; et volontariste, afin que chaque enfant soit conscient de sa citoyenneté et concerné par les enjeux, les projets, les débats de la société.

Parce que, au quotidien, nombre de situations, passées sous silence médiatique, requièrent des formes contemporaines et subtiles de prises de risque et de courage.

Lucette Savier

Écran de femmes

Anne Henriot

« *Les héroïnes qui luttent, se révoltent ou affrontent les difficultés de la vie parviennent-elles toujours à préserver ce corps et ce visage dont le cinéma a tant besoin pour modeler ses images ?* » *Signes et critères du courage féminin dans les scénarios et leur mise en scène cinématographique.*

« ... Alors, notre héros, n'écoutant que son courage... » Et le voilà, notre héros, là, sur l'écran, en ciné-mascope, en couleurs, en noir et blanc. Il est pâle et hirsute, son visage est sali par la poussière du désert, noirci par la poudre des canons... Il a résisté plusieurs jours, seul survivant, dans le fort assailli par les Apaches. Il a réussi à faire sauter le dernier pont qui aurait pu donner la victoire aux ennemis... Comme il est beau ! La souffrance de l'effort, les difficultés de la lutte, l'ont rendu plus séduisant encore, et nous le regardons, fascinés.

Mais l'héroïne du courage, où est-elle ? Sur quel écran ? Dans quelle histoire ? Lorsqu'elle n'est pas la tendre victime des événements ou la passive compagne du héros, la femme peut-elle se permettre, au cinéma, d'apparaître déformée par sa lutte contre l'adversité, la fatalité ou le monde ? Comment être star et incarner le courage ? Comment se battre, agir, souffrir, sans que la beauté, si nécessaire à l'émotion, n'en souffre elle aussi ?

Or le cinéma a besoin de la lumière de ses stars. Pour François Truffaut, « Griffith fut le premier à comprendre que le cinéma est l'art de la femme, l'art de montrer la femme ». Il est vrai que Lilian Gish, l'actrice principale de Griffith, suscita chez les spectateurs une émotion exceptionnelle. Le directeur de la photo Henrik Sartov avait recours à la gaze et aux objectifs spéciaux pour accentuer sa grâce irréelle. Sœur dévouée dans *Les Deux Orphelines*, adolescente persécutée dans *Le Lys brisé*, jeune femme en butte aux éléments déchaînés et à la révolution dans *Naissance d'une nation*, Lilian Gish incarne des personnages de victimes courageuses d'autant plus intenses que son visage est sculpté par la lumière.

Mais les héroïnes du courage qui luttent, se révoltent ou affrontent les difficultés de la vie parviennent-elles toujours à préserver ce corps et ce visage dont le cinéma a tant besoin pour modeler ses images ? Aussi les figures féminines du courage varient-elles au cinéma, ainsi que ses formes. Elles disent les limites de l'engagement de l'héroïne dans l'action et dessinent les contours de la société qui lui impose ses épreuves.

Bien souvent, la question de l'action ne se pose pas vraiment, car le courage est agi dans un cadre « domestique ». Il s'exerce alors en famille. Il s'affiche d'ailleurs comme tel, comme l'indique par exemple le titre du film que Michael Curtiz réalisa en 1939 : *Daughters courageous*. *Les Filles courageuses* fait partie de la veine « familiale » du cinéma hollywoodien des années 30. Ces films, qui respectent les impératifs sévères du code Hays et de la Catholic Legion of Decency, n'exigent pas de l'héroïne courageuse une implication physique telle qu'elle risquerait de dégrader son charme. Dans *Les Quatre Filles du docteur March*, Cukor présente également quatre sœurs courageuses mais toujours charmantes qui affrontent l'existence pendant que leur père risque sa vie dans les combats de la guerre de Sécession. Curieusement, Scarlett O'Hara non plus, malgré sa fougue et les risques qu'elle prend dans *Autant en emporte le vent*, ne met jamais en danger cette séduction dont elle a tant besoin : les lueurs des incendies de la guerre qu'elle traverse transforment en un joli fard la poussière des routes qui se dépose sur ses joues et dans les plis de sa robe.

La jeune fille qui aide sa mère, la jeune femme qui défend sa famille et sauve sa terre, se doivent d'être touchantes, lumineuses, rayonnantes. Leur jeunesse les y aide, bien sûr, mais surtout la tranquille acceptation des valeurs sociales constamment renvoyées par leur entourage. Elles adoptent l'image à laquelle elles doivent se conformer : celle de jeunes filles, de jeunes femmes, momentanément impliquées dans les vicissitudes d'un monde qui ne remettra en question ni leur place ni leur identité.

Lorsque la séduction de l'héroïne se fait moins juvénile, c'est que celle-ci est mère avant tout.

Ici s'impose l'éclatante image des figures qu'incarna Anna Magnani. Les personnages de cette antistar à la verve populaire, maternelle et passionnée, ne sont pas construits sur l'émotion que suscite la fragilité féminine. Dans *Le Carrosse d'or*, de Renoir, elle porte à bout de bras sa petite troupe d'acteurs. Dans *Bellissima*, de Visconti, vêtue de noir et coiffée d'un chignon indiscipliné, elle joue le rôle d'une femme frustrée qui reporte toutes ses illusions et son énergie sur sa fille qu'elle pousse avec violence et désespoir à devenir star. Somptueuse, tragique, la femme courageuse s'incarne alors dans une image dont la séduction s'efface devant la grandeur d'une Mère Courage, qui emprunte son halo mythique à la fois à la figure de Mégère et à celle de Junon.

Dans les années 30, une solution se dessine à ce défi que constitue la difficulté de sauvegarder la séduction de l'héroïne engagée dans une attitude - sinon un acte - de courage. Il fallait y penser ! Il suffisait de changer le « look » de la star, les critères de la séduction féminine.

L'actrice Katharine Hepburn est l'exemple le plus accompli de cette nouvelle génération d'héroïnes. Non seulement elle incarne la femme décidée à conquérir son indépendance, mais son style, son physique, ses vêtements, sa coiffure, lui permettent désormais d'agir sans dégrader son image première. En 1933, dans *La Phalène d'argent*, de Christopher Strong, elle joue le rôle d'un pilote professionnel. Elle brave les préjugés d'une société trop étroite en essayant de s'affirmer comme écrivain dans *Les Quatre Filles du docteur March* ; ailleurs, elle donne son image à la femme journaliste.

Même si la conquête de l'indépendance, est, pour ces femmes incarnées par Katharine Hepburn, difficile et le plus souvent vouée à l'échec, le combat de ces dernières est enfin physiquement représenté, mis en scène, « visualisable ». Et cela grâce à une silhouette, un visage renouvelés : pantalon, cheveux courts, maquillage naturel sont les données d'une séduction qui tiendra le choc, que le spectateur n'aura pas à remettre en question.

Et puis la comédie s'en mêle, et l'on voit apparaître sur l'écran des jeunes femmes énergiques et vindicatives, qui combattent pour leur indépendance, qui affirment la vie contre la tradition étouffante, tout en faisant rire - et sans oublier de faire pleurer.

L'héroïne de *Cluny Brown*, de Lubitsch, ne parvient pas à être une jeune femme comme il faut : chapitrée par le chef des domestiques dans la maison où elle est femme de chambre, dans une Angleterre plus victorienne que nature, elle ne peut résister au plaisir de réparer la plomberie défaillante de la maison. Scandale : les gargouillis des syphons libérés évoquent trop cruellement les problèmes gastriques qu'aucun Anglais - mâle ou femelle - bien élevé ne saurait entendre ni même imaginer. Mais Cluny (l'actrice Jennifer Jones) aurait voulu être plombier, comme son père : là est sa joie, son enthousiasme, son énergie. Finalement mise à la porte de la très respectable maison où elle est employée, et renonçant à un mariage avantageux avec le pharmacien le plus ennuyeux de tout le comté, elle pourra enfin vivre le bonheur qui lui convient - fantasque et bohème - avec un brillant écrivain émigré, non conformiste. Cluny/Jennifer Jones commet gaffe sur gaffe, rit, pleure et rampe sous les éviers qu'elle répare avec l'ingénuité que lui confère un physique dont la séduction réside dans le naturel et l'absence de sophistication.

Plus touchant et ambigu encore est le personnage du film de Cukor, *Sylvia Scarlett*, réalisé en 1935. Notre héroïne, ici, pour sauver son père menacé d'une inculpation de vol, se fera passer pour un adolescent. Pantalon de golf, gilet de tweed et casquette lui permettront d'agir et de sauver la petite troupe de saltimbanques qui les aide tous à survivre. Mais le subtil érotisme de Katharine Hepburn, mis au jour par le travestissement, dénonce le subterfuge : la femme courageuse, lorsqu'elle se lance dans l'action, lorsqu'elle se frotte à la poussière d'un monde sans pitié, revêt des apparences masculines. Et ces travestissements, ce naturel affiché, cette ingénuité ne font que mettre en valeur un corps souple, une silhouette fragile et mobile et un visage lisse que toujours la lumière peut caresser.

L'héroïne courageuse a souvent été cette douce victime auréolée de grâce, cette fille modèle, cette mère admirable, cette « folle ingénue » ou ce garçon manqué au charme trouble - images/reflets de l'histoire du cinéma américain. Si elle est restée le plus souvent un élément essentiel de la matière cinématographique, c'est que la mise en scène de son courage a en fait consisté à la montrer en train d'agir ou de lutter dans des situations où ses engagements étaient irréprochables : il fallait défendre un enfant, une famille, un mari. Parfois le combat était plus personnel, plus égoïste, même : il s'agissait de se réaliser en tant que femme, d'essayer de devenir journaliste ou écrivain malgré la réprobation de l'entourage. Mais l'héroïne, forte du bien-fondé de sa lutte, pouvait garder un visage le plus souvent radieux. Il s'agissait surtout pour elle d'être une force qui va, de passer à travers des épreuves infligées par le monde, mais rarement de remettre en question les raisons d'un combat.

Ces raisons-là ne sont pourtant pas toujours aussi évidentes, et le courage de la femme peut également consister en un débat intérieur où prennent place le doute, la peur du choix, l'indécision, la solitude. La lumière projetée sur le beau visage de la star prend alors un autre sens.

Dans *Casablanca*, de Michael Curtiz, l'héroïne est plongée dans la tragédie de la Seconde Guerre mondiale. Ilsa (Ingrid Bergman) vit à Paris à la veille de l'invasion allemande. Elle croit que son mari est mort dans un camp de concentration. Elle tombe amoureuse de Rick (Humphrey Bogart). Mais au moment de quitter Paris et de fuir pour Marseille avec lui, elle apprend que son mari est toujours vivant. Pour forcer Rick à partir et à sauver sa vie, elle a le courage de l'abandonner et de lui mentir, lui faisant croire qu'elle ne l'aime plus. Ilsa vit ensuite avec son mari, partageant l'engagement de celui-ci dans la résistance. Ilsa est une femme moderne, capable de se cacher la nuit, de manier un pistolet, de risquer sa vie. Ce n'est pourtant pas cet aspect de son personnage que le film met en valeur : si, toujours merveilleusement belle, elle apparaît, lumineuse, le visage intact et rond, à peine troublé parfois par le cheminement d'une larme sur sa joue immobile, c'est parce qu'est mise en scène, d'une façon bien particulière, la lutte intérieure qu'elle mène pour d'autres raisons. La lumière qui s'attarde sur son profil, sur son visage pris en gros plan, n'est pas celle qui éclaire les héroïnes de Griffith. Ilsa, en effet, retrouve Rick quelques années plus tard, par hasard, à Casablanca où elle essaie, avec son mari, de rejoindre les États-Unis. L'épreuve qui lui est imposée est alors celle d'un choix : toujours amoureuse de Rick, qu'elle a fait souffrir par sa fuite inexpliquée, attachée à son mari par une profonde reconnaissance, Ilsa se débat. Mais elle ne dit rien : les bouleversements et les émotions qui la troublent restent, malgré la musique qui accompagne son image, un mystère. Sur l'écran, en effet, le spectateur ne voit que la beauté lisse de ce visage fermé, que la caméra lui livre comme un second écran sur lequel il ne peut projeter que de polyphoniques suppositions.

L'héroïne du *Dernier métro* de Truffaut prête également son visage à la représentation de la perplexité. Marion Steiner (Catherine Deneuve) a repris le théâtre Montmartre après le supposé départ en Amérique de son mari, Lucas Steiner, Juif allemand, recherché par les nazis. En fait, Lucas Steiner se cache dans les caves du théâtre et Marion joue la comédie de son absence pour le sauver. Mais elle tombe bientôt amoureuse d'un comédien à la forte personnalité et doit supporter l'ambiguïté d'une situation que de plus son mari semble orchestrer. Double épreuve, donc, pour cette femme déchirée. Et toujours la caméra revient sur ce visage lisse mais que l'on voudrait troublé : coiffure impeccable, regard lointain, froideur mate, le visage de Catherine Deneuve, sa silhouette au balancement discret et harmonieux font écran à toute représentation explicite du courage. L'héroïne est ici confrontée à des épreuves qui menacent sa liberté et son identité, et elle est plus belle que jamais. Rien ne peut entamer sa séduction puisque nous ne la verrons ni sangloter, ni hurler, ni se battre. Elle marche, s'assoit, se lève, parle peu et d'une voix dans laquelle la passion est toujours contenue. Le cinéma, qui abandonne ici la mise en scène de l'action, se fait miroir et moyen d'exploration. La caméra scrute, insiste, demeure sur le visage lisse, grave et beau de l'héroïne. Mystère du débat intérieur. La femme fatale ne connaissait pas son courage ; la femme courageuse en proie au débat intérieur est seule à le connaître, et son visage, écran sur l'écran, est silencieux.

Nous nous retrouvons ici à la confluence de deux modernités : modernité d'un cinéma vérité dont la caméra cherche plus à savoir qu'à montrer ; modernité d'héroïnes qui, surtout dans cette seconde moitié du XXe siècle, ont le courage de nouvelles orphelines.

Plusieurs films récents de cinéastes tels que Claude Miller, Maurice Pialat, Agnès Varda, Jean-Claude Brisseau, Benoît Jacquot, retracent ainsi l'itinéraire de jeunes filles qui partent à la conquête du monde pour le défier, l'insulter ou clamer leur désir d'absolu.

De famille, elles n'ont plus. Ou si peu ! La mère de Janine Castang *(La Petite Voleuse)* a abandoné sa fille et l'a laissée à des proches démunis. Mathilde, la lycéenne de *Noce Blanche*, vit loin de ses parents et les seules nouvelles qui lui en parviennent sont les tentatives de suicide répétées de sa mère. Suzanne, dans *À nos amours*, fuit un foyer en conflit. La mère de Beth, *La Désenchan-tée*, n'est plus qu'une somnambule incapable de quitter son lit. Quant à Mona, l'héroïne de *Sans toit ni loi*, elle semble n'avoir aucune famille, aucune attache. Les adultes qui entourent ces adolescentes sont lâches : ce sont des hommes, des femmes, d'âge mûr, intellectuels cultivés, riches de discours mais incapables de risquer l'aventure de l'absolu. L'histoire de ces jeunes filles les jette dans un monde dégradé. Elles ne se battent plus à l'intérieur d'un système justifié, comme nos héroïnes américaines, mais refusent ou ignorent toute image stéréotypée ou confortable de la femme. Aussi leur corps n'est-il pas épargné et les éléments traditionnels de la séduction féminine ne sont-ils pas obligatoirement préservés. Suzanne (Sandrine Bonnaire), le regard dur, vocifère, échevelée, contre sa mère. Sa voix est éraillée, sa syntaxe mal fleurie. Mathilde (Vanessa Paradis), souvent très belle, peut pourtant apparaître le visage défait, les yeux cernés, les cheveux mal lavés. Janine (Charlotte Gainsbourg) endosse la blouse informe de la maison de correction où elle est envoyée et subit la contagieuse saleté des locaux qu'elle traverse. Quant à Mona (Sandrine Bonnaire), elle terminera sa vie mêlée à la boue du chemin.

Pas de complaisance, donc, cette fois, ni de subterfuge autour de la séduction féminine. Si les gros plans s'attardent encore sur la fragilité d'une nuque *(Noce Blanche)*, sur la moue que tout à coup un sourire éclaire *(La Petite Voleuse)*, ils peuvent aussi plonger sur un visage décomposé ou des mains à la saleté répugnante *(Sans toit ni loi)*. Les visages sont têtus, les paroles coupantes et peu gracieuses, les regards durs et sans indulgence. Bien sûr, la jeunesse des héroïnes les protège de l'enlaidissement, et l'on ne peut nier, dans la plupart des cas, leur charme ni leur beauté. Mais cette beauté semble plutôt provenir de leur résistance, de leur révolte et d'une force qui suscite de la fascination plus que de l'émotion. Cette beauté nouvelle, cette séduction grave naissent cette fois du refus d'attirer la pitié et de l'étonnement suscité par le courage solitaire et l'acceptation totale de l'expérience.

Et là encore, les mains noires de Mona, la bouche qui ne sait pas sourire de Beth, le front buté et le regard froid de Mathilde sont scrutés comme une interrogation. Ces héroïnes ne laissent rien paraître de leurs pensées. À l'écran, Beth dort, lovée dans un fauteuil, ou bien elle nous tourne le dos ou bien, apparemment impassible, elle avance sur un tapis éclairé de soleil en évitant soigneusement de marcher sur les lignes. Mathilde garde son visage d'ange, alors qu'on sait (même si on ne l'a pas vu), qu'elle vient de commettre de machiavéliques actes de destruction. Et d'ailleurs, qui est Mathilde ? On ne sait d'elle que ce qu'elle a bien voulu en dire. Jamais la caméra n'adopte son point de vue. Mathilde demeurera un mystère. Mona « venait de la mer » nous dit la voix off d'Agnès Varda au début du film, alors que son actrice, Sandrine Bonnaire, telle Vénus, sort de l'eau, au loin, sur une plage glacée. Mathilde, elle, ira s'engloutir, dira-t-elle, dans « l'océan », lieu métaphorique d'un au-delà de la mort. Pas de montage démonstratif pour nous faire comprendre pour qui, ou pour quoi.

C'est que l'expérience de la tragédie et celle de l'aventure ne se commentent pas : elles se miment. Et le cinéma est ici, par son écriture, particulièrement propre à représenter dans la mesure où il refuse d'expliquer. Le film, en effet, peut être à la fois le moment de cet itinéraire implacable de l'incompréhensible fatalité en marche et le lieu de l'expérience de l'aventure. Rythmé d'ellipses et de silences, il déroule dans l'inévitable chaîne de ses séquences les étapes de son histoire et nous présente, dans des plans que leur extériorité offre à la perplexité ou à la réflexion du spectateur, des personnages dont l'intériorité reste intacte.

Sans toit ni loi retrace bien cet itinéraire implacablement achevé. Le film commence par la fin de l'histoire : l'image de Mona, morte de froid, couchée dans la boue du fossé qui l'a arrêtée. La voix off d'Agnès Varda, qui ponctue les étapes de Mona tout au long du film, insiste et interroge, telle la voix d'un choryphée. Les épilogues de *Noce Blanche* et celui de *La Petite Voleuse*, l'un tragique, l'autre finalement tourné vers l'espoir, arrêtent le récit, constatant sa fin, le terme du cheminement. Mona, Mathilde, Janine, Beth, ont été saisies dans leur lutte contre le monde, quelques mois, quelques années, quelques jours, et leur itinéraire est bien achevé : par la mort pour Mathilde et Mona, par l'acceptation de la vie - une vie de femme avec ses difficultés et ses compromis - pour Beth et Janine. Mais Miller, comme Pialat, Brisseau ou Varda nous ont présenté des héroïnes dont le mystère, souligné par la lumière et le son de plans longs et rapprochés, posent plus d'interrogations qu'ils n'en résolvent. Est-il courageux de choisir la mort si l'on ne peut vivre l'absolu ? Est-il bien raisonnable de considérer Mona telle qu'elle apparaît aux autres, c'est-à-dire comme une figure de la révolte et de la liberté dans un monde dont la caméra ne souligne que la dégradation, où l'on ne semble concevoir la fête que d'un plaisir intense trouvé à se rouler dans la lie ? Est-il courageux de voler pour échapper à la quotidienne misère des déshérités, comme semble l'affirmer Janine Castang pour qui « ce qui est beau c'est ce qui ne sert à rien » ? Quelle est « la meilleure façon de marcher » ? Faut-il croire la musique du générique de fin de *La Petite Voleuse*, qui reprend la célèbre rengaine et nous dit que « c'est de mettre un pied devant l'autre et de recommencer » ?

Le courage est ici pris en charge par des films qui mettent en scène des situations dans lesquelles « normalement » il faudrait du courage. Faut-il prendre exemple du sacrifice, du suicide, imposés par l'intransigeance d'une recherche de l'absolu ?

Pourquoi nos héros sont-ils ici des héroïnes, modernes petites-filles d'Antigone ?

Tout ce que nous savons, c'est que le cinéma pose pour elles les décors du lieu où elles vont combattre, se débattre sans se soucier cette fois de préserver leur corps ni leur visage, et qu'ensuite, avec nous, il les regarde vivre ou mourir.

Mais peut-être le cinéma fait-il bien plus. Et c'est à Truffaut que l'on pense ici. Pas seulement parce qu'avec lui il continue à se demander « si les femmes sont magiques » mais parce que cette *Petite Voleuse* de Miller, qui est un délicat hommage à son œuvre, se termine par un hymne à la vie : Janine, enceinte du compagnon qu'elle a perdu dans les péripéties de son aventure, décide à la fin de l'« histoire » de renoncer à l'avortement que tous semblaient avoir programmé pour elle. Et c'est parce que le cinéma a nourri ses rêves et ses loisirs de fugueuse qu'elle trouve le courage de dire non.

... alors elle part sur les routes avec pour tout bagage un appareil photo - son seul bien, sa seule arme : le moyen d'apprivoiser le monde.

Anne Henriot

$3.$ Identité et vérité

Le fait d'être nous est donné. Mais l'existence dure alors, et chacun se voit pris dans de multiples embarras, aventures ou accidents où il faut se tenir, ou se perdre. Les images qu'on a de soi, les idéaux autorisés et les valeurs apprises font aussi ce que nous sommes ; mais en y adhérant, on risque aussi de s'absorber, on s'y abandonne : on se « lâche ».

Une sorte de courage alors s'exige pour ne pas cesser de comprendre, pour entreprendre des ruptures, dissiper des mythes, renouveler des contrats, s'animer de dignité afin de transformer le hasard qui s'impose en sens qui s'oppose et s'invente. « Être soi-même », cette formule se joue-t-elle du sujet qui croit la détenir, ou porte-t-elle un peu du secret, non de sa réelle naissance, mais de son « vrai » commencement ?

Être soi-même ?

Michel Gillibert

Un accidenté de la vie peut sembler devoir en appeler au courage... Pourtant, peut-être n'appelons-nous « accident » un accident que parce que nous privilégions les manières d'être et les valeurs d'« avant l'accident ». Or, un moment de la vie n'est pas nécessairement préférable à un autre moment, car chaque vie, chaque moment de la vie peut ouvrir à l'infini de ce qu'il est, sans autre référence que lui-même.

Comment savoir vraiment si l'on est soi-même ? Être et paraître sont si proches qu'il est souvent difficile de les distinguer.

Comment être sûr de ne pas confondre ce que l'on *est* avec ce que l'on *représente*, par rapport aux autres, à la société, à la vie, ce qui naît, ce qui meurt ? Les autres peuvent se tromper dans ce qu'ils reçoivent. Tout applaudissement n'est pas une victoire. Toute condamnation n'est pas un échec.

Nous n'avons que rarement le sens de l'immensité, des milliards d'années, du cosmos, de ces étoiles qui surgissent dans le ciel, qui meurent et dont nous ne connaissons les explosions gigantesques que bien des années-lumière plus tard.

Devant cet infini, cette « indimension », comment ne pas réfléchir au dérisoire que nous sommes ? C'est alors que l'on découvre le *rien* défini.

Qu'est-ce que le *rien* défini ? C'est l'admiration, le contentement de ce que nous croyons être à travers le superficiel des trois P : le *paraître*, la *possession*, le *pouvoir* (le pouvoir n'est positif que lorsqu'il est au service des autres). C'est attacher sa morale à la réussite des trois P, au confort de l'habitude. C'est passer dans le vent de l'absurde en étant persuadé d'avoir marqué le temps. C'est n'avoir aucun sens des dimensions. C'est se tromper sur l'essentiel.

Il n'y a pas de courage d'être soi-même. Il y a prise de conscience d'être. C'est différent. On sait que l'on est Noir et que cela va être dur de passer chez les Blancs ; on sait que l'on est handicapé et que les « debout » ne nous accepteront pas toujours facilement. C'est une prise de conscience de décider de combattre, mais ce n'est pas du courage. Le courage n'existe pas en tant que tel.

Rien ne nous est acquis. Ni le bonheur, ni le malheur. Pour chacun de nous, à tout instant, tout peut changer. Partant de là, la prétention de chacun doit disparaître ; le courage d'être soi-même ne veut rien dire puisque nous sommes par hasard.

Lorsque j'ai eu mon accident, j'ai senti autour de moi le hasard, premier élément de la vie offert à la gestion du *rien*. En une seconde, j'étais devenu un autre. J'allais donc me rencontrer autrement. Les « *moins* » devaient devenir des « *plus* ». Je devais dégonfler ce qui m'avait semblé être des *plus*, relativiser les mots pour vivre profondément la vérité.

Seul, totalement seul, c'est ainsi que ce moment de vie l'a voulu, je remontais mon passé. D'une façon étrange, j'en mesurais l'importance qui m'apparaissait progressivement trop superficielle pour que je puisse l'envier à nouveau. Le brillant de ce que j'avais vécu se défaisait jour après jour dans ma réflexion. Je prenais conscience du *rien* défini quotidien, qui donne l'impression de vivre à tant d'entre nous.

Les gens se demandent comment on peut être heureux en étant en fauteuil roulant. Ils parlent toujours de comprendre, d'accepter. En fait, ils raisonnent comme si nous avions le choix. La vie est faite de choix mais aussi d'instants où il n'y a pas de choix.

Une question revient souvent : « Mais vous avez accepté votre accident ? »

Cela ne veut rien dire. On le prend de plein fouet et à partir de là soit on plonge, soit on le dépasse. Dépasser un état complètement inverse à ce qu'il était auparavant, ce n'est pas du courage. C'est aimer la vie et comprendre qu'il ne faut pas chercher à tout comprendre.

L'homme veut toujours définir ses actes. C'est absurde, car comment définir chaque geste, chaque pensée, par rapport aux étoiles qui existent à des milliards d'années de nous ? L'histoire, le temps, ne cessent de gommer, avec une rapidité vertigineuse, ce que l'on a cru un instant important à notre échelle individuelle. Le courage d'être soi-même fait partie de ces croyances. Lorsque l'on cherche à tout comprendre, on reste tourné vers le passé. Alors qu'en cherchant à dépasser, pour jouir de tout ce qui nous arrive dans la figure (les douceurs, les douleurs, tout ce qui prend notre corps, notre esprit, notre âme et qui nous fait sourire, pleurer), on se met à exister véritablement. Je ne vois pas de courage là-dedans.

Il n'y a que le hasard qui fait que l'on est d'une certaine façon. Le hasard d'une naissance, d'un environnement, des rencontres que l'on a pu faire dans la vie et de ce que l'on va pouvoir être d'une autre façon grâce à tout cela et parce que l'on est ainsi. C'est cette succession de hasards qui permet à certains de dépasser, cependant que d'autres baisseraient les bras.

Ainsi le courage d'être soi-même se mesurerait par rapport à ce que l'on est par hasard. Mais au fond il n'existe pas.

Notre chemin ne nous appartient pas. Nous ne sommes responsables de rien de ce qui fait l'essentiel. Ce qui est difficile mais possible pour certains peut être impossible pour d'autres. C'est la dose de hasard qui nous donne la possibilité de réagir ou d'abandonner.

Imaginons un poulailler. Sur une couvée de dix poussins, deux ou trois se feront écraser par leurs frères et sœurs dès le départ. Ils sont peut-être nés quinze à trente secondes trop tard et ces quelques secondes les auront rejetés du système. Un autre poussin saura trouver le grain plus vite, grandir et devenir le coq qui un jour dirigera le poulailler. C'est le hasard de la matière et de la nature qui est fondamentalement injuste.

Nous sommes soumis à ce même hasard.

On nous enseigne que tout est amour et justice, et pourtant des enfants meurent par milliers aux quatre coins du monde. Il y aurait donc un être supérieur qui gérerait le *rien* défini quotidien, déciderait par exemple de faire naître cent mille enfants en mer de Chine et cent mille autres à Neuilly ou dans le XVIe ? Peut-on accepter pareille injustice au nom du destin ?

À l'aide sans doute d'un système informatique gigantesque, le malheur des hommes serait géré à partir de scénarios écrits pour chaque individu ? C'est absurde.

Souvent, on se repère par rapport à une force que l'on a besoin de définir, qui nous rassure face au vide, à l'absurdité et au dérisoire. Il faut respecter toute croyance car personne ne peut savoir. Mais la définition dogmatique d'un être suprême se heurte aux mystères même de l'infini. Le dogme peut aider mais ne peut suffire. Ce n'est pas un acte d'infini, d'échange d'amour. Cela ressemble à un acte de troc. On troque ses malheurs contre de l'espoir avec une force définie.

Rien ne gère le hasard, le destin n'existe pas, ou nous ne pourrions plus croire en rien dans la vie. Le hasard est comme le vent qui passe. Il est impossible à raisonner, il nous échappe. C'est en cela que réside la force de l'espoir, la force de l'indimension. Le hasard fait partie de l'infini, et à travers l'infini peut s'ouvrir la recherche de l'absolu. Les systèmes de morale sont souvent fabriqués pour mieux gérer les hommes. Le mot « courage » est une invention de notre prétention. Un enfant qui vit dans la misère et qui vole pour manger à sa faim ou pour donner aux siens n'a-t-il pas plus de courage que celui du plus grand des champions sportifs ? Et pourtant il ne sera pas reconnu comme tel par la société et sa morale.

À partir du moment où l'on a compris que rien ne nous appartient, que le hasard est le moteur de tout, qu'il est l'énergie ou au contraire le suicide, on devient libre. Alors il nous reste d'autres choses à découvrir.

La prise de conscience d'être sommeille en nous en permanence. Elle peut arriver à tout instant de la vie. Et alors a lieu cette espèce de miracle où, d'un seul coup, on découvre ce que l'on peut *être*. La philosophie de l'instant s'ouvre à nous. Avant cela on n'existait pas, on subissait.

La lucidité du *rien* doit nous attirer vers un certain absolu. J'ai découvert le *rien* en cherchant inconsciemment à regretter ma vie passée au lendemain de mon accident. J'ai compris alors que la première démarche du regret est une facilité. Elle conforte un état d'esprit où la plainte de soi par soi-même se veut un réconfort. En fait, celui-ci reflète notre prétention sur le passé que l'on projette dans l'instant et nous fait oublier ce qui est en nous de fondamental : notre conscience doit nous mener à la responsabilité de soi dans notre infiniment petit. Il faut savoir se défaire des trois P, s'ils ne sont que pour soi, tenter d'acquérir ainsi la liberté qu'il faudra assumer.

Et c'est alors que l'on découvre une autre vie. C'est une nouvelle naissance qui nous donne une force extraordinaire pour recommencer à se battre.

C'est pourquoi la succession des hasards est aussi source d'espoir pour l'homme, puisque rien n'est défini, tout est permis. Le tout est de saisir l'instant. Il faut jouir des instants et prendre la vie, s'enrichir des nuances, des fibres, pas de la masse. Et chaque fois que l'on s'enrichit c'est pour aspirer à autre chose de nouveau.

On amène l'instant grâce à ce que l'on est parce que l'on a vécu avec les dimensions du hasard. En amenant ainsi les êtres, les choses à participer à l'instant, on est le jeu tout en jouant avec le hasard. On ressent alors toutes les petites particules de cet instant et chaque particule a une force.

Si l'instant s'arrête, les gens qui se disent courageux pensent « je vais surmonter ». Mais si l'on croit au hasard, c'est déjà du passé. Et à l'instant où c'est du passé, on commence à revivre avec le hasard en concevant de nouveaux instants.

Ce qui différencie l'homme de l'animal, c'est l'esprit. Il nous permet de considérer l'autre, non pas seulement par rapport à soi, comme l'animal (car l'animal ne vit que pour la continuité de son espèce). Notre esprit nous permet de penser à l'autre et d'échanger avec lui. Après l'esprit ce qui vient c'est l'amour.

Il faut savoir prendre la vie mais prendre ce n'est pas garder. Le hasard nous a donné des plus et des moins, qui sont faits pour être échangés sans jugement de valeur. À partir du moment où il nous a donné la possibilité de nous battre, nous devons la partager car rien ne nous appartient. Si on prend la vie et qu'on la garde égoïstement, alors on est très vite plein et on ne peut plus en absorber les fibres. Le « plus » du départ dans la vie de l'être humain c'est le don de l'amour.

Le courage d'être soi-même est une idée si petite par rapport à l'immensité du hasard inexplicable. Il y a une donnée : nous sommes par hasard, nous agissons par le hasard. Ce qui est important c'est que notre vie ait un sens par rapport à cette succession de hasards qui est aussi source d'espoir.

Ce hasard qui *a priori* allait briser ma vie m'a donné un souffle et une force incomparables pour combattre, aimer et partager. L'importance qu'on accorde aux choses est liée à notre jeu et quand celui-ci s'arrête tout est remis en question dans la nudité. Avoir tout peut être le *rien* et n'avoir rien peut amener vers un *tout*. Je n'avais plus envie du brillant apparent de ma première existence parce que le silence de mon âme à l'arrêt pressentait le désir d'autre chose qui s'imposait avec force. Cela a été comme une nouvelle naissance. Je l'ai découverte et vécue point par point en rencontrant autre chose, autrement, avec un sens des valeurs différent qui n'étaient plus les trois P pour soi seul, mais la découverte de la *liberté*. Cassé, je devenais *libre*.

Passionné de la vie, sans me défaire des joies et du plaisir qu'elle nous apporte au quotidien, séduit depuis toujours par la beauté, les lignes, les senteurs, les teintes, les caresses de ce qui vit, j'y ajoutais les autres. Le mot *amour* « s'infinisait » et je lui devenais disponible.

C'est ainsi que tous ceux que le hasard de la vie casse d'une façon ou d'une autre doivent essayer de fermer la porte sur le passé. Grâce à leur force intérieure due au hasard, qu'ils pourront découvrir à travers ce qui leur arrive, ils vivront pleinement leur nouvelle naissance. La différence est une richesse unique qui n'appartient à personne. Elle nous permet de vivre dans l'épanouissement le combat de la vie. Elle a le droit de naître et de vivre avec dignité, justice, amour, dans tout ce qui la compose, sans jugement de valeur. Le courage d'être soi-même n'existe vraiment pas.

Michel Gillibert

Rupture

Charles Melman

Un sujet n'existe qu'au travers de ruptures éthiquement incertaines. Si une prohibition fameuse lui impose de renoncer à accomplir ses désirs incestueux, sa course à la satisfaction ne lui conseille pas moins de ne pas accorder son adhésion entière à l'Idéal ainsi posé, à moins de trouver son délice dans la violence de type fasciste. À quelle autorité se fier ? Rien ne garantit la « bonne » rupture, que ce soit dans la vie familiale, amicale, conjugale, nationale...

Savez-vous rompre ? La difficulté tient à ce que le plaisir pas plus que le devoir ne peuvent vous guider en cette conduite. Aussi restez-vous le plus souvent dans l'incertitude morale de votre acte, si jamais il a eu lieu, sauf à vous référer à la morale commune. Celle-ci peut pourtant à l'occasion - nazie, par exemple - vous mener au crime, ou à rompre maintenant avec l'idéal auquel, en bon calviniste, vous étiez individuellement attaché.

Si elle devait exister, qu'est-ce qui pourrait fonder une éthique de la rupture, encore improbable bien que chacun en éprouve la nécessité ? Rarement une possible liberté subjective aura été à ce point sollicitée.

La psychanalyse montre en effet à ceux qui s'y exposent que le développement psychique se fait au prix d'une série de ruptures qui vont du sevrage à la crise œdipienne. Si l'Œdipe est le prix payé pour accéder à la vie sexuelle, celle-ci vaut-elle pourtant le sacrifice réclamé ? L'amour prôné par la religion chrétienne met beaucoup plus l'accent sur la rupture que le sujet aurait à faire avec la satisfaction de ses désirs - sexuels, entre autres - qu'avec cette relation fluide et transitive qui ne met à l'abri d'aucun hiatus. L'amour maternel est évidemment prototypique de cette réciprocité heureuse et pacifiante, et l'on sait que son prix est précisément l'abandon, imaginé réciproque, d'un engagement sexuel.

Plus souvent qu'à son tour le sujet succomberait au chant de cette sirène, si un impératif surgi de l'Idéal ne venait le contraindre à rompre. Dans les traits brouillés de cet Idéal on peut reconnaître la figure de l'ancêtre de la lignée, qui réclame son dû ; on prendra pour exemple de cette intervention la dissociation qu'elle peut introduire chez une femme entre la maternité qu'elle réalise pour lui obéir, et le sexe qu'elle néglige, pour néanmoins ne pas faire défaut à l'amour.

Le dispositif psychique ainsi évoqué reste simple. Il suppose le mouvement spontané d'une tendance et l'impératif catégorique qui le rompt. Le sujet n'aurait qu'à s'en remettre à cette loi intérieure pour disposer d'un modèle apte à le guider en d'autres circonstances et lui garantir chaque fois la légitimité de ses ruptures. Une exigence de type transcendantal réglerait sa conduite en conciliant son plaisir et le bien, faisant du bien son plaisir même. Or - patatras ! - il se trouve démontré que ladite conciliation quand elle arrive conduit aux pires excès et qu'il convient de rompre, sans hésiter un instant, avec elle. Sa réalisation pratique en effet s'observe dans un seul cas : celui des communautés de type fasciste, seules capables de garantir à leurs membres que l'accomplissement de leurs désirs coïncide avec le bien. Pour ce faire elles mettent en place d'ailleurs une autre rupture : non plus intérieure, psychique, douloureuse, mais creusée désormais entre le groupe et sa périphérie, sanglante.

Quelle est l'autorité transcendantale qui pourrait maintenant permettre aux captifs de cette aventure collective de se retrancher d'une si néfaste « réussite » ? La question court tout au long du procès de Nuremberg s'il est vrai qu'un sujet ne trouvera jamais en lui une instance psychique capable de soumettre la figure ancestrale. À défaut de pouvoir être invoqué, le Dieu de nos religions s'évoque à cette occasion puisque c'est bien la faillite de son universalité que Nuremberg est aussi venu illustrer.

Quand aux droits de l'homme, on reconnaîtra qu'ils sont une instance bien abstraite pour toute détermination subjective, même s'ils peuvent devenir instance réelle et pratique pour un citoyen, dans des circonstances politiques données.

L'impasse à laquelle nous arrivons ainsi est celle d'un comportement éthique que le sujet n'aurait plus à recevoir d'une autorité qui, à l'épreuve, s'avère pouvoir aussi gravement défaillir, mais qu'il aurait à inventer lui-même. Cette invention ne se ferait pas *ex nihilo* puisque c'est la défaite de notre plus sûr et obligatoire référent qui en fait l'urgence. Ceci veut dire qu'elle se ferait aussi *ex nihilo*, s'il est vrai que la place maintenant vide est à reconnaître comme telle, non pas produite par l'idéalisme mais à la source de toute idée. Il s'agirait donc moins de mettre en œuvre une volonté morale qu'un savoir qui est, lui, proprement universel. Une invention, dans ce cas, se ramène à la mise au jour d'un savoir-faire déjà là.

À défaut d'un avènement aussi hypothétique, la rupture illustre surtout aujourd'hui une pathologie qui encombre la rumination mentale et désorganise la conduite. On connaît le tic obsessionnel qui consiste à surveiller les fentes du dallage afin d'éviter d'en croiser une du pied. Faute de quoi le parcours peut être à refaire depuis l'origine... Cette manifestation commémore à merveille un refus de la césure, de la scansion, de la halte, de la respiration, de toute ponctuation qui annoncerait un nouveau départ. À cette viscosité mentale, avare de tout acte, s'oppose la virevolte hystérique ; la multiplication des ruptures vis-à-vis de l'objet comme vis-à-vis de soi-même, de la place que l'on occupe comme des discours que l'on tient, traduit l'insatisfaction que laisse toute détermination et aussi la quête incessante d'un ailleurs.

Dans le meilleur des cas, on l'a vu, la rupture qui clôt la rivalité œdipienne - détachement acquis à l'endroit de l'objet mais aussi relative autonomie gagnée à l'égard de l'instance paternelle interdictrice - est supposée introduire à la normalité. Celle-ci pourtant va rarement sans symptôme : l'attachement résiduel fréquent manifesté par le sujet pour le lieu même où se produisit cette rupture, soit la scène familiale peuplée par ses protagonistes. Tout se passe comme si le sujet ne pouvait parfaitement consentir au détachement et que c'était maintenant au lieu même où il était advenu qu'il restait fixé ; une revendication plus ou moins articulée mais destinée à n'être assouvie que par la mort des acteurs risque d'être au principe de la nouvelle relation.

C'est la pathologie encore qui va, le plus souvent, décider

d'autres ruptures, si cruelles qu'on préférerait les oublier. Celle avec l'ami d'abord, bien souvent inexpliquée. Aurait-il été indifférent ou bien au contraire trop proche ? Dans la plupart des cas la marge de la tolérance qui permet à l'amitié de subsister paraît bien étroite, quand n'intervient pas la suspicion d'une trahison, perçue alors comme de longue date.

Une rupture du couple met sérieusement en balance courage ou lâcheté du partenaire. Qui donc en effet pourrait en décider, s'il est vrai que céder à l'égoïsme du désir peut paraître lâcheté aux yeux de l'instance morale mais aussi bien acte de courage s'il s'agit de le défendre contre un impératif mortifère ? La solitude du réprouvé peut dans ce cas être complète puisque les autorités morales prendront par définition parti contre lui.

Une même vindicte peut être opposée à celui qui est conduit à commettre la plus haute des trahisons : à l'égard des dirigeants de son pays. Il peut bien entendu le faire au nom des intérêts supérieurs de sa nation, du moins tels qu'il les entend. Dut-il gagner et l'Histoire lui rendre raison, une marque de suspicion et d'illégitimité marquera désormais sa personne et, quels que soient les services rendus, le fera trébucher à l'occasion. Ainsi de Gaulle en est-il venu à tomber sur la demande inutilement renouvelée d'une confirmation populaire qui n'a jamais pu lui faire oublier son isolement et sa précarité lors du 18 juin 1940 par rapport à une nation en majorité pétainiste. On supposera de la même façon que les officiers supérieurs responsables de l'attentat contre Hitler deviendront difficilement des héros populaires, et ce encore moins pour leurs compagnons d'armes. On peut y voir la solitude foncière du héros véritable, celui que n'arrête pas le risque d'être abandonné par la grâce.

Le débat moral traditionnel depuis le XVIIe siècle entre le désir et le devoir est à prendre pour ce qu'il est, c'est-à-dire pour une défense. Si le désir en effet doit sa naissance à l'acte de rupture commandé par l'impératif moral (le fameux complexe d'Œdipe) il peut y avoir pour le sujet à prendre parti contre le devoir dès lors que sa rigueur s'exerce contre le désir lui-même. L'alternative contemporaine entre amoralisme et valeurs traditionnelles est une impasse qu'on peut qualifier d'un nom : réactionnaire. Peut-être viendra un jour ce nouvel humanisme qui n'aura plus besoin, pour se soutenir, de l'hypothèse divine et qui pourra s'affranchir des fausses audaces perverses du désir, de la névrose, de la culpabilité et du pardon. Faute d'être écrite, enseignée et imposée, la morale sera l'affaire propre du sujet dans son rapport avec ce *nihil* qui d'ailleurs ne le contemple même pas et dont cependant la référence obligée, sans être sacrée, est essentielle à une mise en place correcte du désir. Non pas que, dans ce cas de figure, l'existence vienne à précéder l'essence ; mais comme c'est le cas pour l'artisan, c'est l'œuvre qui sera garante de l'existence et du nom, et non plus la filiation qui n'est jamais que vantardise de fils-à-papa bien décidés à vivre de l'héritage. Voyez l'éclosion des nationalismes dans la vieille Europe... Quant à l'essence, elle ne trouvera jamais mieux ni plus vrai que le *nihil* originel, c'est-à-dire le chaos, la faille matricielle.

S'il fallait comme à une enquête répondre à ce que serait le courage de la rupture aujourd'hui, le doute, ainsi, ne serait pas de mise : ce courage se réfère à un au-delà du désir comme du devoir, seule place susceptible de les produire sans inviter à la lâcheté. Mais l'amour de transfert et le goût de la névrose restent manifestement les plus forts.

Charles Melman

Sortir du mensonge d'hier

Pierre Jakob

Le symbole du courage n'échappe pas aux lourdes chaînes héraldiques dont se captivent tant de héros, de ceux qui tiennent la pose de ce qu'ils font, et ne manquent pas de prendre acte d'avoir ainsi gravé : comme les armes d'un blason. Or ces cœurs-de-lion, qui croient inaugurer le début d'une histoire, ne font sans doute que suivre aveuglément le filigrane d'un mythe, où l'on n'en finit pas de battre sa coulpe en ressassant de vieilles rancœurs.

Il y a de la caricature dans le courage ; les sociétés le savent bien, qui souvent ne le reconnaissent et ne le nomment que sous sa forme guerrière. Ne pas se dégonfler, y aller comme les autres, risquer sa vie : voilà les traits du courage tels que la vie sociale les voit, sur le champ de bataille par exemple. Cela faisait écrire au psychologue Pierre Janet qu'il était plus facile aux hommes de monter à l'assaut, geste social, que de s'arrêter de fumer, geste personnel. Sommes-nous réduits à nous servir de cet étalon et à ne reconnaître le courage qu'à partir des actes, puisque nul ne peut sonder les reins et les cœurs et que les paysages de la lutte entre courage et non-courage dans les âmes nous sont inconnus ? Aller sur ce chemin, on le voit, serait bientôt appeler courage la docilité à la pression sociale, la crainte de la sanction en cas de refus. Faire comme les autres, cela ne peut suffire à définir le courage, tout de même. Le soldat qui va à la mort, est-ce du courage ou est-ce du malheur ? Bref, tant qu'il y a du dressage social, n'est-ce pas imposture et impiété que de parler de courage ?

« Cela ne peut plus durer » : il semble qu'ainsi s'inaugure tout courage. Face à la nécessité, au cours des choses, à toutes les forces qui poussaient jusque-là sans résistance l'individu en avant, surgit une décision qui réclame autre chose qui n'est pas là et que cette décision, non seulement réclame, mais va faire exister. Le courage est d'abord courage du début : il faut vouloir commencer, c'est-à-dire il faut vouloir. Ces traits sont suffisamment généraux pour pouvoir être retenus, semble-t-il.

Face à quelque chose qui m'entraîne, je veux exister comme puissance qui se sépare. Je veux l'autonomie : tout courage repose d'abord sur cette volonté : elle est sa condition nécessaire. Prenons une situation de commencement : le commencement d'une psychanalyse, par exemple. Il s'agit là d'une décision : sans elle, la psychanalyse ne commence pas, et la psychanalyse n'est pas la suite de quelque chose : c'est du nouveau. Le discours du patient est toujours celui d'une volonté courageuse : il faut en sortir, de l'embarras de vivre, il faut éviter l'effondrement. Il y a *in petto* toute une rhétorique du courage. Dans l'aparté où se tient le postulant à l'analyse, le courage est présent (maintenant il faut y aller), dans ce vœu de la césure : rompre avec un passé morose, échapper à la torture de l'angoisse.

Le courage vise une restauration : je ne tiens plus ainsi, mais je veux tenir, sinon je consentirais à ma perte. Le patient, comme toute personne cherchant un remède, vise la santé, l'autonomie d'un moi qui ne serait plus entraîné là où il ne veut pas aller. Ici le courage vise le sujet : rester un « je » à travers les difficultés qu'on s'impose ; passer à travers une épreuve pour devenir celui-là qu'on veut être et qu'on ne voit plus en soi : voilà le projet.

Ce qui importe jusque-là n'est pas de savoir si on a affaire à des martyrs ridicules, pour reprendre l'expression de Baudelaire, mais seulement cette rhétorique du courage, sans laquelle aucune cure analytique n'aurait pu avoir lieu. Sans ce désir de rupture, sans cette inauguration, qui se formulent comme tels, pas d'analyse. Retenons comme paradigmatique de ce courage, cet « assez » qui ouvre un nouvel avenir. Il y a un acte : on s'engage dans cette voie. Le sujet se dit qu'il est celui qui fait cet acte et qu'il faut le faire, même s'il eût sans doute préféré en être dispensé : il est peu douteux qu'il y aille de gaieté de cœur. Nous sommes donc bien en situation de courage : on choisit une difficulté qu'on n'ignore pas. On peut dire que c'est courageux, comme on le dirait de quelqu'un qui se lance dans de longs et lourds travaux physiques : construire sa maison de ses mains en dehors des heures de travail, par exemple.

Dans l'exemple de l'analysant, le sujet se voit lui-même comme courageux, ou comme actif si l'on veut un terme plus modeste ; la *vox populi* le voit ainsi de l'extérieur, l'homme courageux face à sa lourde tâche. Dans les deux cas, il y a un acte : l'objectivité de ce qui a lieu est ce qui permet de remonter à un « courage ».

Pourquoi, du dehors et en dedans, notre perception est-elle si docile aux actes et à leur patence ? « Je l'ai fait, j'y étais », nous avons bravé et conjuré quelque chose. Est-ce si sûr ?

Lacan écrivait (S. 11, p 27), rappelant l'article de Nünberg de 1926 intitulé « The will of recovery » : « Le patient s'avère désirer [...] le contraire de ce qu'il est venu proposer comme le but premier de son analyse. » La volonté de la guérison, du retour à l'équilibre, à la santé, n'est que prétendue, et c'est derrière le théâtre de cette prétention, derrière l'authenticité de l'acte volontaire qu'en fait tout continue. Le sujet ne devient en aucune manière un autre qui rompt avec le passé : en fait, il l'accomplit et l'achève. Donc dans ce langage de rupture, il n'y a pas de rupture.

Dans *Fragments d'un discours amoureux*, Roland Barthes citait Winnicott qui écrivait : « La crainte clinique de l'effondrement est la crainte d'un effondrement qui a déjà été éprouvé. Il y a des moments où un patient a besoin qu'on lui dise que l'effondrement dont la crainte mine sa vie a déjà eu lieu. » On voit ici combien ce désir de courage, de faire face, porte à faux : la stance du courage qui veut s'ériger, qui porte en elle un moi qui ne doit pas s'effondrer, même si elle se donne le témoignage des actes, n'est pas autre chose qu'un aparté. Stance de la re-stance : le sujet essaie de s'ériger un double de lui en lui-même, qu'il essaie de remettre debout, où il veut se voir. Le sujet aux prises avec lui-même ne peut déboucher dans le courage : vouloir s'en sortir n'est pas vouloir, n'est pas sortir.

Alors, quels traits, ceux du courage ?

Dans cette stance du courage, le courage est une qualité du moi, un trait qui appartient à un être. On est courageux, comme on est souple : c'est une qualité qu'on a, une qualité qui fait partie de l'être.

Le langage de la qualité identifie un être comme étant le siège de cette qualité ; dans les répertoires d'images et de métaphores, on pourra ainsi donner des figures au courage : le lion, le taureau. On dit d'un taureau qui ne se dérobe pas dans l'arène qu'il est courageux, d'un cheval qui ne refuse ni le travail ni l'obstacle qu'il est courageux. Le discours de la stance du courage va naturellement s'incarner : de la réalité, de la chair doivent se montrer comme courageuses, comme aussi naturellement s'incarnera la privation de cette qualité. Face au lion brave, le lièvre couard. Les fantômes du moi et le bestiaire des qualités vont l'un dans l'autre. Face de lion, derrière de lapin ; ne pas tourner le dos, se montrer, etc., on pourrait aisément décliner toute la grammaire de cette érection fantomatique. La stance du courage est proprement un langage de tête, de chef. On donne sa tête en gage : de son propre chef, on fait face. Mais, *the will of recovery*, cela retourne à son origine et ne s'en sépare pas. « Cela ne peut plus durer » : se cabrer ainsi est en fait continuer à marcher dans les brancards. Il y a un acharnement dans la stance du courage : on veut recouvrir de chair, hypostasier le courage, le faire appartenir à un sujet incarné. C'est le mensonge volontariste des héraldiques auquel nous adhérons toujours : nous prisons et nous méprisons des êtres que nous posons courageux ou non ; ce sont nos lièvres et nos lions. Dans la stance du courage, il y a volonté d'incarnation, désir de nature, soif de réalité.

Mais cette volonté est déçue ; le courage glisse hors de ses images. Malgré son penchant totalitaire à éduquer des courageux professionnels, son goût pour l'élevage des guerriers - qui suppose cette nature courageuse -, Platon reconnaît dans *Le Banquet* que l'animal faible et petit qui fuit volontiers se battra et mourra sans céder s'il défend sa progéniture. Donc pas de courageux professionnels dont la nature le soit, pas plus que d'humoristes professionnels, et peut-être pour les mêmes raisons : déjà on incline vers des moments du courage plutôt que vers des natures courageuses. Et puis, finalement, le lièvre, ce couard, résiste absolument à toute captivité, pas nécessairement le tigre ni le lion si orgueilleux... Donc vers quel horizon se tourner, pour chercher le courage, s'il n'est plus dans la chair, si l'aigle n'est plus par nature plus courageux que le mouton, si la nature est muette sur qui se trouve en avoir ou pas ?

Ni les actes, ni les êtres ne sont la terre natale du courage : sa condition de possibilité ne réside pas en eux. Bruno Bettelheim écrit à propos du conte : « La conclusion dans les mythes est presque toujours tragique, alors qu'elle est toujours heureuse dans les contes. » C'est là plus qu'un fait ; Walter Benjamin nous donne à penser que l'histoire du langage est engagée par là. Faisons de cette constatation notre boussole pour nous orienter vers le courage.

Être dans le langage, c'est être pris entre le mythe et le conte. Le langage porte intrinsèquement en lui une histoire toujours en jeu qui a à se libérer du mythe. Faut-il sacrifier au monde mythique ? Voilà la question du courage.

Qu'est le monde du mythe ? C'est le monde où la vie est toujours coupable. Dans le mythe, la mort est un châtiment, l'expiation de la vie du vivant coupable ; le mythe dénonce la simple et nue existence comme coupable. Selon Walter Benjamin, cette exigence n'est pas dans la nuit des temps : elle survit dans tout droit pénal qui a nécessairement un trait mythique lorsqu'il réclame le sang. Par sa saisie de la vie vive, sur laquelle il marque son empreinte, il faut que la culpabilité de la vie apparaisse attachée à la vie même et non pas à la qualité des actes. Voilà qui détermine le monde mythique : Œdipe doit mourir simplement tout en ayant obéi aux dieux.

On voit par là qu'aucun courage n'est possible dans le monde mythique - mourir courageusement n'a ici aucun sens, agir courageusement pas davantage. La vie n'a pas d'espace de jeu. Mais cela permet d'esquisser un trait d'essence du courage : il faut qu'il y ait un espoir possible pour qu'il y ait possibilité de courage. L'espoir est logiquement antérieur au courage : il faut qu'il y ait possibilité de mentir et de tromper les Immortels pour qu'il y ait courage de l'homme. On voit bien qu'ici on s'évade de la nature : avant qu'il y ait des natures courageuses ou couardes, il faut qu'il y ait de l'espoir. Seul le langage ouvre un espoir : ruse, mensonge et tromperie ne sont que de son fait. Fondamentalement, le courage ne saurait être franc et loyal : c'est tout à fait contradictoire. On le voit dans le héros du conte, condamné sans la ruse : qu'on se rappelle aussi que, il y a peu, les courageux étaient avec de faux papiers et ne pouvaient faire confiance au monde de la transparence et de la vérité.

Cet espoir du mensonge est aussi mensonge sur les temps : fondamentalement, le temps du mythe est regardé comme passé par le héros du conte. S'il y a des contes, c'est que c'en est fini du mythe. Mais en fait, le temps du mythe est un passé qui perdure, qui, fantôme, veut s'abreuver de sang : l'interminable débat sur la peine de mort, aussi vieux que le monde ou aussi neuf, en témoigne. Le courage est la lutte avec ce monde mythique : passé puisque le courage est ; présent, sinon le courage serait sans objet. L'inventivité du courage, ses expédients jouent sur ce fil du rasoir où il s'agit de savoir si la vie doit retomber comme tribut dans les balances des Immortels, ou bien si elle peut devenir expérience.

> « Regardez la vie de près. Elle est ainsi faite qu'on y sent partout la punition. »
> Victor Hugo, *Les Misérables*

Grantaire

Tout petit personnage des *Misérables* de Victor Hugo, Grantaire jette une lueur sur cette lutte avec le monde sanglant du mythe. Lors de l'émeute de 1832 reprise par Hugo, au début de la journée, Grantaire, ivre, est sévèrement exclu par le chef de la barricade, Enjolras - exclu comme sac à vin, de la révolution qui se veut lucide. Enjolras est un personnage épique - le combat le définit : « C'était Antinoüs, farouche. » Il crie à Grantaire : « Va-t-en cuver ton vin hors d'ici. [...] ne déshonore pas la barricade. » C'est le général d'émeute qui veut commander à l'avenir.

> « Elle, la vérité de demain, elle emprunte son procédé, la bataille, au mensonge d'hier [...]. L'utopie insurrection combat le vieux code militaire au poing : elle fusille les espions, exécute les traîtres, elle supprime des êtres vivants et les jette dans les ténèbres inconnues. Elle se sert de la mort, chose grave. »

Dans l'acte religieux du sacrifice, Enjolras ne peut retenir que ses pareils :

> « On se jette dans les choses tragiques, en se grisant de ce qu'on va faire. On ne songe pas à Don Quichotte, mais à Léonidas. »

Enjolras est la puissance tragique qui fait choix de la mort ; Grantaire l'ivrogne n'a pas de place là-dedans, qui troquerait toute espérance contre un verre plein. La barricade est prise pendant que Grantaire abruti par l'ivresse dort depuis un jour de rang ; Enjol-

ras est face aux fusils, le dos au mur : il va mourir, en victime
que réclame l'ordre. C'est alors que Grantaire surgit :

> « L'espèce de halte que fit le tumulte devant Enjolras fut une secousse
> pour ce pesant sommeil [...]. L'immense lueur de tout le combat qu'il
> avait manqué, et dont il n'avait pas été, apparut dans le regard écla-
> tant de l'ivrogne transfiguré. [...] Et, se tournant vers Enjolras avec
> douceur, il lui dit : « Permets-tu ? » Enjolras lui serra la main en sou-
> riant. Ce sourire n'était pas achevé que la détonation éclata. »

Grantaire, ce détail, contient en lui, comme en réduction, le
mystère des *Misérables*, une part de l'art de Hugo romancier. Le
personnage est superflu à tous égards : il ne fait rien, sort de
l'ivresse pour entrer dans la mort - pas d'actes, seulement des paroles
excessives que personne n'écoute, surtout pas Enjolras. Eh bien,
Grantaire est l'épiphanie du courage : c'est lui qui délivre Enjolras d'être un pur et simple instrument du combat. Enjolras ne parle
plus de sac à vin ; et pourtant, les raisons de dire à Grantaire qu'il
n'est pas du nombre, qu'il n'est pas de la barricade, manquent
encore moins qu'avant l'émeute. Si Enjolras avait jugé selon les
actes, il eût été justifié d'écarter Grantaire. Mais le courage serait
resté en dehors de cette scène. Il y a une conversion d'Enjolras qui
est le don de Grantaire : le courage est une lumière, et le geste
d'Enjolras aspire au-delà du guerrier.

La scène du courage ne peut jamais être pure : nécessairement,
il vient se mêler au « mensonge d'hier », au vieux code militaire
jamais aboli nulle part, même là où la peine de mort est abolie,
dans la vie civile. Comme Enjolras est face à l'ordre anonyme, aux
Immortels, avides de sang, à la gueule noire des fusils identiques,
ainsi le courage est mêlé au monde mythique : sa meurtrissure est
son étreinte avec celui-là. Impossible catharisme du courage : toujours léché des fumées de l'ivresse de la destruction. Mais sans Grantaire, il n'y aurait même pas d'impureté : Enjolras serait avalé tout
entier par le monde mythique : de cela témoigne le respect
qu'éveille le défi de sa mort crâne - dans lequel, malgré eux, tous
communient, victimes et bourreaux, impuissants qu'ils sont à se
détacher de la fascination de la présence visible de la mort. Enjolras ne peut pas de lui-même apporter la lumière du courage : il
y faut la présence d'un monde non épique, civil - l'ivresse. Se tourner vers cette chose tout-à-fait civile - prendre une « cuite », s'y

reconnaître, lutter pour cela, soudain, sortir des condamnations de l'homme ivre, aller enfin au-delà des jugements, cette ouverture, seul Grantaire pouvait l'apporter.

Grantaire, c'est la rive des jours ordinaires qui empêche l'ordre guerrier de fermer son cercle ; que ce soit un personnage inconscient importe extrêmement. Son réveil dans le silence de la bataille enfin venu est la vie même, au sens où peut-être elle n'est pas encore possible, sauf par fulgurations dans la vie des individus eux-mêmes. Grantaire est un personnage littéraire, accordons même qu'il soit tout à fait artificiel : cela aussi importe. Il n'est pas l'image de ce que peuvent être les vivants, mais il est une manifestation de ce qui unit la littérature et la vie, dans ce qu'elles ont de plus tendu, et qui refuse aussi à la littérature d'être image de la vie. Grantaire tire sa possibilité du même fond que le courage lui-même ; Grantaire existe comme existe la possibilité qu'il y eût des contes écrits.

Chaînes et romans

Le galérien Jean Valjean a été libéré à l'aube du roman par le chevalier de la Manche : Don Quichotte, en libérant les galériens, qui lui paraissaient enchaînés injustement, certes s'attire leurs pierres et leurs quolibets, mais inscrit que la galère doit être rompue, qu'elle est passée. Héros d'humour, il brise la vie d'expiation bien avant que la dernière galère soit désarmée. Certes, comme héros, doit-il encore mourir ; toujours et encore, il faut que le héros de l'histoire paie de sa vie. L'épique romanesque exige le sacrifice, au moins la fin, mais il n'y a pas que l'inévitable. L'inévitable n'achève pas l'inachèvement qu'ouvre le courage. L'épisode de Grantaire est inachevé : la détonation qui met fin interrompt, mais n'achève pas la poignée de main. Ce geste ponctuel qui n'abolit pas la séparation des corps s'arrête toujours - elle n'est pas arrimée à une histoire, à une nécessité. Il y a nécessité qu'Enjolras, Antinoüs farouche, meure sur l'autel immémorial où l'on sacrifie les jeunes dieux ; la poignée de main est non-nécessaire, séparée, et cette séparation tient en elle la lumière du courage. Cette séparation est à entendre à partir de ce qu'Emmanuel Lévinas écrit de la séparation qui brise le monde de la servitude. Ce qui brise le farouche isolement d'Enjolras n'est pas de Grantaire, mais est l'entre-eux-deux du courage. Le courage est ce qui les sépare. Ce que Jacques Derrida nous a appris à penser sous le nom de différance, comme trame venant s'intriquer à la chaîne, nous semble permettre d'arracher le courage à la sphère du sujet : le courage a à voir avec cette résistance à la chaîne, dans tous les sens du mot. Si le héros du roman est la volonté, comme on l'a dit, alors cette volonté n'est pas celle d'un sujet mais elle est cette résistance à la chaîne, qui nécessairement se mêle à elle.

Quand Brecht dit qu'il faut souhaiter à un peuple de n'avoir pas besoin de héros, il exprime le vœu du courage : vœu d'inconscience, vœu qui aspire à être inutile, à être oublié. Grantaire est l'image de cela : un monde de l'oubli, comme sa nuit de l'ivresse. L'inconscience de l'oubli, le hors de soi : le courage est cela, intrinsèquement, donc aspire à l'oubli, non par modestie, mais dans son être même. Ce n'est pas lui qui rêve de stèles à son nom.

Courage du progrès

Si on ne se laisse pas arrêter par la fausse familiarité, ou un cynisme convenu vis-à-vis du mot « progrès », mais que, au contraire, il nous apparaisse comme énigmatique, c'est-à-dire, par exemple, historique ou daté, alors le texte tout entier des *Misérables* retentit autrement.

« Le Progrès !
Ce cri que nous jetons souvent est toute notre pensée ; [...] Le livre que le lecteur a sous les yeux en ce moment, c'est d'un bout à l'autre, dans son ensemble et dans ses détails, quelles que soient les intermittences, les exceptions ou les défaillances, la marche du mal au bien, de l'injuste au juste, du faux au vrai, de la nuit au jour, de l'appétit à la conscience, de la pourriture à la vie, de la bestialité au devoir, de l'enfer au ciel, du néant à Dieu. Point de départ : la matière, point d'arrivée : l'âme. L'hydre au commencement, l'ange à la fin. »

Ce langage prête à sourire sans doute, par instants, dans son emportement. Mais s'abriter là-derrière, c'est être la dupe du compte rendu du roman par le romancier.

Victor Hugo a écrit plus qu'il n'a cru écrire : Jean Valjean est la ruse du courage. Jamais il ne peut paraître sous son nom, de lui seul connu (et encore...). Le roman tout entier essaie de faire sauter la manille qui rive l'homme à un nom. Valjean trafique constamment pour exister vers demain qui lui est barré : il ne peut paraître dans le présent. Depuis les premières pages, lorsque l'évêque Myriel se donne par écrit à lui-même la consigne de ne pas demander de nom, la question du nom est au centre du livre :

> « Ne demandez pas son nom à qui vous demande un gîte. C'est surtout celui-là que son nom embarrasse qui a besoin d'asile. »

Jean Valjean est anonyme, comme Grantaire - R majuscule -, ou couvert de noms, à la différence du héros épique ou tragique. Là où l'épique est éponyme, le courage est anonyme. Il se dissimule derrière, aspirant par là à un au-delà du nom, dans lequel le vivant est condamné et jugé. Jean Valjean ne peut être nommé, n'est jamais nommé, comme la lumière du courage qui éclaire la vie ne peut être nommée. Comme pièce maîtresse du drame social, le nom saisit la responsabilité, la face de l'homme exigée par le droit ; le courage, de son côté, vise au-delà du nom, de la tristesse qui frappe toute vie dans la nomination, selon l'image de Walter Benjamin. La propriété du nom de Valjean est ce qui expose au monde mythique du droit, à l'expiation sociale de la vie simple - que l'on songe à l'épisode du tribunal d'Arras. En l'enterrant, en le ressuscitant d'entre les noms, le roman parle de cette vie anonyme dont nous ne pouvons avoir idée qu'au seuil des livres, qui ne commence que là. Nietzsche est ici au plus près : le mensonge vient préserver la vie, qui ne serait vraiment qu'à partir du mensonge. La pseudonymie, travail de la lettre, serait la veille de la vie par le langage. Le forçat ne peut vivre qu'avec de fausses lettres. Quelque chose qui a à voir avec l'ange, l'ange pré-adamique avant tout nom, sort de l'hydre du commencement mythique - quelque chose d'anonyme - qui fait que les gens valent gens. Surtout, il ne faut pas signer pour que le vrai nom ne fasse pas faire de fausseté et de nullité : anonymat dans le nom, utopie de cet anonymat, utopie sociale d'une vie hors des casaques rouges et des passeports jaunes, et de tout ce qui est le vrai charpentier des guillotines.

Victor Hugo a peut-être approché plus près que d'autres de cette tension et de cette impureté qui brûle le courage en le forçant à la malédiction du sacrifice, à le faire être sous la casaque rouge et le bonnet vert de ce qui ne peut être soi, d'être toujours nommé dans le monde de l'expiation.

Nommer le courageux, c'est endeuiller le courage terriblement. Il faut le pseudonommer : en ce sens, il y a une affinité entre le courage et le littéraire, intrinsèquement. Le courage ne peut pas se vouloir soi à la différence de ce que s'imagine le courage du début. Enjolras est la figure du courage du début : il se veut lui-même ; il choisit ses semblables et exclut ce qui n'est pas lui : il repousse le non-lui, la lâcheté inconsciente de celui qui se prête au non-soi, à l'ivresse. En fait, malgré les apparences de la décision, de l'irréversible et du saut par-dessus le Rubicon, Enjolras ne rompt pas : il ne fait que développer son essence ; derrière les ruptures de l'acte, se déploie la continuité de ce qu'il est. R majuscule vient le saisir, de sa nuit anonyme de l'ivresse, et là, l'ouvre à tout autre chose que lui. Plus il n'est que l'émanation du coma de l'ivresse, plus il n'est qu'un bas bruit du méprisable cabaret, plus Enjolras entre dans le courage.

L'ivresse de la nuit d'R majuscule est le vrai contrepoint au noir mortel de la gueule des fusils. Mourir avec un ivrogne ? Le choix de la non-gloire du poivrot sort Enjolras du « mensonge d'hier », le combat, et l'ouvre à l'utopie du progrès : utopie ici, puisque le passage à la vie est arrêté aussitôt qu'il s'ouvre, mais qui, comme toute utopie, a réellement lieu - ineffaçable, autant que la poignée de main.

L'appréhension

Donc dans la rupture qui s'apparaît à elle-même comme courage, qui se sait et se veut être cela dans sa propre rhétorique, c'est le contraire : il n'y a pas de rupture. Cela dure, quand on croit que cela ne peut plus durer. Le courage du début est ailleurs que le courage du progrès : il reconduit ce qu'est l'être alors qu'il proclame un commencement. Il parie sur le moi, que le moi saurait ce qu'est le courage.

Une esquisse de cette émigration du commencement, qui s'évade hors de ces imputations du moi vers l'oubli inconscient et anonyme, peut se lire dans le conseil du maître zen du tir à l'arc. À deux pas de la cible, le maître dit au disciple, parfaitement incréduble et étonné : « Tire comme si ta vie dépendait de ce seul coup ! » Quoi de plus anodin qu'un tir d'exercice ? Quoi qui soit moins un commencement et une rupture ? Répétable, déjà annulé dans son décisif, puisque d'exercice, avant même que de partir de la corde. Nul de nous n'éprouverait là l'angoisse suprême de mort dans une situation aussi bénigne - et cependant, le maître est formel : c'est un coup de vie et de mort !

Il faut donc être écrasé par la gravité du moment, que d'habitude on repousserait, comme l'analysant repousse la gravité de ses paroles, pour rêver d'une table rase, d'une *recovery* - voler vers l'ailleurs, s'arracher d'un coup, dé-cision : voilà où semble se situer l'essentiel. Or, le maître propose l'appréhension, au double sens de ce mot, travaillé par Pierre Michel Klein[1], l'appréhension de ce qu'on n'appréhende pas. Appréhender l'indifférent : devenir capable de la crainte, et aussi de la saisie, de ce qui ne paraissait être rien. L'appréhension de la nuit de l'ivresse, refusée au début, appréhendée avec la poignée de main, le courage a à voir avec cette appréhension, avec cette volonté paradoxale qui voudrait ce qu'elle a commencé de rejeter, qui appréhenderait de se trouver ailleurs que là où elle a fixé sa tente. Ce qu'Enjolras appréhende, ce n'est pas d'être général d'émeute, mais de se voir ami de la nuit de l'ivrogne : il appréhende de se trouver au-delà de la rhétorique où le courage s'identifie lui-même ; il appréhende le courage qui ne saurait plus qu'il commence, qu'il a déjà commencé, que le coup est déjà parti ; il appréhende ce courage où ce n'est pas la cible qu'il faut vouloir, mais la corde, et, au-delà, le bois de l'arc, et l'arbre qui s'y tient encore, de la forêt de la Belle au Bois, qui a poussé dans les contes. Le courage ? Appréhender cet autre que soi, qui seul est courageux.

---

1. *Logique de la mort*, Le Cerf, 1988.

Pierre Jakob

La politique du vrai

Daniel Mayer

Lorsqu'on sait ce que la vérité exige, et qu'il faut prendre une décision grave pour soi-même, on peut se demander d'abord si on en aura bien le courage. Mais pour un responsable politique, une telle résolution engage directement un grand nombre d'existences. La démarche alors s'inverserait : « D'abord fixer ce que doit être le devoir à accomplir ; ensuite arrêter la conduite qui doit en découler. Le constat du courage - courage physique autant qu'intellectuel - ne vient qu'ensuite. »

D'une manière générale, les dictionnaires, et même les encyclopédies les plus renommées, donnent davantage des exemples d'utilisation du mot « courage » que la définition de ce qu'il est. Au maximum, on peut lire : « fermeté, force de caractère qui permet d'affronter le danger, la souffrance, les revers, les circonstances difficiles ».

Ces « précisions » sont relativement approximatives. Aucune d'elles ne saurait s'appliquer au sujet qu'il m'est demandé de traiter ici : « Courage et politique ».

Certes, il y a des cas où être fidèle à ses opinions, à ses croyances, à la vision que l'on a de la société, revêt une certaine forme de courage ; il en fut ainsi, par exemple, en juillet 1940 pour ceux des parlementaires qui ont voté contre les pleins pouvoirs à un Pétain déjà soumis à l'armistice qu'il avait sollicité ; aucun d'entre eux ne savait quel serait son sort personnel, perdu dans l'immense détresse de la France ainsi soumise à la volonté du vainqueur. S'il s'agit de parlementaires, d'ailleurs, c'était là l'un des rares cas où leur constance nécessitait de la bravoure pour s'exprimer.

« Le courage, disait Jean Jaurès, lors de la distribution des prix, en

1903, au lycée d'Albi, c'est de ne pas subir la loi du mensonge triomphant qui passe, et de ne pas faire écho, de notre âme, de notre bouche et de nos mains, aux applaudissements imbéciles et aux huées fanatiques. »

S'ils s'étaient pénétrés de cette conception, les parlementaires hostiles à la politique de Pétain-Laval auraient dû être bien plus de quatre-vingts : « chercher la vérité et la dire » eût dû être leur seule ligne de conduite. Nul ne sait s'il est naturellement et, donc, sera spontanément courageux dans telle ou telle circonstance. Il en va comme pour la croyance que l'on imagine avoir de soi quant à son attitude en face de la torture. « Si tu avais été torturé, tu n'aurais pas parlé », m'a dit un jour Eugène Thomas, député socialiste du Nord, lui-même longuement torturé avant d'être déporté. Je lui ai répondu que cette affirmation m'emplissait de fierté quant à son appréciation de certaines de mes actions et quant à son jugement sur moi, mais qu'il ignorait en réalité, comme je l'ignorais moi-même, ce qu'eût été mon comportement dans cette hypothèse : je me souviens de notre satisfaction - faite essentiellement de sérénité recouvrée - lorsque ma femme a pu se procurer des pastilles de cyanure, garantie de notre silence - identique à celui que s'est imposé Pierre Brossolette.

Ce sont ces considérations qui me font être moins sévère que mon instinct ne me le dicterait à l'égard de ceux qui, torturés, ont parlé. Ne sont-ce pas des idées comparables qu'émettait Vladimir Jankélévitch, écrivant dans son *Traité des vertus* :

« La tranquillité d'âme en première ligne ; aux hommes de l'arrière l'insécurité, l'insomnie et le tremblement. Ceci est juste. Puisque les coquins ont voulu signer trop vite leur paix honteuse, il est juste qu'au moindre bruit le nez leur saigne de terreur. Être brave, au contraire, c'est avoir le dessus, même s'il faut finalement succomber. La menace terrifiante est ici prise à la gorge, sommée de se découvrir et de dire son vrai nom. Le diable ne peut pas nous faire mal, mais il peut nous faire peur. Le brave conjure par sa bravoure cet envoûtement de la frayeur : comme lui gardons-nous simples, pauvres, nus et sans arrière-pensées, indifférents aux détails mesquins, pour que le diable crève de notre innocence et de notre courage. »

Le courage est-il la clef, la condition des autres vertus ? Oui, sans doute, car, sans lui aucune d'elles ne saurait atteindre sa plénitude. Exercer son courage, n'est-ce pas synonyme d'« aller jusqu'au bout » ?

« Le courage choisit dans la nuit ; mais cette nuit est le lieu d'une révélation, mais cette nuit ne dure qu'un instant, comme la révélation soudaine où quelque chose se dévoile ne dure qu'un instant. Le *Fiat* du courage est donc à la fois fulgurant et aveugle ; il est étincelle, apparition évanouissante ; comme l'intuition gnostique, l'intention drastique est plutôt éclair lumineux que clarté et plutôt feu de la joie que lumière du bonheur. Car le courage est la joie ; la joie de toutes les vertus, et la joie de démarrer dans la douleur inchoative de risquer. La joie des vertus, mais aussi le succès de ces vertus, toute vertu qui aboutit au lieu d'avorter, c'est-à-dire atteint son but, étant courageuse à sa manière. Initiative et dénouement à la fois, le courage est la vertu réussie entre toutes, ou mieux il est l'élément de triomphe virtuel qui est en chaque vertu, ce qui rend les autres vertus efficaces et opérantes ; et peut-être, après tout, est-il moins une vertu lui-même que la condition de réalisation des autres vertus ; sincérité, justice ou modestie, elles commencent toutes par ce seuil de la décision inaugurale.

Pour illustrer *a contrario* ces définitions dues à Vladimir Jankélévitch, puis-je risquer cette anecdote vieille de la Première Guerre mondiale ? Un combattant d'une armée belligérante décrivait celle-ci avant la bataille comme étant parfaitement équipée, nantie du matériel le plus nombreux et le plus moderne, et prête au combat. La victoire ne saurait lui échapper. « Mais voici, concluait le narrateur qu'au tout dernier moment, lorsqu'il s'agissait de donner l'assaut, survint un tout petit impondérable : la peur. »

Cette peur était-elle expliquée, voire justifiée, par des sentiments nobles en soi : attachement aux siens, espérance de réaliser des projets familiaux ou professionnels ou, tout simplement et les résumant tous, amour de la vie ? Toujours est-il que la bataille fut perdue sans avoir été livrée : le courage avait manqué. Prenons un exemple inverse. Juillet 1940. Le parlement vient d'entériner l'abandon de la France à Hitler par Pétain-Laval interposés. Ayant cru au retour des prisonniers, à la remise en place des êtres et des choses, à la reprise, après une tragique mais brève parenthèse, de la vie antérieure, l'opinion publique suit le mouvement.

Léon Blum est isolé. Quelques rares amis lui sont demeurés fidèles. Il a trouvé refuge à Colomiers, près de Toulouse.

Amis et famille lui conseillaient de tenter de rejoindre la Grande-Bretagne ou les États-Unis, étant donné la situation catastrophique de la France et les risques encourus à y demeurer. Ils lui tenaient à peu près ce langage qu'il a retracé lui-même :

« En décidant de rester en France, vous raisonnez avec votre incorrigible optimisme. Les personnages qui sont actuellement à la tête de la France ne sont là que pour occuper le tapis. Ils remplissent la scène par un intermède et ils la livreront demain aux véritables acteurs. Demain on verra sortir des coulisses Laval, Marquet et leur bande, ceux qui font jouer toute la machinerie depuis l'arrivée à Bordeaux. C'est eux qui demain seront les maîtres, et d'autres les remplaceront à leur tour si les Allemands ne jugent pas leur soumission assez complète. Il n'y a plus désormais qu'un souverain en France, et c'est Hilter.

Les gouvernements français sont condamnés à une sorte de surenchère dans l'obéissance ou dans la complaisance ; cela changera un jour par la force des choses et le changement sortira du fond du peuple, mais jusqu'à nouvel ordre il en est ainsi.

Bon gré, mal gré, les soi-disant gouvernements français vont s'efforcer d'implanter en France les principes et les méthodes du régime nazi. Ils auront leur Gestapo et leurs sections d'assaut, ils passeront des exécutions personnelles aux persécutions collectives ; ils traqueront les socialistes ; ils dégraderont les Juifs ; et vous êtes tout à la fois, un socialiste, un Juif et vous-même par-dessus le marché... »

Et Léon Blum répondait, comme il l'a dit à ma femme et à moi-même lorsqu'en juillet 1940 nous sommes allés le consulter sur la conduite à tenir dans la poursuite de la guerre :

« Soit, admettons si vous voulez que ma vie ou ma liberté soit en péril. Comprenez à votre tour que le péril que je puis courir n'est pas une raison de partir, mais une raison de rester. Si je partais aujourd'hui ce serait nécessairement pour prendre mon poste, comme un soldat civil, dans la lutte que la Grande-Bretagne, et peut-être demain les États-Unis, vont poursuivre contre l'ennemi.

Quel peut être mon poste ? L'organisation, le conseil, la propagande... Quelles armes apporterai-je avec moi ? L'autorité que j'aurais pu conserver sur l'esprit d'un certain nombre de Français. Mais je perds précisément ce qui me reste d'autorité si la France officielle peut me dénoncer comme un lâche, acculé à la fuite par le sentiment de ses fautes et la peur du châtiment. L'interprétation qui sera forcément donnée de mon départ, et probablement acceptée par une opinion sans défense, détruira toute l'utilité possible de mon action. Il y a quelque chose de pire : je ne réussirai peut-être qu'à compromettre, qu'à discréditer, en m'y ralliant, la cause que j'aurai voulu servir. Je ne servirai pas la cause commune, et peut-être lui nuirai-je ; je nuirai certainement à ceux de mes amis qui seront demeurés en France et contre lesquels il sera trop facile de retourner et d'exploiter ma conduite.

Non, voyez-vous, il n'y a plus pour moi qu'un parti, qu'un devoir, depuis que le gouvernement a capitulé : rester en France, là où je suis, attendre tranquillement le danger, s'il est vrai qu'il y a danger, me tenir prêt à répondre de mes actes passés dans toute discussion publique, à la tribune de la Chambre si je puis, à la barre d'une cour de justice s'il le faut ; défier avec sérénité l'injustice et la haine qui s'épuisent, préserver toutes les possibilités d'action en France pour le jour, peut-être prochain, où ce peuple, accablé et abasourdi par le désastre, aura repris possession de lui-même. »

Il ne s'agissait pas pour Léon Blum de s'affirmer tout d'abord courageux, même à ses propres yeux, et de tracer ensuite les grandes lignes d'une action dictée par ce courage. C'est de la démarche inverse qu'il s'est agi : d'abord fixer ce que doit être le devoir à accomplir ; ensuite arrêter la conduite qui doit en découler. Le constat du courage - courage physique autant qu'intellectuel - ne vient qu'ensuite.

« ... à la barre d'une Cour de Justice s'il le faut... » Léon Blum avait la prescience de ce qui allait être le procès de Riom. À ce procès il devait faire preuve d'un courage qui fut ponctué de succès. Mais le véritable courage n'était-il pas affirmé le jour où il décidait de rester dans la perspective du procès, plus encore qu'au cours du procès lui-même dont il ne pouvait davantage ignorer que son ultime conclusion serait la remise aux occupants ?

Mais il est des courages au service des mauvaises causes. *Le Chagrin et la Pitié* nous a montré et fait entendre des hommes engagés, durant la guerre, dans la Légion qui combattait sur le front russe, aux côtés, sous les ordres et sous l'uniforme de l'hitlérisme. Certes, comme le dit si joliment Gilles Plazy en présentant ses entretiens avec Vercors, « la complicité dans le crime n'a été parfois que le fait d'un faux pas de la raison ou du courage, plutôt que d'une conviction ferme, mais la légèreté n'est pas une excuse ». Quelle que soit la nature criminelle de leur choix, ces hommes faisaient certes preuve de courage si l'on évoque ce qu'ils étaient résolus à affronter. Mais ils s'étaient libérés de la morale. Or, celle-ci est indispensable pour donner tout le sens aux actes que l'individu humain est appelé à commettre. En politique particulièrement, la morale

- ici synonyme de franchise, de loyauté, de fidélité - se doit d'étayer l'engagement pris.

Il est fréquent de constater de grandes différences entre la présentation d'un programme électoral et sa réalisation, comme si le succès entraînait automatiquement une part d'oubli. Deux hypothèses sont permises : ou bien les promesses étaient irréalisables ; ou bien ceux qui les faisaient ne se sont pas ensuite sentis engagés totalement par elles. Dans les deux cas, la morale n'est pas sauve.

On assiste aussi parfois à des scènes, à mes yeux plus graves encore, nées d'une sorte de complicité entre adversaires de la veille. Comme s'ils appartenaient soudainement au même camp, composé de gens « qui savent » face à une multitude ignorante.

Ces retournements sont en grande partie à l'origine de la croyance si répandue qu'il n'y a pas de morale en politique...

Ainsi, peu à peu, la pratique de la politique s'éloigne de ses origines. Dans l'esprit public, elle se rapproche des affaires. Ce qu'elle gagne en efficacité, elle le perd en considération. La méfiance touche l'ensemble du monde politique. Une formule lancée il y a peu de temps, la « politique politicienne », atteint le but que sa démagogie trompeuse visait : aggraver le sens péjoratif attaché à l'idée de politique. Et l'on enrobe, dans le même mépris affecté, l'action répréhensible et l'activité normale.

Pour feindre d'y échapper, on s'affirmera « apolitique »..., ce qui permettra de gagner les suffrages de ceux qui auront été pris au piège. Par ces moyens, la classe au pouvoir, en entretenant dégoût ou mépris, éloigne le plus grand nombre de l'action publique. À la limite, elle l'éloignera de la réflexion. C'est une manière de protéger ses privilèges.

J'ai, il y a longtemps déjà, émis ces idées dans les *Cahiers Léon Blum*. On me pardonnera de me citer longuement, mais, suivant le mot de Léon Blum lui-même, un homme politique ne peut que se répéter ou se contredire. Et je suis trop pénétré de quelques idées simples, acquises à dix-huit ans et entretenues durant plus de soixante années, pour tenter de me contredire. Le peuple ne s'y trompe d'ailleurs pas. Il devine, souvent d'instinct, le désintéressement des hommes, la loyauté de leurs méthodes. Ainsi de Jean Jaurès, de Léon Blum, de Pierre Mendès France, pour ne citer que des morts. Leur loyauté n'est pas système ou tactique. Elle est tempérament et spontanéité. Aucune flatterie à l'égard de leurs auditoires ne trouve jamais place dans leurs exposés. Ils n'assènent aucun slogan. Ils entendent non pas imposer, mais convaincre. Pour cela, ils démontrent. Ils font appel à la raison, à ce qui est supérieur en l'homme, non à ce qui en lui est bas ou mesquin.

Surtout, ils tiennent le même langage, quelle que soit la composition des assistances auxquelles ils s'adressent. Aucun calcul ne les détourne de leur mission éducative. Aucune volonté de séduction ne les habite. L'expression de leur sincérité fait naturellement partie de leur conception de la morale. Pour agir ainsi, pour courir le risque de contredire le plus grand nombre, et parfois leurs propres amis, leurs propres partisans, leur faut-il du courage ? On répondra oui, s'il s'agit d'envisager la possession d'un mandat électif comme le cheminement ou le couronnement d'une carrière. Et c'est sans doute à cet aspect que songeait Alain Duhamel écrivant, à propos du changement de politique perceptible en 1983 *(De Gaulle-Mitterrand. La marque et la trace)*, que Pierre Mauroy avait fait preuve d'« un courage d'autant plus méritoire que cela le menait au sacrifice personnel ». On répondra non, au contraire, si l'on estime, comme je le fais moi-même, que ce mandat doit être, ne peut qu'être exercé au profit de l'intérêt général et dans le cadre de la fidélité aux engagements pris, l'élection étant un contrat établi entre le corps électoral et l'élu.

Faut-il du courage pour agir ainsi ? Oui, aux yeux de ceux qui n'en ont pas. Nullement, cela va de soi, au regard de ceux pour qui il s'agit là d'un comportement naturel. C'est la rareté du geste, plus que sa nature ou sa qualité, qui fait apparaître « courageuse », en politique, la reconnaissance d'une erreur. Et l'on n'aurait garde d'oublier, en dehors (en deçà) des élus, les militants de base, politiques ou syndicaux, dont l'existence entière est faite de sacrifices. Ils agissent souvent à l'encontre d'un cheminement heureux de leur vie professionnelle ou familiale. Et nulle récompense, hormis - et pas toujours encore - la gratitude de leurs compagnons, ne leur est attribuée.

N'oublions pas ces « sans grade » sans l'action de qui, d'ailleurs, les succès des « gradés » ne sauraient s'affirmer.

L'erreur fréquemment développée est, en effet, double. D'une part, on n'évoque, la plupart du temps, que ceux qui sont connus, qui ont atteint la notoriété par leur talent ou seulement leur fonction - et non ceux qui, perdus dans la foule anonyme, n'en émergeront pas, quelle que soit la valeur de leurs prouesses. D'autre part, la nature, la qualité, voire le nombre de ces prouesses, entrent insuffisamment en ligne de compte pour évaluer le courage : il est plus facile de sauter une fois en parachute que de surveiller quotidiennement pendant des mois, pour en avertir nos alliés, les mouvements de l'ennemi qui occupe notre territoire ; il est moins dangereux, membre d'un organisme dirigeant d'un mouvement clandestin, de participer à une réunion secrète et éphémère que de prêter son appartement - avec les risques que la malveillance ou la simple curiosité du voisinage font encourir - pour la tenue de cette réunion. Quel est le plus grand courage ? Et quelle part de hasard en modifiera-t-il la mesure ?

Au surplus, et hors quelques timides écrasés par la vie et, à l'extrémité, quelques vaniteux chroniques, nul ne peut savoir, avant d'entreprendre une quelconque action, s'il sera suffisamment courageux pour la poursuivre. Le vrai courage, d'ailleurs, ne consiste pas à ignorer le danger, mais à le connaître et à le surmonter. L'évaluation qu'on en fera gagnera à être accompagnée d'une légère dose d'humour : lorsqu'il fut arrêté durant l'occupation nazie, Tristan Bernard s'exclama : « Jusqu'hier, nous vivions dans la crainte ; désormais, nous allons vivre dans l'espérance ! » Cette fois, ne s'agit-il pas, d'abord et essentiellement, de dignité ? Et le courage ne sert-il pas d'étai à cette dignité ? Cette fois, il ne se présente pas avec éclat ; il est seulement (« seulement » ?) la somme d'une multitude de petites gestes quotidiens.

Dans le volume d'*Autrement* consacré à l'honneur, Tzvetan Todorov rappelle l'attitude de Milena Jesenska au camp de Ravensbrück. L'amie de Franz Kafka, écrit-il, « accède à la dignité en ne laissant jamais aliéner entièrement sa propre volonté ». Et de rappeler qu'elle ne marche pas dans le rang qui lui est assigné, qu'elle chante et sifflote en passant dans les baraquements ; qu'elle est prête à traverser le camp pour apporter à une amie une tasse de café au lait « obtenue avec d'infinis efforts », qu'elle s'isole « avec des amies pour discuter, non de plans d'évasion ou d'insurrection, qui auraient pu lui apporter la gloire ou l'honneur, mais d'art et de littérature, affirmant ainsi les droits d'une vie de l'esprit directement opposée à l'existence à laquelle le camp semble contraindre tous ses habitants ».

Parlant de « ces gestes simples, semblables à ceux de Milena, et que d'innombrables hommes et femmes accomplissent tous les jours » - j'ajouterai : avec courage - Tzvetan Todorov constate avec tristesse ou amertume : « Mais il est vrai que ces actes de vertu quotidienne ne sont pas commémorés par des monuments en pierre, érigés au centre de nos villes et villages, et que les noms de leurs auteurs ne sont pas attribués aux avenues qui y conduisent. »

Je viens de relire les lignes qui précèdent. Pascal a très bien décrit mon embarras : « La dernière chose qu'on trouve en faisant un ouvrage est de savoir celle qu'il faut mettre la première. »

Le lecteur aura pu déceler que, à mes yeux - et sauf exception flagrante - le courage en politique n'a pas à s'exprimer : il n'y a, en effet, pas lieu de faire appel au courage pour être fidèle à ses engagements, attaché à ses idées, constant dans ses attitudes. Cela va, ou devrait aller, de soi. Ce que quelques-uns appellent courage, n'est-ce pas tout bonnement l'usage de la vérité ? Serait-ce donc un exploit que de la dire ? Et ce qui vaut pour les individus vaut aussi pour les États.

Dans une étude rédigée au début de l'année 1941 et publiée, à titre posthume, à Neuchâtel en septembre 1943, Nicolas Politis, ancien ministre grec des Affaires étrangères, l'un de ceux qui, avec le Tchèque Bénès et le Roumain Titulesco, ont tenté de donner vie à la Société des Nations et ont préconisé la sécurité collective comme l'arme du droit, affirmait :

> « Il ne suffit pas, pour la sauvegarde de leurs intérêts, que les États évitent le mensonge, fuient les affirmations qu'ils savent contraires à la vérité. Il leur faut, au surplus, ne pas tromper, ne pas chercher à tromper, ne pas agir de manière à surprendre la bonne foi d'autrui. »

À qui fera-t-on croire, à l'énoncé tout simple de cette définition toute simple, qu'il faille « du courage » pour la rendre viable ? Et quelle est la dose d'humour à retenir dans le lyrisme exceptionnel d'Anatole France : « La souffrance ! Quelle divine méconnue ! Nous lui devons tout ce qu'il y a de bon en nous, tout ce qui donne du prix à la vie, nous lui devons la pitié, nous lui devons le courage, nous lui devons toutes les vertus » ?

Je viens donc d'exprimer mon opinion. Mais il est bon que chacun forge la sienne propre. Au nom même de ceux que j'ai évoqués, dont je répète les noms - Jean Jaurès, Léon Blum, Mendès France -, je n'entends pas imposer mes vues, mais seulement les exposer comme des pièces d'un dossier plus complexe et que l'on se doit d'étudier.

N'ont-ils pas raison l'un et l'autre, Sénèque et Marcel Jouhandeau, si distants soient-ils l'un de l'autre, disant, le premier que, « faute d'adversaire, le courage s'étiole », le second pour qui le courage « consiste seulement à se conduire avec les obstacles ou les dangers comme s'ils n'existaient pas, au point qu'il supprime presque le mérite. »

Est-ce possible ? Ou s'agit-il d'un fantasme ? Rêve ? Utopie ? Là encore, deux réponses séparées par des siècles. De Jean Jaurès : « L'humanité aura accompli son destin lorsque toute sa folie aura pris la figure de sa sagesse. » De Cervantès, parlant de son héros : « Ce qui assura sa félicité, ce fut de mourir sage et d'avoir vécu fou. »

C'est bien ce que l'on peut doublement se souhaiter.

Daniel Mayer

À force d'exigence

Dominique Eudes

*Guérir est parfois l'enjeu d'une lutte acharnée, d'un violent
assaut contre quelques sourds et implacables destructeurs du
corps. Où donc se puise cette étrange énergie ? Peut-être dans
ce mélange singulier fait de passion, où l'intelligence prend
une forme physique ; d'obstination, qui semble autant spéculer
sur l'illusion que sur le savoir ; de rébellion aussi,
constamment insurgée face au désastre, déjouant les pièges de
la douleur et même, tant qu'il est temps, les tentations de la
mort.*

J e suis un cobaye heureux. Est-ce parce que
j'ai été un vaillant cobaye ? Si l'acharnement que j'ai mis à plonger dans l'improbable mérite d'être appelé courage, et si ce courage a contribué à me guérir, il pourrait être utile pour autrui d'en
transmettre la formule. Hasardeuse potion du cœur et des circonstances qui viendrait s'ajouter aux effets mesurables du très moderne
et très violent traitement immunologique qui me fut administré
pendant six mois dans le « Building 10 » de Bethesda, clinique-
cathédrale de l'expérimentation humaine.

Pourquoi n'ai-je pas eu peur ? Pourquoi, dans la lutte contre
le crabe qui avait investi mon rein gauche et mes poumons, ai-je
taillé ma route comme un bœuf, attelé à une volonté de vivre qu'on
aurait pu qualifier d'acharnement thérapeutique ? C'est cet aveuglement que je voudrais tenter de comprendre et d'expliquer. J'ai,
du courage, une notion plus noble et plus vertueuse, mais voilà,
à défaut de brevet moral, comment j'ai trouvé et entretenu une
certaine vigueur qui m'a permis de devenir un bon soldat de la
science. Comme les séries heureuses que connaissent les joueurs de
hasard ou les algorithmes des codes électroniques, la formule se

cache, me semble-t-il, dans un enchaînement (réel et subjectif) qui a sans doute tissé les conditions de la chance.

Jusqu'à l'automne 1988, j'avais envers ma santé une attitude plutôt cavalière. Je m'administrais moi-même des pharmacopées relevées pour combattre les inévitables grippes ou angines qui s'abattaient sur moi à la mauvaise saison. Et pendant plus de vingt ans, je n'avais pratiquement pas consulté, ce qui ne m'empêchait pas d'éprouver - je crois que c'est important pour la suite - le plus grand intérêt spéculatif pour la médecine.

En traitant ma santé par le mépris, j'attribuais sans doute à ma désinvolture une sorte de vertu conjuratoire. Et pour ce qui était plus particulièrement du cancer, fausse note scandaleuse dans la grande partition biologique, ma religion était faite : il ne pouvait s'agir que d'une vengeance de la vie, offensée par quelque nauséabonde incapacité au bonheur. Bref, d'un mal que ma boulimie désordonnée ne pouvait que maintenir à l'écart de mon existence. J'étais toujours habité par cette belle confiance quand la démonstration de ma vanité me fut assenée avec toute la brutalité de l'incontestable. Je crois aujourd'hui que la rudesse de cette découverte m'a aidé à réagir avec une violence comparable. Ce ne fut pas une lente et déprimante révélation. Ce fut une gifle.

J'avais attrapé une banale otite en plongeant dans la mer Égée. Le pharmacien de Spetsai, que je pratiquais depuis de nombreux étés, a farouchement refusé ce jour-là de me délivrer sans ordonnance les médicaments que j'avais l'habitude de m'autoprescrire en pareil cas et m'a expédié chez le docteur. Ce dernier, accomplissant scrupuleusement sa tâche, a guéri mon otite mais a découvert au passage que j'avais une tension inquiétante. De retour à Paris, j'ai tenu la promesse que j'avais faite à ma femme en allant me soumettre aux examens en rafale d'un chek-up à la chaîne. Venu chercher la cause de ma tension, je me suis entendu dire que mes poumons présentaient des opacités suspectes. Ancien forcené de la nicotine repenti depuis deux ans, j'étais convaincu qu'il ne pouvait s'agir que de traces d'anciennes salissures, et je trouvais excessive la précipitation du médecin qui aussitôt après m'a rappelé à mon bureau pour me demander d'aller le soir même à minuit subir un scanner dans une clinique de Neuilly. C'est ainsi qu'au milieu d'une nuit de septembre 1988 il m'a été signifié que sept « nodules » prospéraient dans mes poumons. Quatre à droite et trois à gauche. Rejoignant des amis, je ruminais l'événement en m'accrochant à l'imprécision du concept de nodule, euphémisme qui me permit de repousser de quelques heures la confrontation avec la réalité.

Dès mon réveil, j'appelais mon ami Jean-Marie Andrieu, professeur de cancérologie à Laennec, pour lui faire part des suspicions absurdes qu'on osait porter sur ma santé. Une heure plus tard, après m'avoir examiné, il me déclarait brutalement : « Tu vas tout de suite aller te faire faire une urographie. »

Je n'avais jamais ressenti la moindre douleur à la poitrine et on me laissait entendre qu'elle était farcie de tumeurs. Et voilà que maintenant Andrieu, Jim pour les amis, incriminait mes reins qui, eux non plus, ne m'avaient apparemment jamais voulu de mal.

À midi, je l'appelai directement du cabinet du radiologue qui venait de rendre son verdict. Je me souviens très exactement de lui avoir dit : « Tu es fort, mon salaud ! Tu avais raison ! » Il m'a répondu : « Rapplique tout de suite, je vais te sauver. »

Au moment même où la masse s'abattait sur ma tête, Andrieu me lançait ainsi dans une course d'obstacles insensée qui ne laissera jamais à la peur le loisir de faire sa litière. Sa curiosité, l'énergie et l'ouverture d'esprit qu'il mobilisait dans la recherche me passionnaient depuis longtemps. Le plus fort est qu'il ait d'emblée réussi à me passionner pour mon propre cas. À partir de ce moment, c'est-à-dire depuis le tout début de cette aventure, je n'ai jamais été un « patient ». Une partie de moi pratiquait sur l'autre une expérience qui l'autorisait à me malmener sans état d'âme. Andrieu me dira plus tard : « À la base de toute cette histoire il y a sans doute notre goût commun pour tout ce qui est nouveau. »

Si notre duo ne reposait pas, bien sûr, sur l'équivalence des connaissances, il est vrai qu'il a tout de suite fonctionné dans le registre d'une vraie connivence, d'une profonde complicité dans le goût de l'aventure médicale. Je réalise en relisant ces lignes à quel point elles peuvent paraître excessives. Mais je crois que j'ai vraiment connu cette forme étrange de narcissisme qui consistait à m'intéresser à moi, c'est-à-dire à mon cas, à ma maladie, non pas comme à une fatalité, mais comme au plus mobilisant des défis.

J'ai tout de suite su, grâce au franc-parler radical d'Andrieu, que j'étais atteint d'un cancer du rein métastasé aux poumons. La tumeur du rein relevait de la chirurgie et pouvait être traitée en

France. Pour les tumeurs du poumon, j'ai appris en même temps qu'une thérapie toute nouvelle me donnait une chance de gagner. Hors de cette très hypothétique perspective expérimentale, le pronostic de survie à un an était de zéro pour cent. Mais là je dois avouer que j'ai réussi à tricher un peu en me persuadant je ne sais comment qu'un cancer secondaire dans les poumons était forcément moins grave que des tumeurs qui y seraient nées. En réalité, c'était exactement le contraire. Je me souviens aussi aujourd'hui que je n'ai pas voulu savoir en détail comment venait de mourir de la même maladie le père d'un ami de mon fils. Je l'avais rencontré et je ne comprenais pas comment ce type qui avait été charcuté, irradié, lardé de tuyaux, chimiothérapisé, pouvait continuer avec si peu d'espoir à mener une vie normale au lieu d'appareiller, comme Brel, pour les îles de la dernière saison.

Je ne sais à quelle alchimie j'ai soumis les images de cet homme, mais je suis parvenu sans aucun effort à croire que mon cas n'avait aucun rapport avec le sien. Convaincu d'être parfaitement lucide, je m'abusais donc un peu.

Il faut dire que je n'avais guère le loisir de me morfondre. La perspective qui s'ouvrait devant moi avait tout de l'exploit impossible. Il fallait, toute affaire cessante, extraire mon rein malade et, le plus tôt possible, m'expédier à Bethesda pour y recevoir l'interleukine, le poison magique que le professeur Steven Rosenberg administrait à ses cobayes privilégiés. Les expériences françaises sur l'interleukine n'avaient alors porté que sur une dizaine de cas et, pour une miraculeuse rémission, sept patients étaient morts des effets secondaires de la thérapie. À Bethesda, l'équipe de Rosenberg avait acquis en deux ans une expérience qui portait sur environ trois cents malades, et était parvenue, grâce à des moyens de réanimation à la hauteur du National Institute of Health à limiter la casse à deux pour cent par série de perfusions.

L'administration de trois à quatre séries laissait apparaître dans les statistiques un taux de rémission de l'ordre de dix pour cent (en réalité moins, mais je m'accrochais à cette information lue dans un journal scientifique) et cinq pour cent de guérisons. La perspective n'était évidemment pas des plus lumineuses, mais aucune autre ne laissait entrevoir la moindre lueur. Et, comme je l'ai déjà dit, j'ai tendance à croire au progrès. En réalité, ce n'est pas un calcul rationnel, une évaluation raisonnable des risques, qui m'a conduit à m'engager résolument dans cette voie hasardeuse. Le problème qui mobilisait alors toute mon énergie était d'un tout autre ordre : me faire admettre à Bethesda. Pour cela il fallait surmonter deux obstacles d'importance. Premièrement, intéresser Rosenberg à mon dossier, et obtenir les dérogations nécessaires à mon admission comme cobaye dans cette Mecque de la science médicale qui réunit quinze mille chercheurs au nord de Washington. Deuxièmement, remplir les conditions physiques paradoxalement exigées pour être admis dans le club très fermé de l'interleukine. Il fallait en effet être à la fois condamné - pour justifier le risque du traitement - et dans une forme quasi olympique, pour en supporter les effets secondaires.

Il se trouvait que par une série de hasards extraordinaires, mon cancer avait été décelé au stade extrêmement précis qui faisait de moi une recrue idéale pour la science. Bien que le sort n'ait pas été particulièrement tendre à mon égard, je me pris dès lors à penser que j'avais de la chance. Et effectivement, à partir de ce moment je n'ai pas cessé de jouer et de gagner.

Pour surmonter les obstacles administratifs et politiques, j'ai vu se tisser autour de moi (grâce à Bernard Vernier-Palliez, ancien ambassadeur de France à Washington, à mon ami Tom Johnston, proche des Kennedy, et à mon ami Jean-Marie Andrieu qui a déployé une énergie inouïe) un complot d'une rare efficacité, qui a réussi à bousculer toutes les pesanteurs. Quand Andrieu est allé aux résultats de ses grandes manœuvres en appelant Washington, Rosenberg, qui venait d'obtenir l'autorisation de me soigner, lui a simplement dit : « Congratulations ! » Trois mois plus tard, après ma première série d'interleukine, il viendra me voir sur mon lit de réanimation et me dira aussi : « Congratulations ! »

Pendant que tombaient les obstacles administratifs, dans la semaine qui précédait mon opération du rein, j'étais soumis à un incroyable parcours du combattant, destiné à prouver ma résistance physique. Après avoir visité les tunnels de tous les appareils qui me débitaient en tranches pour établir mes scanners, qui me sondaient de résonances magnétiques, qui dessinaient mon squelette irradé à travers une caméra scintillographique, je suis allé m'époumoner dans tous les engins destinés à mesurer ma « capacité vitale » et j'escaladais des cols imaginaires en pédalant comme un forcené sur des bicyclettes de force. Mon cœur ayant tendance à trébucher dans d'assez fréquentes extrasystoles, je n'avais qu'une peur, obsessionnelle : ne pas être déclaré « bon pour les sévices de la science ». C'est dans cet état d'esprit que, le 17 octobre, je suis entré à l'hôpital Necker, dans le service du Pr Dufour. La veille de mon opération, une grève des infirmières avait vidé les lieux. Ma femme a pu venir dormir à côté de moi sans rencontrer âme qui vive dans les couloirs qui menaient à ma chambre.

Longue ouverture en arc de cercle du milieu de mon diaphragme à l'arrière de ma hanche gauche et, en prime, l'orifice de la « lame » qui s'enfonce dans la cavité laissée par mon rein.

Affrontement avec les vagues de la douleur ordinaire. Affrontement avec une infirmière zélée et abusive qui ne supporte pas mon refus d'être traité comme un « patient ». Je ne suis ni douillet, ni tyrannique, et quand je lui fais part des décisions prises devant moi par Dufour, elle refuse de m'écouter et d'admettre que je ne suis pas tout à fait un malade comme les autres pour la raison que j'ai une course à gagner et que je dois quitter l'hôpital dans des délais à l'extrême limite du raisonnable. Sous prétexte d'une petite inflammation, elle arrache l'aiguille de la péridurale qui permet de faire parvenir l'anesthésiant dans ma colonne vertébrale, et me déclare sur un ton jubilatoire : « Finie la morphine ! »

Regain de la douleur, que je décide de percevoir comme la manifestation saine d'une violence propre et salutaire, presque comme une libération face à l'occupation sournoise d'un mal qui s'était installé en moi sans se manifester. C'est à ce moment, je crois, que je me suis créé une recette mentale, un yoga sur mesure qui me permettra jusqu'au bout de négocier avec la douleur.

Sur mon lit de l'hôpital Necker, je savais que je n'en étais encore qu'au tout début de mon parcours, et que la seule révolte ne pouvait apporter aucune solution au plus révoltant des phénomènes : la douleur. Je me suis donc asséné un *credo* de béton, j'ai fait un serment bien volontariste et bien kantien, qui tient dans la litanie suivante : « Je l'ai voulu. Je le veux. Ça va s'arrêter. Ça ne doit pas compter. Ça ne laissera aucune empreinte dans ma vie. » J'ai décidé que la souffrance était volatile. J'ai juré de ne jamais l'oublier. C'est ainsi, déjà délesté d'un rein et muni de mon précieux viatique moral, que j'ai appris le résultat positif de ma requête américaine.

Pour comprendre cet enchaînement de thérapies, il faut brièvement revenir aux explications médicales. La source de ma maladie résidait dans une tumeur cancéreuse du rein gauche qui, sans crier gare, sans provoquer la moindre douleur, avait atteint la dimension d'une orange. Ce cancer a la redoutable particularité d'essaimer par la voie la plus rapide et la plus générale : le sang. La tumeur, en grossissant, comprime la veine rénale qui remonte vers le cœur l'essentiel de la circulation du bas du corps. C'est cette compression qui était à l'origine de ma tension. Dans la veine comprimée se formaient de petits caillots, des « emboles », chargés de cellules cancéreuses. Quand, sous la pression du flux sanguin, ces caillots étaient évacués, ils passaient par le cœur et migraient d'abord vers le poumon où, à travers les ramifications d'une circulation de plus en plus étroite, ils s'arrêtaient dans les bronches et y prospéraient selon la logique aveugle du cancer, qui ne connaît pas d'autre loi que celle de la croissance fatale. Dans mon cas, cette invasion s'était développée sur sept sites importants, quatre à droite et trois à gauche, sans compter les probables bourgeonnements encore indétectables. L'étape suivante du scénario-catastrophe débouche normalement sur l'implantation de colonies dans le cerveau. Il me restait donc un examen capital à passer pour être certain que le crabe n'avait pas aussi fait son nid dans ma tête. Une des facéties de l'interleukine consiste en effet à congestionner fortement les régions tumorales et, dans l'espace du cerveau limité par la boîte crânienne, cela ne pouvait qu'avoir des conséquences dramatiques.

Dix jours après avoir quitté l'hôpital, j'ai réussi à conduire ma voiture pour passer encore une fois dans le tunnel du scanner. Alors j'ai vraiment eu peur. Peur de ne pas être admis à Bethesda. Quand le Dr Merran est venu m'annoncer, avec un sourire inouï, que mon cerveau était « propre », j'ai connu une des grandes joies de ma vie. Malgré l'énorme cicatrice encore palpitante qui me coupait en deux, malgré la perspective terriblement aléatoire du parcours qui s'ouvrait devant moi, je me croyais capable de construire ma chance.

Trois semaines après mon opération, j'embarquais avec ma femme dans l'avion de Saint-Martin. Il me restait encore trois semaines pour retrouver mes forces avant de me soumettre à l'interleukine et, sur la route de Washington, mon ami Henri Helle m'offrait l'hospitalité dans les Caraïbes. Il m'offrait le soleil des tropiques et il était lui-même une recette vivante contre le désespoir. J'avais donné un coup de plume à la rédaction de ses souvenirs d'aventurier : *La Route des blondes.* Et sa voix, son rire, sa faconde étaient pour moi la plus tonique des médecines. Pendant vingt jours, j'absorbais des analgésiques pour oublier mes tripes, je nageais, je plongeais et je descendais m'imprégner de force dans les forêts de coraux. À la fin, je pouvais marcher normalement sans éveiller les protestations de mes entrailles et de mes cicatrices.

J'avais rendez-vous à Bethesda le 6 décembre. Je débarquais à Washington la veille, la poitrine écrasée par une appréhension beaucoup plus lourde et perceptible que la gêne minuscule provoquée par mes tumeurs. Allais-je vraiment être admis dans les services du Dr Rosenberg ?

Andrieu m'avait recommandé à l'un de ses internes détaché le temps d'un contrat de recherche au NIH de Bethesda. C'est ainsi que je suis arrivé à l'heure du dîner chez Michel et Raquel Tolédano. Raquel, également médecin, m'avait préparé sans le savoir la meilleure des potions qui se pouvait administrer à un double exilé, propulsé à la fois dans un pays inconnu et dans les régions à peine explorées des nouvelles frontières de la science. Elle avait fait mijoter, dans l'Amérique de la salade à l'eau de Javel, un tajine de canard aux olives ! Je suis certain que ce détail gastronomique a, lui aussi, servi à jalonner mon parcours de ces repères, de ces relais qui m'ont permis de rebondir d'étape en étape. Et surtout, la présence patiente et généreuse des Tolédano, parfaitement au courant des vertus et des dangers de l'interleukine, prolongeait à Washington ce dialogue à la fois chaleureux et savant qui m'avait permis à Paris, grâce à Andrieu, de me croire un peu le manipulateur de mes propres tortures.

Michel Tolédano ne savait pas encore dans quel protocole expérimental j'allais être embarqué. Encore une fois, il faut faire ici un bref détour dans le domaine de la biologie.

L'interleukine est une protéine produite par les lymphocytes. Les lymphocytes, soldats de l'organisme, naissent de la moëlle osseuse et se reproduisent ensuite en se dédoublant quand l'organisme agressé a besoin de mobiliser des troupes fraîches. L'interleukine provoque cette multiplication, tout en accroissant l'agressivité des lymphocytes. C'est la levée en masse et la galvanisation du moral des troupes, comme les haschischins du Vieux de la Montagne. Lorsque cette protéine a été découverte, elle a été expérimentée sur des cancers qui laissaient la médecine impuissante : le

mélanome et, précisément, le cancer du rein métastasé. Les chercheurs ont eu la chance d'obtenir des résultats positifs sur un premier échantillon et ont cru, puisqu'ils avaient significativement fait
reculer les plus coriaces des tumeurs, avoir découvert l'arme absolue. Curieusement, sur les autres cancers, les expériences n'ont pratiquement donné aucun résultat. On avait trouvé presque par hasard
une riposte contre deux formes de cancers. Mais il s'est vite avéré
que dans ces cas précis les réponses favorables se situaient autour
de dix pour cent. Pourquoi l'interleukine n'agit-elle pas sur les
autres cancers, et pourquoi est-elle impuissante face à quatre-vingt-
dix pour cent des seules tumeurs qui semblent la concerner ?

Pour améliorer ces résultats, le Pr Rosenberg a exploré quatre
voies. La première consistait bien entendu à forcer les doses. Mais
un organisme complètement envahi par la soldatesque s'expose à
d'autres dommages, et on ne fait qu'accroître la violence des effets
secondaires. La seconde a consisté à personnaliser les protéines
d'interleukine en les cultivant sur des lymphocytes prélevés dans
le sang du malade, avant de lui être réinjectés, considérablement
multipliés et activés. On a donné à ces cellules le nom de LAK
(Lymphokine Activated Killers). Les résultats de cette stratégie, qui
implique une très lourde logistique puisque toute la machinerie doit
être mise à la disposition d'un seul patient, ont été encourageants.

La troisième étape est allée plus loin encore en ajoutant à l'indi-
vidualisation des molécules cultivées leur spécialisation. Elle consiste à prélever sur les reins extraits, ou sur les tumeurs de la peau,
des lymphocytes qui ont été au contact de ce cancer spécifique,
et de les dopper à l'interleukine. C'est le TIL (Tumor Infiltrated
Lymphocytes).

Enfin, on essayait d'associer l'interleukine à d'autres molécules
cousines, telles que l'interféron.

Je ne savais toujours pas, ce soir du merveilleux accueil des Tolédano, dans quelle éprouvette j'allais être jeté, ni combien de temps
j'allais être le cobaye de Steven Rosenberg. Je partais pour un mara-
thon dont on ne m'avait pas caché les souffrances. Et j'étais volontaire. Courir quarante-deux kilomètres contre sa volonté serait
certainement une torture insupportable. Mais je partais pour
gagner. J'avais décidé d'être un athlète complet de la dernière
chance.

Le 6 décembre 1988, dans une lumière matinale extrêmement

claire, je montais une allée de cyprès avant de pénétrer pour la première fois dans le plus intimidant des établissements hospitaliers, le gigantesque « Building 10 » de Bethesda, une usine aux trente-quatre étages de briques, pour faire renaître l'espoir aux frontières extrêmes de la connaissance.

Formalités d'admission dans un hall pharaonique. Attente distraite par des dames bénévoles aux cheveux bleus, qui distribuaient des cookies au gingembre et du café fade. À travers les haut-parleurs feutrés, l'appel incessant des médecins et, parmi eux, comme un leitmotiv : « Dr Steven Rosenberg... » Ce n'est pas lui qui me reçoit, mais un jeune homme imperturbable, Richard Sherry. Après m'avoir conduit dans une petite salle d'examen, et ausculté sans un mot, il conclut : « Vous pourriez effectivement nous intéresser. » De nouveau ma vieille panique, la seule, celle de ne pas être admis. Je lui explique aussi calmement que possible que pour moi il ne s'agit pas d'être éventuellement un sujet intéressant, mais de subir immédiatement un traitement. Sortie de Sherry qui me laisse seul, avec ma femme et mon angoisse. Puis retour de Sherry, toujours aussi impassible, qui m'assène une description exhaustive, c'est-à-dire dantesque, des effets secondaires de l'interleukine. Il ne m'épargne rien dans la fresque des sensations provoquées par une tension très basse, mon unique rein bloqué, la perte de la peau, les nausées, le froid intense qui donne l'impression d'une crise de paludisme tandis que les poumons se remplissent d'eau et qu'il faut lutter contre la noyade. Une des conséquences de l'absorption de l'interleukine est d'imperméabiliser les vaisseaux, ce qui provoque cette marée dans les poumons, aggravée par le fait que pour lutter contre l'arrêt des fonctions rénales il faut administrer au patient des doses massives de Dopamine, lesquelles ont pour effet d'entraîner souvent des comportements schizoïdes et délirants.

Après avoir constaté que sa description n'entamait pas ma détermination, il m'explique que grâce aux performances de leur service de réanimation ils ont choisi de revenir au premier protocole qui consiste à monter les doses d'interleukine. Il plante ses yeux dans les miens et me dit : « Nous n'avons jamais dépassé 4,5 millions d'unités par mètre carré de peau. Nous devions entreprendre vendredi une expérience à 6 millions d'unités, mais puisque vous semblez remplir les conditions requises nous allons commencer dès demain avec vous. »

J'ai entendu un bruit de hoquet, et la voix de ma femme, minuscule et héroïque, qui articulait dans les aigus : « Mais mon mari n'est pas un cobaye ! »

Sherry n'a pas bronché. Et puisque je dois essayer honnêtement de me souvenir de mes réactions, je suis certain d'avoir d'abord éprouvé l'immense soulagement d'avoir été élu. Puis, juste derrière, malgré l'émotion que ma femme avait magiquement prise à son compte, une sorte de fierté ou tout au moins d'exaltation à l'idée de devenir le recordman du monde d'absorption d'interleukine. C'est avec moi que Steven Rosenberg avait décidé de franchir un nouveau pas dans l'escalade de sa lutte contre le cancer. Si je pouvais supporter une douzaine d'injections par séries de deux cycles, j'entrais dans des zones statistiques inexplorées, mais où ma chance de guérir pouvait aussi être sans précédent. Mais le parcours était long. Plus long que ce que j'avais imaginé, et le protocole prévoyait le calendrier suivant : une injection de 12 millions d'unités (c'est ainsi que j'ai appris que la surface de mon épiderme était un peu inférieure à deux mètres carrés) toutes les huit heures jusqu'à la limite de ma résistance. Ce cycle devait durer environ huit jours en comptant le temps de me remettre sur pied. Ensuite, dix jours de repos à l'extérieur, et un nouveau cycle. L'ensemble de ces deux cycles formait une série qui devait être suivie par un mois de repos, période pendant laquelle le produit continuait à agir, et au terme de laquelle les premiers résultats pourraient être constatés. En tout, cela faisait donc deux mois par série, et les prévisions les plus optimistes en prévoyaient trois. Il fallait donc organiser ma vie autour de Washington et, pour mes longues périodes de repos, Saint-Martin se trouvait heureusement du bon côté de l'Atlantique. Le mercredi 7 décembre, on a accroché pour la première fois à la potence de mon lit la bouteille renversée dont le liquide jaune s'écoulait lentement dans mes veines : l'interleukine. Au cours de la première série, j'ai battu tous les records en supportant quatorze perfusions. Les dernières m'ont été administrées en salle de réanimation dans la nuit de Noël, où la moitié des fenêtres des laboratoires restaient allumées. À Bethesda, la recherche ne s'arrête jamais.

L'histoire de ces six mois de traitement répète sans fin les mêmes épreuves, les mêmes protestations anarchiques du cœur, la suffocation des poumons emplis d'eau, l'extrême faiblesse, l'impression parfaitement fondée de perdre la raison et la tentation de se laisser aller. Mais dans cette guerre où je m'étais jeté comme une brute, je suis parvenu à ne jamais oublier la loi que je m'étais donnée : « Je l'ai voulu. Je le veux. La douleur passera. La souffrance est volatile. »

Je partageais avec un autre malade les petites chambres bourrées d'appareils de contrôle avant d'être isolé au service de réanimation. Tous mes compagnons d'expérience étaient également des volontaires, et dès la troisième injection ils n'avaient généralement plus qu'une obsession en tête : que ça s'arrête au plus tôt. Avec le recul, je suis certain aujourd'hui que jamais cette idée ne m'a seulement effleuré, et les seuls moments où j'ai craqué ont été chaque fois ceux où on venait me décréter qu'il était impossible d'aller plus loin.

Quand, au début de la deuxième série, j'ai demandé à être directement envoyé en réanimation afin de me faire poser tout de suite, sur la clavicule, le cathéter qui permettait de déverser à gros débit la Dopamine dans mon cœur, les médecins ont été stupéfaits. Grâce à ce temps gagné j'ai sans doute pu aller un peu plus loin sous la surveillance de trois infirmières, extraordinaires de compétence et de dévouement, qui se relayaient à mon seul chevet.

Parmi les sources où j'allais goulûment abreuver mon énergie, il faut aussi citer les autres. La formidable fidélité des autres. La voix des autres. Pendant les moments d'extrême faiblesse, j'ai toujours fait tirer, parmi le maquis de fils qui me reliaient aux appareils de surveillance, le cordon vital du téléphone. Dans le *staccato* des bips qui égrenaient le chapelet secret de ma vie, le téléphone n'a jamais cessé de sonner. J'étais un accro du téléphone. Grâce à lui j'ai toujours été sous perfusion d'amitié.

Dans un sens, j'évacuais, je frimais, je distanciais, j'exorcisais. Dans l'autre, mes supporters me dopaient à distance, émettant sans fin dans ma direction un cordial essentiel chargé de particules d'énergie, d'ondes inépuisables de confiance. Il ne s'agit pas de télépathie mais de vrais messages, de vrais cadeaux, dont j'accusais sans fin réception. J'ai appris alors le pouvoir inouï de cette formule si banale et si magique : « Je pense à toi. » Et pour d'autres : « Je prie pour toi. » Je ne crois pas aux interventions divines, mais la transmission opérait par le seul pouvoir d'une intention formulée. Des mots et des voix.

Enfin il faut parler des trois séjours à Saint-Martin qui m'ont permis chaque fois de repartir avec une nouvelle énergie. L'inter-leukine me faisait perdre une peau par jour. Je desquamais sans cesse et, comme le varan du Nil au printemps, soumis à ce pee-ling permanent, je ne pouvais bien entendu pas supporter le soleil. Mais j'étais certain que la mer m'aiderait à me reconstruire. Quand j'ai annoncé pour la première fois aux médecins mon idée d'aller me reposer aux Caraïbes, ils se sont montrés extrêmement perplexes. Finalement, en leur promettant de me protéger complètement du soleil, j'ai obtenu d'eux un feu vert incrédule. Au début de cha-que bain, le sel de la mer me brûlait, comme la moindre goutte de bière enflammait mon palais qui avait retrouvé des papilles de nouveau-né. Mais très vite, la sensation de brûlure s'estompait et je me persuadais que le grand bleu m'instillait sa force. Quand je descendais, pas trop bas, pour aller tirer un délicieux poisson-soleil dans les coraux, j'avais l'impression d'accomplir un rituel très ancien qui m'accordait une sorte de droit de vivre. Pendant ce temps, l'interleukine agissait. Après les quatre premières semaines de cette thalassothérapie peu orthodoxe, je suis donc retourné à Washington, où toute la machinerie de l'imagerie médicale a été mise en œuvre pour inspecter mes entrailles. Quand je suis revenu le lendemain aux résultats, Sherry, toujours aussi impassible, m'a fait languir une bonne heure avant de me déclarer : « On ne pou-vait pas imaginer une meilleure réponse. »

Alors que le cycle suivant m'avait à nouveau cloué en réani-mation, Steven Rosenberg, qui n'était pas à Washington le jour de mes examens, est à son tour venu me féliciter. Curieux dialo-gue du médecin le plus célèbre du monde venant dire à son patient : « Congratulations ».

Je lui répondais bien entendu, à travers mon réseau de tuyaux et de fils électriques, que lui seul méritait des félicitations. Mais au fond, malgré les quatre mois de traitement qu'il me restait à subir, malgré les innombrables rendez-vous avec les tortures et les petites morts qui m'attendaient encore, j'étais fier de moi, et ma chance me paraissait infiniment plus grande que mes malheurs. C'est absurde mais c'est vrai. J'ai toujours eu la gratitude plus coriace que la rancœur. Et grâce à un enchaînement qui relève effective-ment d'une chance exceptionnelle, je ne pouvais pas m'empêcher de trouver la vie généreuse, et de mettre du cœur à l'ouvrage.

En juin 1989, il ne restait plus dans mon poumon droit, à

l'emplacement de la plus importante tumeur, qu'une unique et minuscule trace. Une colonie maligne avait-elle réussi à y survivre, protégée par le cocon d'un écheveau de fibres sous-vascularisées, qui aurait empêché l'action de l'interleukine ? Six mois plus tard, à Paris, comme elle n'avait pas disparu, le Pr Lemoine est allé la chercher à la pointe de son bistouri.

La peur doit en principe jouer un rôle de signal. Et lorsque, à la fin de la seconde série d'interleukine, mon cœur s'est mis à fibriller, j'ai violemment refusé d'écouter la bonne conseillère en vitupérant pour exiger qu'on poursuive les injections. Je me souviens alors du visage de ma femme qui n'osait pas me contrarier. À ce moment, la volonté s'ajoutant aux effets délirants de la Dopamine, j'étais tout simplement fou furieux. Fou de ne pas avoir peur, ce qui me confirme dans l'opinion que mon courage était en grande partie fait d'aveuglement.

Une autre fois, lors d'un autre voyage aux limites du chaos, j'ai éprouvé un immense soulagement. Je baignais dans une clarté à la fois douce et éblouissante quand un vent énorme s'est levé. Un vent infiniment tendre et caressant qui était sur le point de m'emporter. J'étais pieds nus sur du sable très fin, et j'ai soudain réalisé que la tempête ne le soulevait pas. Alors j'ai connu une panique intense. Ce soulagement, c'était la tentation de la syncope, l'appel de la désertion, c'était la mort. Il fallait absolument m'arracher à cette fascination ou à ce rêve. J'ai réussi à me dresser sur mon lit, ce qui a aussitôt déplacé des vagues d'eau dans mes poumons. Mais cette fois, ma lutte contre la noyade avait, dans sa violence, le goût du retour à la vie. J'étais une brute. La formule de ma vaillance tient tout entière dans cette seule affirmation.

Ce que j'ai fait, n'importe quelle bête au monde aurait-elle pu le faire ?

Simplement, ma mécanique d'animal pensant m'a permis d'aller un peu plus loin dans les franges extrêmes de la chance, dans des régions que les seules lois du corps auraient peut-être jugées impénétrables.

Dominique Eudes

Se re-concevoir

Marc Fréchet

On est seul avec, au-dedans de soi, quelque chose d'étrange et qui détruit. Comment se maintenir dans la conscience simple d'être soi-même, vivant et libre ? Ces moments face à la maladie n'amènent-ils pas à renouer avec une autre intimité, lointaine et oubliée, du point de vue de laquelle la vie même, assignée à réagir, retrouverait comme un étrange pouvoir de se reconcevoir ?

Si on vous disait : « C'est bien ce que nous avons craint, c'est un nodule... de quelques millimètres. Nous allons commencer un traitement qui nous donne grand espoir de guérison... Vous passerez voir la secrétaire pour l'hospitalisation. Avez-vous un médecin traitant qui vous suive, à qui nous enverrons le compte rendu ? »

Vous auriez raison de vous révolter, car ce n'est rien de grave d'après ce discours sécurisant ! À moins que, intimement, ça vous parle de vos fautes en excès de tabac, de boissons alcoolisées et de repas mal élaborés, ou que cela vous évoque votre vie familiale, ces décès successifs qui vous ont marqué, ou bien le travail que vous voulez quitter.

Mais en fait, rien ne presse, bientôt les vacances, les billets sont pris de longue date, et puis il vaut mieux avoir un diagnostic fait par le patron, si l'autre s'était trompé, on ne sait jamais, des fois que... Les rendez-vous sont pris, encore quelques jours d'attente, et ce sera la fin du tourbillon des compléments de diagnostic, des avis que vous estimez contradictoires. Rendez-vous à l'évidence : la maladie est là. Et maintenant, pour y avoir déjà songé, il y a ce savoir que vous garderez pour vous, pour épargner vos proches, comme d'habitude sans dire mot.

Arrêtons d'imaginer

En écoutant ce qui m'est dit par les malades que je côtoie à l'hôpital, j'ai rencontré le courage dans la résignation et dans l'acceptation d'un destin, dans des silences pudiques qui se donnaient surtout à ne rien dire, dans la gentillesse de ces malades préoccupés de ne pas déranger les soignants. Je sais aussi avoir perdu le sens du courage pour avoir été surtout confronté avec ce qui s'appelle communément de l'émotion. L'émotion, c'est quelque chose qui prend le corps, avant que le corps ne lui donne des mots (maux). L'émotion, c'est quelque chose de l'ordre d'une vibration en réponse à un événement qui vient du dehors toucher nos cordes sensibles. L'émotion, c'est quelque chose qui nous fait être rires, pleurs, colère, tendresse. L'émotion, c'est quelque chose qui donne du sens, mais qui fragilise et qui fait souvent peur à ceux qui se sentent pris par elle, car elle semble mettre du désordre dans notre personnage. Alors, pour peu que vous ayez encore « en corps » quelques émotions non disciplinées qui vous animent en être sensible, suivez-moi.

Mais avant, quelques mots pour faciliter la complicité que je vous demande d'avoir tout le temps de la lecture. Les personnes que nous pourrions rencontrer prennent, dans le cadre de ce texte, la position d'Autres, c'est-à-dire de gens qui n'ont pas les mêmes acquis sociaux ni les mêmes expériences affectives que vous. Néanmoins, il vous sera possible d'identifier leurs réactions à l'image de celles que vous pourriez avoir en de pareilles circonstances ; ou bien, à l'opposé, être en total désaccord avec leur vécu émotionnel. En ce sens, à ce niveau de sensibilité, être individu, c'est être unique dans le genre des humains ressentant. Leurs propos sont les leurs, non les vôtres.

En tant qu'être d'émotions et de sensations, c'est à propos de sensations que j'aimerais retenir votre attention quelques instants. C'est autour de cette variable sensitive que se pose notre perception critique de nous-même et que se révèle notre position psychologique (mentale) pour nous faire aborder le quotidien autrement que nous y sommes accoutumés.

Face à cet événement perturbateur, c'est le non-sens. N'est-ce pas au mental des corps cellulaires qu'est dévolu le rôle d'assurer le corps physique et sa pérennité, et non au mental du sujet lui-même ? La pérennité désormais n'est plus assurée et quelque chose de l'ordre d'un cannibalisme est à l'œuvre. Le corps se ronge lui-même, se phagocyte ! À l'instant où advient cette épreuve, notre mental devrait nous fournir des éléments de compréhension afin de résoudre ce désordre. Pour y mettre bon ordre, il faudrait être au courant de ce changement des propriétés physiques, biologiques de notre corps !

Certains risquent de vivre en subissant cette désorganisation, notamment les enfants, la démarche de compréhension étant dévolue à un autre qu'eux-même. Pour ceux-là, qui subissent la maladie en dépendance, sous la coupe amoureuse de ceux qui savent, le drame est grand, car ils ne sont pas insensibles aux changements d'attitudes, aux modifications émotionnelles de leurs proches. Comme tous sujets vivants, ils ont l'intuition de l'homéostasie physique et mentale de leur corps propre, mais aussi de leur corps d'appartenance. L'instant de cette maladie semble mettre à l'œuvre quelque chose de l'ordre d'un corps à corps où l'enjeu ne serait pas le corps physique du sujet malade en tant qu'entité, mais le groupe.

Quand un membre se sent exclu de son corps d'appartenance, coupé de celui-ci, banni, il est déjà dans la mort de ce qui le fondait, le protégeait. Il lui faudrait une dose de courage pour continuer à survivre amputé, dépossédé de projet pour lui-même, pour prendre son indépendance et se vivre comme un corps à part entière.

La maladie ne serait-elle pas là justement pour poser du sens ? C'est ce qu'elle semble faire pour tous, mais plus encore pour ceux qu'on laisse dans l'ignorance de leur maladie. Ils deviennent vigilants aux réactions émotionnelles de leurs proches, tatillons sur le déroulement de leur traitement, des horaires, de la présence ou bien de l'absence du patron à la consultation en chambre. Cela peut même tourner à l'obsession, à une hyper-vigilance à propos de ce qui se passe dans le service. Ceux-là ne sont pas vraiment estimés !

Ce n'est pas le courage qui les habite à nos yeux ! Vous pouvez les sentir développer une énergie de destruction. Attitude détestable en regard des gentils. Ils posent des exigences. Leur commerce est fait de provocations agressives, de gémissements, de volte-face avec des moments euphoriques, poussant jusqu'à la défaillance ceux qui les entourent dans leurs retranchements pour qu'ils avouent je ne sais quels crimes !

Réfléchissons : cette attitude manifestement destructrice amenant le malade à tout perdre pour gagner le droit de s'appartenir n'est-elle pas autant signe de courage, que celui que nous attribuons à un autre qui sait et qui s'offre de porter la maladie, comme ça, l'air de rien, tout en en parlant à des intimes et faisant honnêtement abnégation de soi-même ?

La rencontre avec ceux qui dépossèdent le malade de sa vie et de sa mort commence le plus souvent par une rencontre avec l'imaginaire. Imaginaire fécond en drames, générateur d'angoisses, d'effroi qu'il fait surgir, sur un fond d'appropriation et d'identification. Puis le temps s'écoulant va donner place à de la considération pour ceux qui portent la mort, la leur ou celle de l'autre, et à de la pitié pour ceux qui risquent de la subir. Dramaturgie terrifiante des jeux du cirque de la Rome antique : courageux champions regardés qui ne peuvent qu'être dévorés en regard du savoir ! Pour les derniers moments imaginés comme tels, et qui n'en finissent pas de se prolonger, l'idée de mort inéluctable nous ferait mettre « pouce bas » pour les sauver de la souffrance : l'euthanasie, dans ce cas est-ce de l'amour, ou du courage ?

C'est pourquoi, peut-être, les malades qui ont pu accéder au savoir de leur maladie semblent avoir gagné une étape d'être, par rapport aux autres : ce sont eux que nous regardons ! Animé d'un sens qu'ils ont fait leur, la vie est dans leur camp, nous le lisons courage. Ni plus ni moins mortels que les précédents, ils peuvent se donner du sens, partager des moments. Ainsi, l'enfant auquel n'est pas cachée la gravité de son symptôme fait une démarche qui, au travers de son expérience, ressemble à s'y méprendre à de la compréhension pour ce qui lui arrive. Comme il est sans conscience temporelle très marquée, pour peu que la parole des adultes qui s'occupent de lui soit véridique : « On nous a dit que c'était grave et très difficile à soigner », il s'adapte à cette période entre parenthèses pour vivre au rythme de cet espace temps en suspension.

Il semble s'y adapter d'autant mieux que ces adultes sont authentiques, et font corps avec lui, non pour lui, et qu'ensemble ils apprennent à élaborer des nouveaux modes d'appréhender l'instant, qui remodèlent leurs raisons d'être. L'instant est vécu. La mort promise, médicalement s'entend, semble abolir ce que l'éduqué instaurait.

Car souvent, devant ces acteurs de « l'ultime », nous nous découvrons incompétents, ignorants. Le réel est plus simple et plus compliqué à la fois.

Allons déjà rendre visite à un premier « autre »... Vous pourriez m'accompagner, tout comme l'a fait M. I qui était stagiaire à ma consultation.

N'oubliez pas, nous sommes dans un service où l'on traite des maladies mortelles.

Ce premier autre est une autre : Mme E. Son cas est médicalement désespéré.

Mme E. - S'il m'était donné d'être l'autre, celui-là même que je vais rencontrer, avec la connaissance que j'ai de l'issue actuelle de sa maladie, je n'aurais plus peur !...
Ce matin, j'étais encore secrétaire médicale, j'allais bien, mais sur le coup de midi, juste après le repas, je me suis sentie fatiguée. Vous savez ce que c'est que de taper des rapports d'examens, à propos de cancer, d'accueillir ces malades qui viennent prendre rendez-vous avec le patron, et ces familles qui pour des raisons aimantes viennent vous voir et vous demandent ce qu'il en est, vis-à-vis desquelles vous gardez le silence, car ce n'est pas votre rôle de dire quoi que ce soit. Alors, il faut rester évasive, les renvoyer à leurs questionnements, les renvoyer au médecin traitant, alors que vous savez... vous venez même de finir le rapport pour les confrères afin qu'ils sachent, eux, ce qui a été découvert par les derniers examens, l'évolution, le pronostic...
S'il m'était donné d'être l'autre, je me dis que j'aurais du sens à vivre, à croire que jusqu'à tout à l'heure je n'avais pas de sens vrai ! Peut-être faute d'avoir eu du temps à moi, faute d'avoir su le prendre, parce que le temps, vous vous doutez bien qu'on ne sait pas pour combien de temps on en a quand on a ça, et si on va s'en tirer et comment, avec ces maladies-là !... bien qu'avec les chimios... et aussi ce temps entre parenthèses qu'on a enfin... bien

que la maladie l'entrave et vous le prenne, pose une limite, celle de sa propre durée éventuelle ! Ça, ça m'ennuie ! Même si dans un certain sens ça venait résoudre le poids de mes journées, de ces silences, le poids de l'anxiété quotidienne, le poids des obligations auxquelles je m'attelle, mon partenaire qui oublie que je suis là et qui n'a jamais le temps, en fait qui n'en a pas plus que moi, avec lequel je me suis disputée hier justement à propos du temps qu'on ne passe plus à parler, à échanger ! Là effectivement je sens que c'est ça qui me manque, d'ailleurs je vais lui en parler ce soir en rentrant... et les enfants qui n'ont pas fini de grandir, le dernier a six ans à peine, il va entrer à l'école primaire... il faut que j'aille voir sa maîtresse, que je lui parle... Il ne faut pas que j'oublie d'appeler mon partenaire, pour lui dire que je risque de rentrer un peu plus tard, à cause de ma fatigue, le patron m'a dit d'attendre les résultats des analyses avant de partir et de le voir.

Marc Fréchet et M. I. - Maintenant que nous sommes sortis de la chambre, puis-je avoir vos premières impressions ?
M. I. - Je ne comprends pas ! Quand on a ça, on devrait être dans l'effondrement le plus total. Pas la moindre plainte n'a été exprimée... j'hésite entre la révolte à propos de son comportement, elle n'est même pas humaine à cet égard, et l'admiration, car je la sens dans un désir de construire comme si tout commençait enfin (seulement), sa vie... comme si elle venait de naître, de s'ouvrir. Au début, son discours souffrait d'un certain enfermement, alors qu'à la fin, tout en semblant encore un peu contraint, j'ai senti de l'avenir posé.

M. F. à M. I. - Une semaine s'est passée depuis que nous avons vu Mme E. ensemble. Elle a été hospitalisée. La gravité du diagnostic est confirmée.

Mme E. - Depuis qu'on s'est vu, j'ai bien réfléchi. Je crois vraiment tout ce que je vous ai dit. Il est des choses qui me paraissent encore plus importantes qu'elles ne me semblaient l'être l'autre jour, depuis... vous vous souvenez à propos du temps et des échanges avec mon partenaire. Je crois avoir enfin compris que j'avais oublié de le rencontrer ; c'est comme si, en ces moments, on se rencontrait pour de vrai. Je crois que je l'avais imaginé. C'est comme pour les enfants. Je les ai vus dimanche par la vitre du stérile. Après ils devaient aller au cinéma, c'était la fête pour eux... Dans quelques jours on va me faire une greffe, je crois. Je devrais être sortie pour les vacances... Mon symptôme fait partie de ceux à très bon pronostic.

M. F. et M. I. - M. F. (une fois sorti de la chambre). - Je l'ai trouvée encore plus belle, plus vivante, plus présente que la première fois où nous l'avons vue ensemble, allant très vite à l'essentiel... et vous ?

M. I. - Moi... Tenez... Rien qu'à l'idée qu'elle puisse mourir demain ou bientôt, je n'aurais pas pu lui parler, ni rire avec elle comme vous l'avez fait. Je n'aurais pas su quoi lui dire, sinon que des banalités du genre bon courage...

M. F. - Qu'entendez-vous par bon courage ?

M. I. - Je ne sais pas justement ce que je veux dire par ce mot-là ! Je crois que j'aurais pu dire bonne chance plus facilement que bonne journée, ou je vous admire, mais c'est ambigu, c'est pour ça que je n'ai rien dit !

M. F. - Vous sentiez qu'elle en avait besoin ?

M. I. - En fait, c'est à moi que j'aurais dit ça en de pareilles circonstances... Et les médecins, comment réagissent-ils en général ?

M. F. - Le plus dur pour les médecins, c'est quand la médecine les lâche, que le biologique l'emporte sur le chimique d'appoint, et ne leur donne pas les réponses escomptées ; c'est un peu comme s'ils étaient devenus inutiles, en échec personnel, dans l'impuissance. Curieusement c'est dans ces moments-là qu'ils sont le plus humains. Pour la plupart d'entre eux, je veux dire. Comme si la certitude offrait de l'intolérance à l'écoute, une certaine insensibilité. Que voulez-vous ! Ils n'ont pas toujours le temps, en consultation hospitalière. Ils n'ont pas le temps d'être émus. Ils doivent être efficaces ; alors le malade doit les écouter attentivement, presque sans poser de questions. Ils entendent que les malades leur fassent confiance aveuglément.

Quand ils sont mis en échec relativement au symptôme, par le choix d'un traitement qu'ils sont supposés mettre en œuvre mais qui ne servirait à rien au vu du diagnostic, là, ils sont un peu perdus face aux malades qui demandent des explications.

C'est à peu près comme quand les malades deviennent chimiorésistants, et que plus grand-chose ne s'avère efficace dans la pharmacopée. Cela ne veut pas dire qu'ils ne ressentent aucune émotion, loin de là, mais elle passe en invectives, en injonctions, du type : vous devez... il faut... gardez bon moral... vous verrez. La mort est d'autant plus présente qu'ils semblent ne pas pouvoir l'éviter ! Alors là, ils acceptent de s'ouvrir sur l'extérieur, sur d'autres pratiques, car il leur faut absolument combler ce vide qui leur est intolérable. Alors, ils s'acharnent et passent du temps en bibliothèque pour voir si un confrère n'aurait pas déjà traité le même type de symptôme ou un autre analogue. L'impuissance humilie. Être humilié dans cette situation médicale semble rendre humble et studieux. Jusqu'à cette impuissance, ils croyaient en la médecine, et les voilà vacillant dans leur foi, et fouillant des traités anciens et des pratiques plus rustiques qui, ouï-dire, auraient apporté des solutions au problème qu'ils se posent. L'impuissance, ça donne du cœur à l'ouvrage ! Ils en sont là ! En fait, ça fait longtemps qu'ils en sont là, avec la rage de vaincre. On pourrait dire depuis leurs études et le choix de cette spécialité. C'est un peu avec leurs peurs au ventre qu'ils vivent et même avec le doute permanent, car le cancer évoque encore la mort. Et il reste toujours la peur en arrière-plan qui domine la plupart des malades et des médecins : c'est la récidive qui menace, le déplacement du symptôme ailleurs, par une petite cellule que la chimio supposée venir détruire n'aurait pas réussi à atteindre. Vous pouvez ajouter les rayons, les mutilations en tous genres, et l'idée de la rechute qui est là.

Par-delà cette crainte, et en partie grâce à elle, pour un grand nombre de cancéreux que j'ai pu rencontrer, je veux aussi parler des analphabètes au sens médical, mais qui se savent atteints, cette maladie leur a donné le droit à être, peut-être pas pour longtemps, le droit à la parole, le droit de dire je, le droit de considérer les choses de la vie à partir de leur point de vue ; le droit de cité en quelque sorte. Il ne faut pas se méprendre, personne d'autre mieux qu'eux-mêmes n'a accès à cette fabuleuse valeur que semble avoir la vie à l'instant de la perdre. À croire qu'à cet instant précis, on gagne à la comprendre.

J'ai entendu un grand nombre de malades parler d'un agacement et d'une certaine tristesse face à des gestes mécaniques, préfabriqués, à des attitudes trahissant des sous-entendus de la part

de leurs proches comme de ceux qui ont à leur propros un savoir
dont ils ne savent que faire. Car ceux-là, les pas encore malades
qu'on dit vivants, en pleine possession de leur santé, détruisent l'instant de vérité qu'ils pourraient partager avec eux, mentent, pour
le confort qu'ils pensent leur apporter, mentent sur le pouvoir qu'ils
continuent d'exercer !

Au niveau de l'appréhension, parler à un présupposé mortel
à brève échéance, ce serait comme semer du grain dans une terre
salée. La peur que rien ne pousse semble être contenue dans cette
difficulté d'être à l'autre dans le présent. C'est comme s'il deve-
nait impossible d'actualiser l'instant d'autre chose que de ce « plus
rien » qui emplit un futur arrêté, advenu avant que d'être.

Pour le malade, à l'instant où il prend connaissance du diagnostic que le savoir médical actuel ne sait pas résoudre, tout
s'écroule. Pour être plus juste, je dirais plutôt que certains objets
fortement investis par différentes croyances (on ne sait d'où elles
tirent leur valeur) tombent en désuétude. Et comme le sujet y tenait
par-dessus tout, un sentiment de faillite l'envahit. Pas longtemps,
c'est le début d'une prise de conscience de la vie dans ce qu'elle
a de plus relatif, mais aussi de plus juste : sa futilité ; la vie est
éphémère, et là il se découvre une envie de se battre. Plus encore,
une raison de se battre. Dans ce cas très précis tout repose sur lui.
On ne peut plus rien pour lui et plus grand-chose contre lui ! C'est
alors que se développe une énergie vitale chez certains, comme si
dorénavant ils s'appartenaient, comme s'ils étaient libres de leur
corps, libres d'agir à leur guise, libres car ayant payé leur tribut
social et moral depuis qu'ils sont nés, jusque-là... Là ils n'ont plus
rien à perdre, la créativité est de mise, la re-création aussi. Avec
cette mort physique pronostiquée, statistiquement s'entend, le sujet
s'autorise des mots, s'articule au présent et respire l'instant.

C'est sans doute ce que Mme É. essayait de nous faire sentir
en évoquant l'instant de bonheur de ses enfants comme valeur
suprême : pour nous dire que ce qui compte c'est l'instant de vie
pris sur l'intemporel. Elle l'avait compris le jour où elle a pu sentir une incohérence de sens en elle entre sa vie projetée, happée
par le réel, et ses aspirations intimes. À croire qu'elle a su mesurer ses clivages, comprendre ses conflits intimes.

C'est aussi ce que me relatait M. J.L.F., âgé de soixante-dix ans, autrement malade que d'un cancer, mais dont les derniers instants étaient comptés. Suite à un double pontage cardiaque, il faisait un accident rénal avec coma. Alors qu'il était dans le coma ; entendant le médecin informer son épouse : « Madame, votre époux n'en a plus pour longtemps, un quart d'heure au plus. On va le débrancher », la révolte s'est mise en œuvre. Le souvenir qu'il en donne est : « Il n'en est pas question (de mourir), j'ai encore plein de choses à faire ! »

Depuis il vit, il n'est plus sous dialyse, alors qu'il y était depuis quelques mois. Ses reins se sont remis à fonctionner ! Tout s'est remis en marche normalement. Il a repris ses activités professionnelles. Il a remis sa mort à plus tard. Dans ce cas précis, la maladie n'était pas mortelle à coup sûr, si bien que l'analyse de la réaction de survie n'est pas la même que pour des cancéreux. Sous dialyse, il aurait pu vivre sans cet accident infectieux. L'alerte offerte par le symptôme l'avait obligé à réagir au confort qu'il semblait tirer de ses problèmes cardiaques, de sa prise en charge par le rein artificiel, et à sa dépendance envers celle qui ne voulait plus en avoir la charge par une révolte contre lui-même. La démission affective du partenaire, ainsi que la verbalisation du médecin, ont obligé notre sujet à prendre enfin (en fin) sa vie en main.

Pour deux autres personnages appartenant au corps médical que j'ai eu l'occasion de rencontrer dans un autre hôpital peu de temps avant qu'ils ne décèdent des suites de leur maladie, leur modalité verbale prenait la forme de propos cyniques à l'endroit de leurs confrères médecins. Ils étaient déjà enfermés dans la peur de la mort, la leur, alors qu'ils avaient combattu au mieux, qui avec son savoir médical, qui avec ses aptitudes de chirurgien, celle des autres pour qu'ils survivent le plus confortablement possible. Eux aussi avaient du beau en eux, du calme, quand bien même l'accent de leurs propos était dur à supporter.

L'ensemble des points évoqués au cours de cette écriture avait pour objet de vous transmettre, le plus fidèlement possible, les instants de ceux avec qui je partage des épisodes d'hospitalisation.

Un point semble différencier ces malades, quand ils ont connaissance de la fatalité du diagnostic et des épreuves auxquelles ils doivent se préparer, au-delà de toute espérance de survie : c'est la valeur qu'ils attribuent au savoir médical.

Qu'ils nous en accordent peu ou pas mais qu'ils s'y soumettent, c'est David contre Goliath à nos yeux ! C'est notre regard sur eux et notre pensée à propos de leurs actes qui définit leur courage. Pour nous David aura toujours du courage quand bien même c'est folie.

Mais nous, ceux du dehors, les spectateurs pseudo-branchés, pseudo-capables, que savons-nous de ces réalités-là ? N'avons-nous pas que des perceptions extérieures, n'étant pas impliqués réellement dans ce débat, tant que nous ne sommes pas passés par cette expérience ou que nous ne sommes pas affectés par telle maladie à haut risque ?

Que peut donc être notre position face à ces inconnues ? N'est-elle faite que d'états d'âmes spéculatifs, du genre que seules les personnes en bonne santé physique et mentale s'aventurent à avoir, ou d'archaïsmes mentaux à la manière de : « On dit que tu serais le malade et même que tu devrais mourir... Dis, si on jouait à : tu serais le mort », parts enfantines qui s'autorisent à nouveau et nous pétrissent de honte aujourd'hui ? Manière sublimatoire, remède vital face à des parents qui s'en vont faire des courses, sans rien dire, ou qui parlent entre adultes pendant que l'enfant supposé jouer écoute, sans broncher sur ce qui se dit. Lui n'a que du ressenti comme compagne et des fantaisies comme « quand tu seras mort je te ferai empailler, et comme ça je te garderai ».

Enfantillages ! oui ! Heureusement c'est possible, ça favorise la mise à distance. C'est grâce à eux que se construit la différence entre soi et les autres, que s'apprend et s'intègre le vide de l'autre, l'absence, la confiance en soi et le « ça » indescriptible de l'ordre d'une compétence sereine face à la mort. Vous savez : le courage ! Ce n'est pas faute d'avoir essayé de réélaborer l'idée de la mort en nous ! L'imagination est pauvre sans ces moments-là ! Rien ne vaut le réel ! même pour les choses du bonheur, il surprend, alors que l'imaginaire tourne en rond ! Moi, je ne veux pas jouer à mourir ! Simplement parce qu'il faut justement être dans l'absence pour que ce soit comme le jeu de... qui n'a pas de nom. Voulez-vous plutôt jouer à découvrir ? Dites ! Vous aimeriez découvrir ?

La seule proposition que je puisse vous faire et qui me semble avoir un rapport avec l'instant de vie de cette mort à coup sûr, et qui aurait du sens avec du déjà vécu, ce serait que vous redeveniez des enfants, je veux dire des cellules, libres d'empreintes socioculturelles. Un nouveau jeu de vie à inventer : si on jouait à « vous n'existeriez pas et vos parents qui sont vos parents vous fabriqueraient à nouveau », ça serait comme avant qu'ils vous fabriquent... Vous savez puisque vous l'avez vécu ! Re-souvenez-vous, c'était, je crois, neuf mois avant votre naissance... quelque temps avant votre conception ! Voudriez-vous le revivre ?... exactement pareil... ou comme vous en avez l'intuition ?

Dites ! vous voudriez jouer à vous re-concevoir ? C'est plus facile de parler avec des références et d'aborder la maladie mortelle comme un instant privilégié de vie, et celui de la mort comme une hyperesthésie de la vie. Exprimer la maladie mortelle et la mort de la sorte voudrait dire que ce parcours final aurait du sens. Qui dit sens implique une mémoire ! Alors, en réélaborant l'accès à votre individuation, en retournant pour cela à vos origines, il pourrait vous être donné de comprendre le sens de paisible, de moqueur, de narquois, de tyrannique, d'absent, de fuyant, d'agité, d'inquiet, de réconfortant, de complice et de bien d'autres états d'être qui semblent animer certains de ces vivants malades.

Je crois que je me souviendrai toujours d'un jeune enfant qui devait avoir six ans à peine, ça faisait longtemps qu'il était malade, un an, deux ans peut-être, nous jouions avec des voitures miniatures au pied de son lit en milieu stérile, on riait de bêtises. Tout en jouant on a eu un accident de voiture, je ne sais pas ce qui s'est passé, j'ai voulu oublier, mais sa voiture s'est retournée au carrefour entre ses chaussons et son ours en peluche. Depuis il dort ! Dommage, on s'amusait bien ensemble.

Nous avons, il me semble, une connaissance de la mort et des abords de celle-ci comme d'une tragédie. Une figure de culture qui nous offre le fournil de l'enfer dans lequel nous allons être projetés, parmi ses petits diables aux fourches aiguisées. Cette tragédie, je le crains, est celle du survivant qui n'aurait pas tout fait pour épargner le malade d'une connaissance partagée d'angoisses supposées.

Cadeau suprême d'un vivant à lui-même : « S'offrir la mort de l'autre sans qu'il le sache ! » Le calme de la mort de l'autre ça fait moins souffrir...

Derrière tous ces instants de présences, dominent des acquis de culpabilité qui forcent, c'est peu de le dire, à maquiller et à taire ses émotions.

Dernier cadeau d'un cancéreux mourant au qu'en dira-t-on ? Tyrannie de l'éduqué ? Voilà ce don qui consiste à s'aimer plus que Narcisse lui-même, en mourant (humblement) en silence et avec le sourire, pour s'offrir l'estime posthume des siens. Contrat de vie rempli !

En dernière instance, je dirais que la maladie que je côtoie n'est pas une affaire de courage ! Elle semble restaurer un contrat à soi-même. La mort délivre le quitus de la vie. Le courage reste à mes yeux, après ces quelques lignes, une affaire animale. Le courageux est celui qui souffre sa vie de malade comme une bête en jouant les « trompe-la-mort » et se retire sans mot dire sur la pointe des pieds pour mourir ailleurs comme les grands solitaires.

Marc Fréchet

4. *Résistance*

On peut imaginer le courage qu'on aurait, se souvenir du
courage qu'on a eu, tenir dans son courage présent. Ou bien
comprendre le courage des autres. On lit le mot « courage » et
il nous semble entendre un sens familier, quoique divers
suivant les circonstances et les caractères propres, et sans qu'il
y ait là énigme totale. Cela, c'est le courage représentable.
Mais il y a eu la Catastrophe.
Ce siècle-ci a placé l'homme face à l'inhumanité ; au crime
contre lui-même. Et contre cela, contre la terrifiante industrie
nazie de l'horreur, un autre courage a dû s'élever, dont il faut
prendre ici mémoire : comment le courage, le courage seul,
avec tout son mystère et suivant bien des formes, a pu sauver
l'humanité elle-même.
Reste donc à écouter les témoins, les survivants. Il y a les actes
de résistances, les actions de la Résistance ; courage parfois de
l'événement, comme dans l'instant. Il y a le « résister » lui-
même, l'interminable « tenir ». Mais qu'est-ce qui fait tenir ?
Et puis...
Si un homme est un homme, encore aujourd'hui, c'est qu'il
le doit aussi à ces courages irreprésentables de ceux qui n'en
parleront jamais.

Vie et mort de Jean Cavaillès

Georges Canguilhem

La décision courageuse, l'action héroïque semblent parfois surgir de nulle part, arbitrairement en quelque sorte. Mais la vie et la mort de Jean Cavaillès, philosophe et résistant, exécuté par les Allemands en janvier 1944, nous montrent le contraire.
« Avant d'être la sœur du rêve, l'action doit être la fille de la rigueur. »

La biographie de Jean Cavaillès, à la fois la plus sûre et la plus émouvante, est l'œuvre de sa sœur, Mme Gabrielle Ferrières. Elle a paru en 1950, aux Presses universitaires de France, sous le titre *Jean Cavaillès, philosophe et combattant (1903-1944)*. Elle était complétée par une étude de Gaston Bachelard sur l'œuvre philosophique de Cavaillès. Cet ouvrage est aujourd'hui épuisé. Que sa réédition ne soit pas jugée possible ne saurait être porté au crédit de l'édition scientifique française.

Ayant été le camarade d'études, le suppléant, puis le successeur de Cavaillès dans son enseignement à la faculté des lettres de Strasbourg, j'ai été invité, à plusieurs reprises, à célébrer sa mémoire. Si je me décide, après bien des hésitations, à publier aujourd'hui l'un de ces hommages, c'est parce que, dans mon admiration pour un destin inimitable, il me semblerait indigne de ne pas contribuer à le soustraire à l'oubli.

*
* *

Mesdames et Mesdemoiselles les étudiantes,
Messieurs les étudiants[1],

La vie, la carrière et le destin de Jean Cavaillès peuvent être présentés en quelques mots. Né en 1903, fils d'officier, de religion protestante, scientifique de formation initiale, élève de l'École normale supérieure en 1923, agrégé de philosophie en 1927, licencié ès sciences mathématiques, boursier d'études de la fondation Rockefeller pour un séjour en Allemagne, agrégé-répétiteur à l'École normale supérieure, professeur au lycée d'Amiens, docteur ès lettres en 1938, maître de conférences de logique et philosophie générale à la faculté des lettres de Strasbourg ; mobilisé en 1939 comme officier de corps franc, puis comme officier du chiffre, prisonnier des Allemands en juin 1940, évadé, revenu en octobre à l'université de Strasbourg repliée à Clermont-Ferrand, désigné en 1941 par la faculté des lettres de la Sorbonne comme professeur suppléant de logique, cofondateur du mouvement de résistance Libération Sud, fondateur du réseau Cohors, arrêté par la police française en août 1942, interné à Montpellier puis à Saint-Paul d'Eyjeaux, évadé en décembre 1942, arrêté par le contre-espionnage allemand en août 1943, révoqué par le gouvernement de Vichy, fusillé par les Allemands et enterré dans la citadelle d'Arras en février 1944, compagnon de la Libération et chevalier de la Légion d'honneur à titre posthume.

C'est la première fois que je suis invité et amené à parler de Cavaillès à Strasbourg, dans la faculté même où il a été professeur. Dans son deuxième numéro de l'année 1945, le *Bulletin de la faculté des lettres de Strasbourg* a reproduit l'allocution d'Henri Cartan, alors professeur à votre faculté des sciences, et la mienne, allocutions prononcées à la Sorbonne à l'occasion d'une cérémonie commémorative organisée par l'université de Paris et les organisations de Résistance. 1945-1967, il y a bientôt un quart de siècle. Les temps ont changé autant que les lieux. Comment convient-il, en 1967 et à Strasbourg, de parler d'un philosophe résistant, exécuté par les Allemands en 1944 ? d'en parler dans la ville sur laquelle flotte, comme un vœu ou comme une anticipation, le dra-

---

1. Discours prononcé lors de l'inauguration de l'amphithéâtre Jean Cavaillès à la nouvelle faculté des lettres de Strasbourg (9 mai 1967).

peau de l'Europe, à Strasbourg à qui le nouveau pont de Kehl prête sa pente douce pour des relations détendues avec la rive droite du Rhin ? Convient-il de laisser planer sur nos souvenirs la brume du temps qui en adoucirait les contours ? Est-ce au contraire un devoir de raviver ces contours à la lueur sanglante d'un feu de peloton ? Je me suis sérieusement posé la question et j'ai choisi, concernant l'homme et son action militaire, de ne rien estomper des raisons, des faits et des effets à l'époque, puisqu'il reste vrai que cette action a eu des raisons, a créé des faits, a entraîné des effets que l'histoire peut colorer différemment mais qu'elle ne peut abolir.

Il est de mode, aujourd'hui, parmi les étudiants, de se plaindre de n'avoir pas les professeurs qu'ils méritent, comme aussi, chez les professeurs, de se plaindre de n'avoir pas toujours des étudiants dignes de leur valeur. Ce sont là les conséquences du grand nombre. Mettez-vous maintenant à la place de cette poignée d'étudiants strasbourgeois, vos aînés, parmi lesquels l'un de vos maîtres, et qui furent, en 1938, les premiers étudiants de Jean Cavaillès. Imaginez un jeune professeur à la stature un peu voûtée, mais au pas résolu, au front pensif et obstiné mais rayonnant, au comportement à la fois secret et cordial, au jugement sans complaisance, mais à la sensibilité vive. Cet homme est séduisant et railleur, enjoué et solitaire, il vit de rigueur conceptuelle, mais aussi de musique et de poésie. Il est profondément attaché à une famille dont la culture ne le cède pas à l'élévation morale et à la sincérité de la foi. Imaginez, arrivant à Strasbourg, et devant ses étudiants, l'homme qui, au moment même où Bourbaki commence à proposer au monde un nouveau mode de pensée mathématique, nourrit l'ambition d'arracher, lui, en France, la philosophie des mathématiques à l'à-peu-près historique, pour en faire une discipline stricte, de rigueur analogue à celle de la discipline qu'elle prend pour objet. Il sait dans quel lieu de la spéculation philosophique une place est à prendre, qui l'attend comme son destin. Car Cavaillès n'a jamais eu l'impression qu'en choisissant ce qu'il faisait, il était le maître de ses choix, ou qu'en poursuivant ce qu'il avait commencé il restait libre de se reprendre. Au moment où il travaillait à sa thèse, il écrivait à sa sœur ceci qui va plus loin qu'une thèse : « Je t'assure que si je fais ma thèse, ce n'est ni par ambition de carrière - dont je me désintéresse plus que jamais - ni par naïveté de croire qu'elle sera utile à la philosophie, mais parce qu'elle est en train et que les choses, même une thèse de philosophie, ont une essence à quoi nous pouvons participer, mais de sorte qu'il y aurait une espèce de péché à interrompre la collaboration. » Un jour devait venir où Cavaillès choisirait une autre tâche, à l'essence de laquelle il se sentirait nécessairement tenu de participer, jusqu'à la mort.

Vous n'oublierez pas que ce professeur, nouveau venu à Strasbourg, en sait long, et par voie directe, sur les Allemands et sur l'Allemagne de l'époque. Il y a séjourné comme boursier, il y est retourné à plusieurs reprises, il a travaillé dans les universités, à Berlin, à Hambourg, à Göttingen, à Munich, à Fribourg, il a fréquenté les mouvements de jeunesse. C'est, le plus souvent, d'Allemagne qu'il a été conduit à juger la politique extérieure ou intérieure française pendant les années 30. À Hambourg, il a pu voir les socialistes de la Ville Libre unir « dans un même hommage Bismarck, fondateur du Premier Empire, et Ebert, conservateur du Deuxième ». À Munich, en 1931, il a entendu un démagogue botté clamer dans les brasseries ; en 1934, il a lu *Mein Kampf* ; en 1936, il a rencontré à Altona des opposants au régime hitlérien qui n'ont échappé que par miracle - et pour combien de temps ? - au camp de concentration. En 1931, il avait rendu, à Fribourg, visite à Husserl, vieil homme amer de sa perte d'influence au profit de Heidegger. Soyez donc assurés que lorsque Cavaillès se promène - car il sait flâner - dans les rues de Strasbourg, que lorsqu'il lit la presse locale, bien des choses, bien des faits, bien des gestes, prennent pour lui le sens qu'il faut, ou qu'il faudra bien un jour leur donner.

Ce professeur, fils d'officier, la guerre venue, est lieutenant de corps franc et commande une section d'infanterie coloniale devant Forbach. Il y gagne une première citation à l'ordre de la division, pour la hardiesse et le succès des coups de main qu'il dirige. La guerre s'enlisant dans l'expectative, il devient officier du chiffre au ministère de la Guerre ; puis, rattaché en mai 1940 à l'état-major de la quatrième division coloniale, il est pris dans l'écroulement du système militaire français et capturé par les troupes allemandes. Imaginez maintenant Cavaillès prisonnier, à qui l'officier allemand qui l'interroge jette comme pour lui faire mesurer la déchéance de son pays : « Vous avez tenu moins longtemps que la Pologne », à qui un vieux paysan français de Bapeaume adresse ce reproche collectif : « Nous, à l'autre guerre, nous ne nous étions pas rendus ».

Cavaillès s'évade et, par la Belgique, rejoint Lille. Pari de casse-cou ? décision lucide de ne pas accepter les faits parce qu'ils ne sont, après tout, que des faits ? ou bien, une fois encore, ce senti-ment, si profond, si permanent, d'être contraint de participer à la réalisation d'une tâche essentielle, une fois entrevue ? Un univer-sitaire traqué va d'abord à l'université, comme un prêtre va son-ner à un couvent. Imaginez Cavaillès, évadé et menacé, à qui un haut personnage de l'université de Lille déclare : « Mais, Cavaillès, vous avez déserté ! », comme si l'acceptation résignée de la capti-vité était une obligation militaire ou civique ou morale. Cavaillès aurait pu se sentir blessé par l'assimilation pusillanime de l'éva-sion à la désertion si son évasion avait été un recul devant la pers-pective d'une longue captivité, s'il n'avait pris qu'un risque momen-tané dans l'espoir de retrouver, en cas de réussite, la paisible occu-pation d'un professeur ou l'activité intellectuelle d'un chercheur qui, pour l'instant, estime avoir assez consenti à l'aventure. Mais Cavaillès ne regagnait pas son pays vaincu pour chausser des pantoufles d'écri-vain et « conserver son cerveau pour la France ».

Quelles qu'aient été, en 1940, les raisons et les causes de notre défaite militaire, et quelque jugement qu'on ait pu depuis porter sur elles, il restait, et il reste, que l'occupation était humiliation dans l'immédiat, esclavage à terme. Il fallait se croire bien fami-lier des voies et des desseins de la Providence pour y lire une pro-messe de rachat moral ; il fallait avoir une bien grande avidité de pouvoir pour y chercher l'occasion d'une régénération politique ou d'une révolution sociale. Et d'autre part, si tous les Allemands n'étaient pas des nazis, il restait, et il reste, que le nazisme n'était pas une philosophie. Après avoir lu *Mein Kampf* en 1934, Cavail-lès écrivait : « C'est caractéristique pour ce peuple qu'avant même d'être au pouvoir - ou en retraite comme Napoléon - son chef ait éprouvé le besoin de pondre six cents pages serrées ; tout finit par la pseudo-philosophie. » Quant à moi, je préférerais dire : contre-philosophie, dans la mesure où le principe de cette systématisation, improvisée aux fins de conditionnement collectif, consistait dans la haine et le refus absolu de l'universel. Cela étant, ne nous éton-nons pas de voir Cavaillès, sans balancer, ne rien tirer des événe-ments qu'une raison de continuer la lutte.

Ayant retrouvé sa faculté, à Clermont-Ferrand, en zone dite libre, Cavaillès reprend son enseignement et commence à prendre des contacts pour mettre sur pied une organisation de résistance. Je ne puis rapporter son activité dans tous les détails. Avec Jean Rochon, secrétaire de rédaction du journal *La Montagne*, qui devait mourir en déportation, Cavaillès recherche les moyens d'une publication clandestine. Avec Emmanuel d'Astier de la Vigerie, il fonde le mouvement Libération Sud. J'ai vu Cavaillès et d'Astier, sur un banc de jardin, dans une des cours intérieures de la faculté des lettres de Clermont-Ferrand, rédiger le manifeste du mouvement. Strasbourg reste toujours présente à la pensée de Cavaillès. C'est à lui que parvient par une filière clandestine la reproduction d'une affiche allemande alors placardée sur vos murs, sur laquelle on voit un balai germanique pousser à la poubelle un coq gaulois, un buste de Marianne, un béret basque, sous l'inscription : *Hinaus mit dem welschen Plunder !*[1] Ce tract, dont le cliché fut tiré à Toulouse, est une des premières illustrations qui aient figuré dans la presse clandestine française. Mais ce serait se méprendre sur le caractère de Cavaillès que de croire qu'il aurait pu se contenter de l'entreprise, en elle-même d'ailleurs suffisamment dangereuse, qui consistait à animer un mouvement d'opinion, à rédiger des manifestes ou des analyses. L'objectif dernier d'une entreprise de cet ordre, c'était bien de susciter une résistance active et armée. Puisque la parole et l'écrit devaient aboutir à l'action, c'est-à-dire à la main et à ses gestes, Cavaillès a pensé que c'était d'abord sa main qui devait accomplir des gestes d'opposition défensive et offensive. D'où la fondation par lui d'un réseau militaire, du nom de Cohors. J'abrège. Imaginez maintenant Cavaillès dirigeant, ordonnant des opérations de renseignement ou de sabotage, imaginez ce philosophe à la fois réfléchi et téméraire, exécutant personnellement des actes de terrorisme. Imaginez-le arrêté sur une plage du Languedoc, après l'échec d'une tentative d'embarquement pour l'Angleterre, prisonnier cette fois des Français, ne songeant cette fois encore qu'à son évasion, qu'il réussira cette fois encore. De Londres où il a réussi à parvenir, en février 1943, où il a séjourné deux mois, Cavaillès revient chargé de missions plus dangereuses encore que par le passé. Il cesse, à ce moment, toute activité dans les comités directeurs des mouvements de résistance, pour réserver toute son énergie à l'action militaire. C'est alors qu'il va voir son réseau clan-

---

1. « Dehors, la camelote française ! »

destin sévèrement désorganisé par de nombreuses arrestations. Imaginez un de vos jeunes professeurs s'introduisant, revêtu d'un bleu de chauffe, dans la base de sous-marins que la Kriegsmarine a coulée dans le béton à Lorient. Pensez-vous que derrière le masque de simplicité d'un ouvrier attentif, Carrière, c'est-à-dire Cavaillès, puisse ne pas penser qu'il joue sa vie ? Il s'est trompé, celui de ses amis qui a dit que la Résistance avait été les « grandes vacances » de Cavaillès. Quand j'ai rencontré Cavaillès pour la dernière fois, en mai 1943, dans un restaurant de la rue de Sèvres, où vint nous rejoindre son adjoint Jean Gosset, normalien, agrégé de philosophie, mort en déportation, je puis affirmer qu'il se sentait moins en vacances qu'en sursis d'arrestation. Quelques semaines après, c'était à nouveau l'arrestation, la torture et la mort. Cavaillès a été exécuté au début de l'année 1944, à Arras, après condamnation à mort par un tribunal militaire. Pour ceux qui ont découvert son cadavre, dans une fosse commune, dans un coin de la Citadelle, il était l'*Inconnu n° 5*. J'ai souvent pensé qu'on n'aurait pas pu trouver, si on l'avait cherchée, une épitaphe plus émouvante pour un philosophe mathématicien : cinq, la somme pythagoricienne du premier pair et du premier impair, et l'inconnu, cette limite de la pensée que la philosophie tantôt exalte et tantôt exorcise, alors que la mathématique la réduit calmement par le calcul.

Il y a eu plusieurs manières d'être digne et courageux sous l'occupation, dont beaucoup, pour avoir été celles d'hommes ou de femmes de condition modeste, ne sont guère connues que de leurs auteurs. Ce qui rend exemplaire la conduite de Cavaillès, c'est qu'ayant assumé lucidement une responsabilité à l'échelle nationale, une responsabilité de chef, il ait mené son action comme un devoir, sans ambition politique - ce qui ne veut pas dire sans conscience politique, sans portée politique -, sans visée personnelle différée. Cavaillès a exercé sa fonction de chef dans l'esprit d'un exécutant. C'est ici qu'il faut cesser d'imaginer, pour essayer de comprendre ce que l'action de Cavaillès tient de sa philosophie.

En un sens, Cavaillès n'a pas assez écrit pour qu'on puisse le résumer ; en un autre sens, il en a assez dit pour qu'on puisse saisir, en dépit de l'interruption tragique, le sens de son discours philosophique. Au moment de choisir un sujet de thèse, il avait pensé à un travail sur le calcul des probabilités, puis avait abandonné ce projet qui risquait, disait-il, de l'entraîner vers la physique. Au contraire, la théorie des ensembles, à laquelle il avait été initié au cours de ses études de mathématiques, lui paraissait devoir éclairer, par les étapes et les péripéties intellectuelles de sa formation au XIXᵉ siècle, par la raison interne des bouleversements qu'elle avait provoqués dans des disciplines mathématiques anciennes et classiques, la spécificité de la mathématique en tant que science autonome et pure. La thèse complémentaire, *Remarques sur la formation de la théorie abstraite des ensembles*, et la thèse principale, *Méthode axiomatique et formalisme*, ont été la mise à l'épreuve d'une idée qui lui est très tôt venue, que la mathématique ne progresse que par réfutation de l'intuition et ne s'enrichit que par l'abstraction, qu'en conséquence l'histoire de la pensée mathématique est celle d'une détermination réciproque de ses diverses branches « sans l'intervention de la contingence historique ». Cette idée a été formulée de façon plus saisissante encore, dans une étude posthume que son ami Jean Lameere, professeur à l'Université libre de Bruxelles, mort l'année dernière, a publiée en 1949, dans la *Revue internationale de philosophie* :

> « Si gratuite que paraisse l'invention d'une méthode, le développement de la mathématique entière se fait suivant un rythme nécessaire. [...] En préciser les modalités en examinant de plus près cette histoire, qui n'est pas une histoire, peut aider à comprendre, non pas en tout cas à définir, si définition signifie réduction. »

Donc comprendre la création d'une théorie mathématique ne relève ni de la psychologie, ni de l'histoire, au sens ordinaire du mot, même s'il s'agit d'histoire des sciences, si souvent traitée comme une histoire naturelle. Lors de sa soutenance de thèse, Cavaillès a répondu à l'un de ses juges qui lui reprochait de n'avoir pas tenu compte de la psychologie des mathématiques : « Monsieur, ce problème n'est en aucune façon celui que j'examine et n'a aucun intérêt pour lui. »

Une des « contingences historiques » qu'il arrive parfois aux historiens ou aux philosophes des mathématiques de prendre en considération, c'est la sollicitation qu'à un moment donné la physique, à court de méthodes de calcul, adresse aux mathématiciens. Cavaillès a rencontré cette thèse, explicitée en forme d'objection, aux Entretiens d'Amersfoort en 1938. Il a répondu que la succession des schématisations qui relient l'intuition sensible à la pensée n'est pas, pour autant, enchaînée à de l'historique, et il a ajouté :

« Quelle que soit l'importance des suggestions de la physique pour la position de nouveaux problèmes mathématiques et l'édification de nouvelles théories, le développement authentique des mathématiques sous les accidents de l'histoire est orienté par une dialectique interne des notions. »

Cavaillès réfutait ainsi, par avance, l'interprétation que des philosophes marxistes de bonne volonté, et sans doute de bonne foi, ont voulu donner de la dernière phrase du texte posthume *Sur la logique et la théorie de la science*, comme si, en invoquant une dialectique des concepts, Cavaillès avait porté de l'eau au moulin de cette dialectique qui fait naître du monde sensible toute pensée, y compris la mathématique. Plus clairvoyant a été Gilles-Gaston Granger quand il a donné pour titre à son compte rendu du même ouvrage : *Jean Cavaillès, ou la montée vers Spinoza*. Et, en effet, selon Cavaillès le développement d'une essence mathématique ne doit rien à l'existence.

Cavaillès a toujours lu, étudié, et on peut dire pratiqué Spinoza. Il a trouvé en lui, malgré sa dureté, plus de vraie vie spirituelle qu'en Leibniz ou en Malebranche. Et c'est à Spinoza qu'il est revenu après avoir été déçu par Husserl. Il est certain qu'il a pu un moment espérer trouver dans la méthode phénoménologique une voie d'intelligibilité rigoureuse vers les conditions de la création des théories mathématiques. Comme le texte *Sur la logique et la théorie de la science*, l'étude publiée par la *Revue internationale de philosophie* (n° 8, 1949) sous le titre : « Mathématiques et formalisme » se termine par une phrase riche en possibilités d'interprétation :

« L'activité mathématique est objet d'analyse et possède une essence ; mais comme une odeur ou comme un son, elle est elle-même. »

Cavaillès a entendu Husserl, en 1929, venu à Paris pour les lectures d'où sont sorties les *Méditations cartésiennes* ; on a vu qu'il lui a rendu visite à Fribourg, en 1931 ; il est, avec Jean-Paul Sartre - qui en a fait un tout autre usage - un des premiers philosophes de ma génération à avoir eu accès à une philosophie que nous ignorions pour la plupart. Il n'est que plus remarquable de voir Cavaillès, dans son étude sur la théorie de la science, mesurer les limites de la phénoménologie pour son problème propre : comment rendre compte des enchaînements essentiels dans le destin des mathématiques ? Le « Je ne peux autrement » de la variation eidétique où la phénoménologie cherche le fondement de la nécessité, c'est, pour Cavaillès, l'abdication de toute pensée. C'est donc bien finalement une philosophie des mathématiques sans *Cogito* mathématifiant que cherchait à construire celui qui a reproché à Husserl, dans une lettre écrite à Léon Brunschvicg, « une utilisation exorbitante du *Cogito* ». Et c'est parce que la philosophie de Spinoza représente la tentative la plus radicale de philosophie sans *Cogito* qu'elle était si proche de Cavaillès, si présente à lui quand il avait à s'expliquer aussi bien sur l'idée de son combat de résistant que sur l'idée de la construction des mathématiques. En 1943, à Londres, il a dit à Raymond Aron :

> « Je suis spinoziste, je crois que nous saisissons partout du nécessaire. Nécessaires les enchaînements des mathématiciens, nécessaires même les étapes de la science mathématique, nécessaire aussi cette lutte que nous menons. »

Je le redis, croyant l'avoir maintenant justifié : Cavaillès, chef de résistants, s'est conduit comme l'exécutant d'une tâche essentielle, de sens profondément philosophique.

Il faut savoir que c'est dans quelques pauvres loisirs arrachés à son activité de combattant clandestin que Cavaillès a commencé, dans la captivité de Montpellier et de Saint-Paul d'Eyjeaux, qu'il a continué et achevé cette « Introduction à l'œuvre de logique » qui ne verrait jamais le jour, ce texte auquel Charles Ehresmann et moi avons donné son titre, *Sur la logique et la théorie de la science*. Ce texte, dont j'ai rappelé quelques-uns des commentaires qu'il a suscités, se termine par quelques pages qui ont paru à beaucoup, et d'abord à moi-même, longtemps énigmatiques. Nous pouvons comprendre aujourd'hui que l'énigme valait pour annonciation. Cavaillès a assigné vingt ans à l'avance la tâche que la philosophie est en train de se reconnaître aujourd'hui : substituer au primat de la conscience vécue ou réfléchie le primat du concept, du système ou de la structure. Et il se trouve que ce philosophe qui ne croit pas à l'histoire, au sens existentiel, réfute d'avance, par l'action qu'il mène en se sentant mené, par sa participation charnelle à l'histoire et par sa mort historique, l'argument existentialiste de ceux qui cherchent aujourd'hui à discréditer ce qu'ils appellent le structuralisme en le condamnant à engendrer, entre autres méfaits, la passivité devant l'accompli.

D'ordinaire, pour un philosophe, entreprendre d'écrire une Morale, c'est se préparer à mourir dans son lit. Mais Cavaillès, au moment même où il faisait tout ce qu'on peut faire quand on veut mourir au combat, composait une Logique. Il a donné ainsi sa morale, sans avoir à la rédiger. Tel est l'homme que des étudiants comme vous pourraient avoir aujourd'hui pour maître, et qu'ils n'ont pas parce qu'il était tel que j'ai tenté de vous le peindre.

À la question posée par un professeur de l'université de Strasbourg : « Pourquoi des professeurs ? », un professeur de l'université de Strasbourg, Jean Cavaillès, a donné une réponse plus éclatante encore par sa mort de combattant que par sa vie de professeur. Pourquoi des professeurs ? Pour savoir, à l'occasion, donner une leçon d'action à ceux qui jugent ces deux notions incompatibles. Cavaillès, philosophe combattant, enseigne aux hommes dits d'action que l'action n'est pas une inconsistante et lâche pratique empirique. Cavaillès, philosophe mathématicien, nourri de poésie, qui citait Rimbaud dans ses leçons sur l'Expérience, qui disait s'être cru dans le monde du Bateau ivre en contemplant pour la première fois le port de Strasbourg, enseigne aux terroristes littéraires qu'avant d'être la sœur du rêve l'action doit être la fille de la rigueur.

Georges Canguilhem

De l'engagement instinctif
à la mort apprivoisée

Lucie Aubrac

Héroïsme et courage ne sont pas des mots de son vocabulaire. À propos de son engagement et de celui des femmes et des hommes dans la Résistance, elle parle plutôt de la volonté de garder le bien le plus précieux : la dignité humaine. « Ça allait de soi, on ne pouvait pas faire autrement, on s'en sortira... ». Avec une extrême pudeur, Lucie Aubrac relate ces actes de résistance contre le nazisme mais aussi contre la honte. Quand ce que nous nommons courage s'allie à la simplicité et prend le visage de l'évidence, peut-être est-ce là que l'on atteint à l'essentiel.

C'était en janvier 1943. J'arrivais de Lyon pour reprendre à Paris le contact avec Jean Cavaillès, dont les responsabilités maintenant dépassaient de beaucoup celles qu'il avait eues, simultanément d'abord, puis séparément, avec les mouvements « Libération » en zone nord et en zone sud.

J'allai place des Vosges où je savais trouver gîte et couvert chez une amie d'enfance, institutrice, qui vivait là avec sa mère. Je sonnai au troisième étage. Mme Collin m'ouvrit et me reçut dans la cuisine, la seule pièce chauffée. Une gamine d'une huitaine d'années, les coudes sur la table, la tête entre les mains, psalmodiait la table de multiplication des 7.

« C'est Germaine, me dit Mme Collin, elle vit avec nous depuis juillet dernier. Elle est dans l'école de ma fille depuis la rentrée. »

Elle ajouta, en souriant à l'enfant : « C'est la fille d'une cousine de province dont le mari est prisonnier. »

Dans la pièce voisine, tout en faisant mon lit sur lequel elle empilait plusieurs couvertures - « Le poids te tiendra chaud », dit-elle -, elle me raconta comment l'enfant était arrivée chez elle.

« En juillet dernier, rue du Pas-de-la-Mule, j'ai assisté au départ de trois autobus de la TCRP (Transports en commun de la région parisienne) remplis de familles juives que des agents avaient tirées de leurs logements. Incroyable ! Sur le trottoir était parqué un dernier ramassage en attente d'un prochain transport. Je connaissais de vue presque tout le monde, puisque nous vivons dans le même quartier. Une femme, qui avait servi de remplaçante à la concierge pendant les vacances, me fit signe d'approcher. ''Emmenez ma petite fille, madame. Avec vous elle n'aura pas peur de me quitter. Je ne veux pas qu'elle connaisse ce que je pressens qui nous conduira vers la mort.'' L'enfant me prit la main et me suivit à la maison.

- Vous avez pris une grosse responsabilité, et aussi un grand risque, lui dis-je.

- Mais, répondit-elle, je ne pouvais pas faire autrement. »

Mon amie, arrivée entre temps, ajouta : « Ça allait de soi. »

Combien de fois, pendant mes années de résistance, ai-je entendu, et dit moi-même, ces petites phrases toutes simples, qui mettaient un point final à toute discussion : « Je ne pouvais pas faire autrement », « Ça allait de soi », « Je n'ai pas eu le temps de réfléchir ».

« Ça va de soi », c'est ce que répondit à notre responsable des faux papiers une Grenobloise, épouse de magistrat, mère de famille nombreuse. Il lui demandait « simplement » de transporter de Lyon à Grenoble tout un lot de fausses cartes d'identité. Arrêtée par la police française, traduite devant un tribunal français, elle répondit tout de go au président lui reprochant de se commettre avec des personnages douteux : « Quand des hommes ont laissé tomber leur fusil, il faut bien des femmes pour le ramasser. »

« Ça va de soi », répondirent aussi les trois sœurs, châtelaines à Villevieux dans le Jura, quand le fromager responsable de la résistance locale suggéra de loger chez elles des chefs de la résistance, en attendant un départ clandestin pour Londres. Jean Moulin lui-même fut de ceux-là.

« On ne peut pas faire autrement. Il ne va pas rester tout nu, ce bébé », me dirent ces paysannes qui m'apportaient, pour l'enfant qui naîtrait peut-être avant mon départ pour l'Angleterre, une layette improvisée. Elles avaient, en ces temps de pénurie, coupé des couvertures et des draps pour faire des langes et des couches, et détricoté des pull-overs pour faire des brassières.

Voilà que les premiers exemples que je cite, et qui apparaissent d'une certaine manière comme des actes de courage, inconscient, concernent uniquement des femmes. Est-ce que je vais appeler courageuses ces actions - j'ose l'écrire, primaires ? Oui, car leur dimension héroïque naît des menaces et des représailles de Vichy et de l'occupant nazi. Le « Je ne pouvais pas faire autrement » s'applique à des gestes instinctifs et spontanés, que la raison n'avait pas eu le temps de préparer et de décider.

Peut-être parce que les femmes étaient moins formellement engagées dans un mouvement, avec une fonction précise et une responsabilité acceptée.

Ce type d'engagement, qu'on pourrait dire informel, pouvait bien d'ailleurs exister pour les hommes comme pour les femmes.

J'ai revu, l'été dernier, ces paysans de Bletterans qui, par une nuit de février 1944, ont désembourbé avec leurs pioches, leurs pelles et leurs bœufs l'avion anglais, atterrissant dans une prairie à dix kilomètres d'un camp de la Wehrmacht. Nous étions là, mon mari, mon petit garçon et mon espoir de maternité imminente, à attendre l'envol vers la sécurité de l'allié britannique. Bien entendu, l'été dernier, nous avons revécu cette nuit mémorable.

« On n'a pas eu le temps de réfléchir quand le chef des opérations nous a tirés du lit à une heure du matin. Ça pressait. Il fallait y aller, et vite », commente l'un d'eux.

« Tout bien pesé, il fallait que cet avion décolle avant que les Allemands n'arrivent. Heureusement, la nuit, ils ne se risquaient pas dans notre région boisée », ajoute un autre.

Puis mon voisin conclut : « Si on n'y avait pas été, on n'aurait jamais pu ensuite se regarder en face. »

Je retrouve, dans cette conversation, les étapes plus ou moins conscientes qui accompagnaient notre action dans la Résistance :

« On y va. » On raisonne ensuite le bien-fondé. On est finalement en accord avec soi-même et avec les autres. C'est ainsi que pour la plupart des résistants, leur engagement formel est le résultat d'une action spontanée, dictée par la générosité ou la réprobation. Et je note que bien peu se sont dédits d'un engagement si fortuit qu'ils n'en avaient pas eu conscience. Ainsi tous, dans ce village de Bletterans, gendarmes compris, ont connu le maquis, les combats de la Libération. Plusieurs, hommes et femmes, ont été arrêtés, torturés, certains fusillés. D'autres ont disparu dans les camps.

J'ai noté plus haut le geste spontané qui fait tendre la main à une gamine sans avoir pris conscience qu'elle est en route vers un destin tragique. Pour beaucoup d'entre nous, l'entrée en résistance a été déclenchée par le refus de l'injustice, de la bêtise ou de la lâcheté. Confrontés à ces trois gangrènes, nous avons été quelques-uns à exprimer notre indignation, à chercher les façons de la faire partager puis, ensemble, à imaginer les moyens les plus efficaces pour aider les uns, convaincre les autres, et combattre les adversaires. C'est à ces moments-là qu'intervient le courage de la décision. Il faut envisager de rompre avec un mode de vie, avec des habitudes, avec ses amis, avec son milieu.

Pour moi, j'ai essayé de garder le plus longtemps possible mon statut de prof, d'épouse et de mère, d'avoir une vie familiale « normale », conforme à ce que j'avais imaginé : un mari, un enfant, une bonne pour tenir la maison et l'exercice d'un métier passionnant. Dans ce monde de plus en plus secret où j'étais entrée, je refusai longtemps de passer la barrière de la clandestinité. Je m'en donnais mille bonnes raisons. La légalité conservée me paraissait une garantie de sécurité, et j'avais décidé que notre maison serait un lieu d'accueil pour tous ceux, passagers clandestins, agents de liaison, responsables de réseaux ou de mouvements, évadés en rupture de prison. Je l'ai maintenu jusqu'au printemps 1943. J'acceptais en même temps tout le travail d'organisation, de liaisons que mon mari accomplissait avec quelquefois des absences de plusieurs jours qui me laissaient pleine d'inquiétude. Quant à moi, en dehors de mes heures de classe, pendant les jours de congé, j'étais disponible pour des liaisons, des voyages, des rencontres avec des informateurs ou des gens à convaincre. Je pensais préserver ainsi, jusqu'à la victoire, mon bonheur dans une vie que je voulais croire tout ordinaire.

En mars 1943 mon mari est arrêté. Mes amis me conseillent la retraite avec mon petit garçon. Je n'ai pas eu à décider, il me semblait évident de continuer ma vie normale et de plonger un peu plus dans la résistance, pour trouver l'organisation active qui m'aiderait dans la libération des camarades arrêtés. J'accepte l'exil

de l'enfant. J'ai connu trois fois ce moment où j'ai dû me dire :
« Courage ! ». Trois fois, j'ai vu s'éloigner le petit bonhomme vers
un refuge que je ne connaissais pas. En mars 1943, dans le massif
Central ; en juin 1943, après le drame de Caluire, dans le Vercors ; en février 1944 vers la maison d'enfants des Free French à
Ascot, tandis que j'entrais en maternité pour mettre au monde notre
deuxième enfant. Chaque fois ce déchirement profond que je vivais
seule, sans mon mari à mes côtés, était le résultat d'un choix :
- décider ce qui est le mieux pour l'enfant,
- penser d'abord à ceux qui ont été arrêtés,
- s'investir totalement dans une activité qui doit aboutir à leur
libération.

Alors, en accord avec soi-même, tout devient possible, des actes
en apparence saugrenus, audacieux ou invraisemblables. Pour moi,
comme pour certains de mes camarades, l'engagement ne fut pas
seulement limité à l'exécution de tâches ordonnées par des responsables. Nous avons dû décider nous-mêmes de nos objectifs, préparer notre stratégie et trouver les moyens d'en réussir l'aboutisse-
ment.

Cette progression de la décision à la réalisation ressemble assez
au déroulement d'un jeu. Quelque chose qui ressemble au jeu du
chat et de la souris, à la préparation d'une chasse avec l'affût, les
rabatteurs, la perspective d'un beau tableau. Quelquefois on perd
la partie, ou on en revient bredouille. Dans notre jeu, l'échec immédiat s'est souvent transformé, avec le temps, en victoire définitive.

J'évoquerai de nouveau Jean Cavaillès : arrêté par la Gestapo,
traduit devant un tribunal allemand, il décline ses titres universitaires et sa conviction de patriote. Il est exécuté dans un fossé de
la citadelle d'Arras. Il a perdu la vie, mais en définitive, il est victorieux. Sa mort démontre la haine imbécile des nazis pour la
culture et le courage. S'il reste un des maîtres de la philosophie
des mathématiques pour la première moitié du XXe siècle, il est
devenu pour l'histoire de l'humanité un héros et un exemple.

Je consultais il y a deux ans le programme distribué lors du
spectacle de Robert Hossein « Dans la nuit la liberté » ; j'ai reconnu,
sur une pleine page, une photographie trouvée à la Libération dans
le portefeuille d'un milicien. Un petit homme brun d'une qua-

rantaine d'années est lié à un poteau pour être fusillé. Il sourit.
Je l'ai bien reconnu : Julien, membre de mon groupe franc, s'appelait Chevalier, il avait cinq enfants. Il avait participé à bien des
opérations dangereuses. Je ne les connais pas toutes. Il fut de
l'équipe qui attaqua sur un boulevard lyonnais le 21 octobre 1943
un camion de la Gestapo et délivra quatorze résistants promis à
la mort. Attaché au poteau, il sourit parce qu'il se sait vainqueur
devant ces fusils français qui vont l'assassiner. Il sourit parce qu'il
meurt debout et non pas - il l'avait appris en prison - à genoux
dans l'angle d'une cellule, abattu comme un chien d'une balle dans
la nuque. Il avait su aussi que des rafales de mitrailleuses allemandes
couchaient par cinquante à la fois des Juifs dans les trous d'obus
creusés par les derniers bombardements alliés sur l'aérodrome
ennemi. Tous ceux-là, abattus ou mitraillés, n'ont pu, même pour
eux seuls, accepter courageusement leur mort.

Julien, lui, a eu cette chance de montrer son courage à mourir. Il est en accord avec sa morale et son engagement. Attaché à
son poteau, les fusils sont braqués, il voit l'appareil photographi-
que prêt à fonctionner. Je suis sûre du sens de son sourire : c'est
un sourire de mépris pour les miliciens assassins, de certitude de
la valeur du sacrifice de tous ceux qui sont morts dans la pénom-
bre d'une cellule ou en masse devant une fosse déjà ouverte.

Dans nos conversations, nous nous voulions victorieux et vivants ;
nous avons pourtant souvent évoqué notre mort. Toutes les actions,
tous les combats, le hasard même qui va nous la faire rencontrer,
il nous fallait les apprivoiser et les accepter comme une perspective
cohérente. Nous en arrivions généralement aux mêmes conclusions ;
elle n'étaient pas liées à un combat - la mort est glorieuse pour
qui la reçoit en se battant pour son idéal. Ce qui nous angoissait,
nous terrorisait même, c'était la possibilité d'une arrestation. Nos
conclusions :
- Je ne me laisserai pas prendre vivant.
- Si par malheur je suis pris, ils pourront faire ce qu'ils voudront,
je ne parlerai pas.

Certains, parmi les plus grands, ont croqué dès leur capture leur
pilule de cyanure. Je pense à Jacques Bingen, si clairvoyant et si
désespéré devant la faiblesse de nos moyens. Je pense à Médéric,
impulsif et généreux, qui crut par son geste faire honte aux policiers français qui l'avaient arrêté.

En septembre 1943 nous avons, à quatre ou cinq de notre groupe franc, réussi à enlever trois résistants de l'hôpital-prison de Saint-Étienne. Particulièrement abîmés, la Gestapo les avait mis là afin qu'ils reprennent un peu de vie pour de nouveaux interrogatoires. En repartant, j'avais à côté de moi, à l'arrière d'une « traction avant », l'un de nos rescapés. Polonais, il appartenait à la MOI[1] et n'avait pas plus de vingt ans. Silencieux d'abord, il s'effondra tout à coup sur mes genoux et pleura à gros sanglots. Pour l'apaiser, je mis la main sur sa tête et voulus caresser doucement ses cheveux. Il se redressa avec un cri de douleur. Pendant l'interrogatoire, m'expliqua-t-il, on lui avait serré la tête avec une lanière métallique, jusqu'à la perte de conscience.

« Tu sais, ajouta-t-il avec le tutoiement naturel aux frères de combat, je ne suis pas un lâche. Mais cette douleur, je ne l'oublierai jamais. Je m'étais juré que je ne parlerais pas. De cela j'étais sûr. Mais le plaisir qu'ils prenaient à m'entendre crier dans la torture, je ne pouvais l'admettre. J'étais décidé à prendre, dès le début du prochain interrogatoire, une initiative qui les obligerait à m'abattre. La mort plutôt que l'humiliation. Celle-ci, je n'avais pas le courage de l'accepter. Quand les gars sont arrivés à l'hôpital, j'ai vite compris qu'il ne s'agissait pas de la Gestapo. Maintenant, assis à côté de toi, je craque. Excuse-moi. Tu sais, je ne suis pas un lâche. »

Je ne savais pas comment l'apaiser.

« Bah, lui dis-je. On t'emmène avec ton copain dans un maquis de l'Ain. Quelques jours au calme, et tu reprends le boulot. On a besoin de toi. »

Ses yeux brillaient. Notre solidarité l'avait sauvé du pire. Notre confiance lui redonnait l'espoir.

Choisir sa mort. Ce n'était pas toujours facile en cas d'arrestation. Les chefs avaient une pilule de cyanure. Pour ne pas céder à la facilité, certains s'en débarrassaient vite. C'était le cas de d'Astier. D'autres exécutants, responsables de secrets stratégiques, radios en possession de codes, vivaient avec cette pilule, leur sauvegarde vers la liberté.

---

1. MOI : Main-d'œuvre immigrée, mouvement de résistance composé de travailleurs étrangers.

Mais comment choisir sa mort quand on est arrêté sans moyen d'en finir, et que les interrogatoires ont commencé ? Comment se supprimer et affirmer ainsi sa dignité et son inviolable liberté ? Je pense à Pierre Brossolette : un instant seul au troisième étage d'un de ces lieux de torture, il enjambe la fenêtre pour s'écraser dans la cour. Pour cet intellectuel, c'était le moyen de voler au bourreau la satisfaction de dégrader un homme.

Nous avons connu un de ces moments où il faut choisir de mourir. Après l'évasion de Raymond en octobre 1943, les hommes de la Gestapo eurent vite remonté une filière qui les amena à découvrir l'organisatrice de ce coup de main contre le camion cellulaire, qui permit de libérer les détenus. Ils connurent ainsi la retraite de notre petit garçon, dans le Vercors. Sa prise était pour eux le moyen efficace de chantage qui nous mettait à leur merci. Mon groupe, par miracle prévenu, partit pour enlever l'enfant avant l'arrivée des Allemands ou, dans le pire des cas, pour essayer de le leur reprendre. Dans la clinique où mon mari se remettait de son séjour à Montluc, nous avons passé la plus mauvaise nuit de notre vie. Il savait, lui, ce qu'étaient les méthodes de la Gestapo. « Pas question, dit-il, de se rendre s'ils ont l'enfant. Pour nous faire parler, tout est possible. » Il m'affirma que la seule solution était notre mort publique, donc connue par les nazis ; au moins la torture épargnerait l'enfant.

Je n'arrivais pas à accepter cette éventualité. J'étais enceinte de six mois. Mon corps refusait la mort. J'avais peur, très peur. J'étais obligée de reconnaître l'évidence du raisonnement, mais je ne pouvais m'empêcher de me révolter et de considérer notre mort comme une faillite. J'acceptais en apparence, mais je gardais l'espoir. Au petit matin nos camarades arrivaient avec notre fils.

« Il faut garder l'espoir », « On s'en sortira », « Tenter le tout pour le tout ». Ces phrases, et toutes celles que j'ai citées au cours de ces pages, revenaient comme des litanies. Elles étaient notre justification, une explication, peut-être une excuse vis-à-vis de soi-même et de ceux qui partageaient notre vie hasardeuse.

Lequel d'entre nous n'a pas murmuré au moins une fois : « Il faut être ''dingue'' pour se lancer dans pareille aventure » ? Avant ou après une action périlleuse, lequel n'a pas avoué, pour lui seul ou à haute voix : « J'ai eu une de ces frousses » ?

Mais je n'ai jamais entendu l'un de mes camarades parler de découragement puis quitter le combat. Quand ils sont partis récupérer l'enfant ils ont murmuré, sans nous regarder : « Courage », comme s'ils comprenaient que l'inaction et l'attente étaient plus difficiles à supporter que leur entreprise dangereuse.

Nous sommes en 1991. Nos camarades disparaissent peu à peu. Nous nous retrouvons pour des obsèques. Les officiels parlent de « courageux résistants », de « femmes courageuses engagées dans des combats d'hommes ».

Puis vient notre tour d'évoquer celui ou celle qui est parti. Il est bien rare que nous prononcions le mot « courage ». Nous parlons d'êtres humains, clairvoyants et indomptables, qui se sont battus pour le respect des autres, pour le droit à la liberté.

Héroïsme et courage ne sont pas les mots de notre vocabulaire, mais nous affirmons la volonté de garder ou de reconquérir notre bien le plus précieux : la dignité de l'homme. Ce fut, pendant la Résistance, et cela reste, notre commune pudeur.

Lucie Aubrac

Tenir contre, tenir à...

Henry Bulawko

Résistants et déportés montrèrent et rencontrèrent de multiples formes du courage ; sans cesse, sa véritable source reste insaisissable. Vient-il de l'idéal militant ? Mais à l'absence de raisons de lutter, combien ont substitué tant de ressources irrationnelles... Écrasé, torturé, brûlé vif, d'où que vienne le courage, il s'y affirme un droit étrangement simple, simple comme ces mots répliqués un jour à Jaworzno, un camp annexe d'Auschwitz, au SS enragé : « Chez nous, en France, on ne frappe pas un homme. »

Lorsqu'en 1990 le prix du Courage quotidien[1] me fut décerné, la présidente évoqua quelques épisodes de ma vie à Auschwitz et de mon engagement pour la paix israélo-arabe et israélo-palestinienne.

Y avait-il là des actes qualifiés de courageux ? Et le courage, de quelque ordre que ce soit, peut-il être « quotidien » ?

Ma pensée m'a ramené loin en arrière quand, bien jeune encore, dans les années 30, des groupes fascistes ne se contentèrent pas de s'en prendre verbalement aux Juifs (et notamment à Léon Blum, devenu président du Conseil du Front populaire) mais aussi physiquement.

Un attentat prit d'ailleurs Léon Blum pour cible. Mais les agressions collectives visaient les étudiants juifs au quartier Latin et même la population juive des quartiers où ils s'étaient regroupés, tel que l'actuel Marais, appelé aussi le Plätz'l[2].

L'avènement de Hitler, en 1933, leur donna l'impression qu'ils pouvaient l'imiter impunément en France.

---

1. Créé par Madame Line Loëve, qui en est la présidente.
2. « Petite Place », située entre le métro Saint-Paul et la rue des Francs-Bourgeois, avec au centre la rue des Rosiers.

À l'initiative de Bernard Lecache, fondateur de la LICA, un groupe d'autodéfense se constitua, englobant les sportifs du Maccabi et les membres des organisations de jeunesse juive.

Mon frère, Meyer, maccabiste de longue date et de dix ans mon aîné, y participa activement. Encore très jeune, je suivais, risquant davantage de recevoir des coups que de pouvoir en donner. Mais quand on fait partie d'un groupe motivé, quand on se voit entouré de gaillards bien bâtis et résolus, toute crainte paraît déplacée.

Nous avons, en effet, donné quelques leçons bien senties aux nervis des Camelots du roy, des Jeunesses patriotes ou de la Solidarité française. Si les bagarres se poursuivirent boulevard Saint-Michel et à l'Étoile, lors de cérémonies patriotiques que nos adversaires voulaient s'approprier, ils ne revinrent qu'une seule fois rue des Rosiers.

À plus d'une reprise, en ce temps, et pendant la guerre, j'ai pu constater combien l'adhésion à un groupe, le sentiment de n'être pas seul, donne à chacun et à la collectivité rassemblée une sensation de puissance et d'invincibilité.

Se retrouver parmi des centaines ou des milliers de « camarades », connus ou inconnus, dans une salle surchauffée par des orateurs de talent, vous convainc facilement que votre choix est non seulement le seul juste mais qu'il est aussi inéluctable et que la victoire, à plus ou moins longue échéance, est inscrite dans l'histoire.

On sortait de là prêt à affronter les policiers qui encerclaient alors les salles où se réunissaient des militants de gauche.

Et que dire de la puissance qui vous porte quand vous participez à un défilé (fête ou démonstration) ! Les slogans lancés acquièrent une puissance d'expression et un effet de conviction qui balaient tout. Une charge de police vient parfois briser l'élan, preuve qu'une équipe armée et expérimentée peut briser un courant populaire qui paraît inébranlable. On se disperse en courant ; on frôle parfois la panique. Et, peu après, on répond à un nouvel appel.

Il m'est apparu, d'expérience, que même des personnages ayant acquis une notoriété internationale avaient besoin pour défendre une cause de supports populaires.

En vérité, le courage solitaire est plus difficile et répond à des situations données ; par contre, il est facile et exaltant de relever tous les défis au milieu d'un groupe ou d'une foule qui vous a intégré.

Cela peut aussi avoir des effets négatifs. Un ancien président de la République a confié, un jour, que se trouvant à Nüremberg lors de la grande parade hitlérienne, il eut le sentiment de son impuissance devant la force déployée sous ses yeux, dans une mise en scène grandiose, et qu'en repartant de là, il déchira la carte des Jeunesses socialistes dont il était porteur.

Ce cas ne fut probablement pas isolé si l'on relève l'attitude sous l'occupation de certains républicains auparavant très bruyants.

Mais l'image serait incomplète et faussée, si l'on ne tenait pas compte du nombre de ceux, intellectuels, étudiants ou ouvriers, qui relevèrent le défi nazi et s'engagèrent alors dans le combat antifasciste, allant jusqu'à s'engager, après le putsch franquiste en Espagne, dans les Brigades internationales.

Beaucoup de ces militants actifs sont tombés au combat dans la Résistance ou en déportation. Les survivants sont rares. Et celui qui peut évoquer ces moments « glorieux » donne le sentiment de s'approprier les mérites d'un courage qui fut alors quasiment quotidien.

Il est vrai qu'à l'époque, si l'on pouvait recevoir des coups de matraque et, parfois, de poignard, on ne risquait encore ni la torture, ni le poteau d'exécution.

Comme il me serait facile de m'étendre sur ce point si je n'étais qu'un témoin, s'il me fallait tracer le portrait de camarades exemplaires, de ceux qui, par leur vigueur physique et leur caractère « casse-cou », surent entraîner les autres, en leur transmettant une dose de leur courage personnel !

Cela dit, celui qui va accomplir une mission en solitaire est probablement plus vulnérable que celui qui agit au sein d'un groupe. D'abord, parce que, seul, on a plus tendance à se laisser aller à penser, la peur se glisse parfois en vous, à votre insu. Il faut discuter avec soi-même, balayer les interrogations et les craintes.

Avant la guerre, le risque était relatif, même s'il était concret : on pouvait recevoir des coups de matraque, se retrouver en prison, ou encore, si l'on était étranger, être reconduit à la frontière. Tout cela est arrivé aux uns et aux autres. Mais l'enthousiasme collectif maîtrisait ces craintes.

Je me souviens de la manifestation du 9 février 1934. Après les sanglants incidents provoqués par les Croix de feu, le 6 février 1934 (il y eut des morts place de la Concorde quand des excités voulurent marcher sur le Palais-Bourbon), le parti communiste appela à une contre-manifestation le 9 février. Elle fut interdite. Il y eut des barricades et des morts à Belleville (le 12 février, une grève générale annonçait la venue du Front populaire). Le 9 février donc, sans être communistes, mes camarades de l'organisation sioniste Hachomer Hatzaïr décidèrent de descendre dans la rue. Notre cortège, formé au métro Saint-Paul et composé au départ de quelques dizaines de jeunes, se mit en marche vers la République (lieu où la manifestation, interdite, aurait dû se tenir). En cours de route, le groupe grossissait et les cris du début, faibles et hésitants, se firent plus vigoureux quand on s'aperçut que s'étaient joints à nous des manifestants par centaines. Nous nous sommes trouvés en tête d'un groupe de cinq cent à mille manifestants qui avaient vu en nous les « leaders » attendus.

Refoulés, on retourna sur nos pas. L'Hôtel de ville étant inaccessible, on se dirigea vers la Bastille, ou l'on fut accueillis par une charge de policiers qui jaillirent soudain des bouches du métro.

Des coups pleuvaient dont j'entendais le choc. Ce fut alors « chacun pour soi », une fuite éperdue à travers les ruelles menant boulevard Henri-IV qui, oh miracle !, était désert.

Avec une dizaine de manifestants, je pus me cacher dans une cour. Le concierge, un brave type, nous fit signe quand le calme fut rétabli.

J'habitais alors, ainsi que d'autres camarades, l'île Saint-Louis. Je passai par la rue de l'Ave-Maria où il y avait un chantier et des centaines de briques qui nous auraient été utiles rue Saint-Antoine, alors que nous devions affronter la charge de policiers, les mains nues.

Sur le pont Marie, aux environs de minuit, j'attendis mes camarades une ou deux heures. Ne les voyant pas, je les crus arrêtés et j'eus peur pour eux. Étrangers, outre la prison, ils risquaient l'expulsion.

Par chance, je les revis le lendemain. Aucun de nous ne songeait plus à la peur, mais au souvenir d'avoir tenu pendant plus d'une heure le pavé de Paris.

Le 12 février, nous étions à Vincennes, à la grande manifestation unie de la gauche.

Un autre souvenir me revient ici, qui se situe sous l'occupation après que l'on ait apposé sur nos cartes d'identité le tampon « Juif » et interdit aux Juifs de se trouver dehors après 20 heures.

J'avais effacé, à l'eau de Javel, le tampon « Juif » sur ma carte d'idendité. Puis, j'allais au commissariat faire une déclaration de perte et j'en reçus une autre dûment tamponnée « Juif ». J'avais ainsi deux vraies cartes. Je me servais de celle sans tampon quand j'avais des réunions qui, parfois, dépassaient vingt heures. La plupart de mes autres camarades, notamment les militants communistes, avaient de fausses identités et ne craignaient rien. Moi-même, travaillant (et militant) au centre Amelot, j'étais tenu de garder un document juif. En outre, je « livrais » souvent tracts et fausses cartes. Avais-je peur alors, je ne m'en souviens pas. Par contre, je me souviens très bien de la peur qui m'étreignit quand, me trouvant à la Bastille (à dix ou quinze minutes de chez moi) j'entendis sonner vingt heures. J'avais alors rasé les murs, recherchant les coins d'ombre comme un voleur. Je ne voulais pas « tomber » pour m'être attardé imprudemment. De plus, si l'on trouvait sur moi des papiers compromettants, il y avait danger pour des camarades.

Rentré chez moi sans incident (jusqu'à mon arrestation, le 19 novembre 1942), je respirai et oubliai ma frousse. Le lendemain, j'étais prêt à recommencer.

Éternelle question : courage ou inconscience ? Après la guerre, je retrouvai dans ma modeste bibliothèque dont j'avais éliminé, au début de l'occupation, les brochures compromettantes, *Ma Vie* de Léon Trotzky.

L'avoir conservé touchait à l'inconscience !

L'engagement dans la Résistance a pris diverses voies. Pour les militants communistes, ce fut facile : le parti (interdit dès le début de la guerre) avait une certaine tradition de travail clandestin. Nombre de réfugiés étrangers avaient vécu dans des pays où le parti était illégal et y avaient souvent connu la prison.

Membre d'un mouvement de jeunesse sioniste, dispersé comme la plupart des institutions juives lors de l'avance allemande vers Paris, je m'attachai à rétablir les contacts quand la situation parut se « normaliser ». C'était le temps où des affiches nous présentaient un soldat allemand tenant un enfant dans les bras, avec la légende : « Ils sont corrects ».

Si nous pouvions craindre des mesures répressives, elles n'étaient pas encore visibles, sauf, pour la plupart, la perte du gagne-pain.

On se retrouva chez les frères Kachaner, qui avaient un grand local boulevard de Sébastopol (une fabrique de casquettes).

Le bouche à oreille fit que le nombre des participants augmenta, sans que nous sachions tout de suite quoi faire.

Quelques arrestations eurent lieu pendant l'automne-hiver 1940 : des dizaines de Juifs (dont des camarades) furent internés à la caserne des Tourelles, sous l'accusation infantile d'être des « sionistes-communistes » - il y avait opposition fondamentale entre ces deux termes, mais les responsables de cette opération n'étaient pas particulièrement subtils !

Jugeant qu'il nous fallait tenter quelque chose, je pris contact avec le grand rabin de Paris, M. Julien Weill. Celui-ci me dirigea sur la Colonie scolaire, sise au 36 de la rue Amelot (d'où le nom de « centre Amelot »), animée par un personnage exceptionnel, dont le courage ne se démentit jamais[3], David Rapoport.

Sans m'étendre, je dirai que, sous sa tutelle, je pus mieux structurer notre groupe en lui donnant des tâches précises à accomplir.

On utilisa la cantine de la rue Elzévir pour des « oneg shabbat » (veillées du samedi) réunissant des dizaines de jeunes, à partir de dix ans, croyant, comme au début du ghetto de Varsovie, que l'on pouvait mener un travail éducatif. Longtemps, on fit des sorties le dimanche dans des forêts avoisinantes (le parc de Saint-Cloud, Meudon, la forêt de Sénart, etc.), remplaçant nos emblèmes juifs par des tenues scoutes (ou « civiles ») neutres.

Mais déjà, avec ma camarade Berthe Zysman et sa jeune sœur Simone, on chercha à se procurer des fausses cartes d'identité pour ceux qui voulaient quitter Paris pour la zone dite libre.

Ce fut surtout urgent après l'internement de quelques milliers de Juifs d'origine étrangère, en mai 1941, dans les camps de Pithiviers et Beaune-la-Rolande, dans le Loiret, et après la rafle des XIe et XIIe arrondissements, le 20 août 1941, qui fit connaître le nom du camp de Drancy, à quelques kilomètres de Paris.

Les premières fausses cartes nous furent fournies par des relations (je crois communistes) de Berthe. Puis une amie m'apprit à établir des cartes et me fournissait les tampons. La carte d'identité n'était pas alors nationale. Il suffisait d'acheter des cartes servant à des clubs. J'écumais tous les Uniprix-Monoprix, sous prétexte de créer un club sportif.

---

3. Incarcéré au fort de Romainville, il voulut participer à une grève de la faim déclenchée par ses codétenus, en dépit de son âge et de son état de santé. Il mourut à Buna-Monowitz (Auschwitz III) le 2 juillet 1944.

Après les cartes vint la recherche de « planques » pour des enfants, dont le père était souvent déjà interné, et le passage en zone sud pour ceux qui sentaient le sol devenir brûlant sous leurs pieds.

De là à recevoir et diffuser des tracts, il n'y avait qu'un pas. Quand le représentant d'un groupe de jeunes communistes juifs vint me proposer d'agir en commun, j'acquiesçai avec l'accord de David Rapoport.

On créa des sections d'arrondissements, qui se regroupèrent au fur et à mesure des arrestations ou des départs vers des cieux paraissant alors plus cléments.

Quand la Résistance passa à l'action physique, des groupes de cinq furent créés, englobant communistes et sionistes. Mieux préparés, possédant des armes, les premiers en prirent la direction.

Cette partie de mes souvenirs s'achève pour moi le 19 novembre 1942, date de mon arrestation (commissariat, dépôt, Drancy, Beaune-la-Rolande, retour à Drancy, puis déportation à Auschwitz).

Ce long rappel indique que, dans ma démarche, il n'y eut pas à l'origine un projet élaboré. Mon, notre engagement prit forme au cours des événements.

Il a aussi pour objet de souligner un ensemble d'activités qui exigeaient de ceux qui y participèrent un minimum de courage, individuel et quotidien.

Certains, souvent recherchés ou proches de personnes arrêtées, choisirent de partir vers le sud où l'on se croyait moins menacé, ce qui fut le cas pour un temps, dans les zones contrôlées par les Italiens.

La plupart y rejoignirent des groupes de résistance, s'occupant notamment du sauvetage d'adultes et d'enfants.

Plusieurs tombèrent, arrêtés lors d'une rafle par Klaus Barbie[4] au siège de la Fédération des sociétés juives de France, rue Sainte-Catherine, ou en organisant et accompagnant des enfants juifs vers la Suisse redevenue hospitalière, après une période de « neutralité » l'amenant à fermer hermétiquement ses frontières aux réfugiés juifs.

Souvent interviewé sur la naissance et l'évolution de ce que l'on peut appeler la « Résistance juive à Paris », j'ai étonné mes inter-

---

4. Jugé et condamné à Lyon, en 1988.

locuteurs en leur expliquant qu'il n'y eut pas de « prise de conscience » soudaine, de mouvement héroïque ni de déclaration solennelle.

Il est évident que l'engagement d'avant-guerre fut un facteur déterminant dans notre démarche. Mais je me souviens qu'au début de l'occupation, il y eut une période d'hésitation. On se rencontrait, on s'interrogeait sur ce qui allait se passer. Ceux qui avaient perdu leur emploi ou leurs parents avaient des problèmes de subsistance.

Et puis, on était directement concernés par l'arrestation de camarades ou de proches. Pouvait-on parler de peur dans la communauté juive ? Pas criante ! Mais de révolte, sûrement. Les femmes pouvaient voir leurs maris, les mères, leurs fils, à travers les barbelés. On pouvait correspondre, envoyer des colis.

L'action que nous développâmes alors (pressions sur des ateliers juifs travaillant pour des firmes allemandes) se heurtait aux illusions de ceux qui avaient des cartes allemandes justifiant leur utilité.

L'inquiétude en poussa plus d'un à partir en zone sud, vue encore comme un refuge. Ceux qui restèrent et acceptèrent les tâches, de plus en plus exigeantes, ne se prenaient pas pour des héros.

Quand on intima aux Juifs l'ordre de se signaler dans les commissariats, on y alla sans crainte visible. Au contraire, certains crânèrent en revendiquant leur appartenance juive. On critiqua même, devant moi, certains qui avaient (intelligemment) choisi de ne pas se présenter. Encore fallait-il ne pas avoir trop de signes distinctifs, tels que l'ignorance de la langue française qui vous marginalisait et vous signalait à l'attention de « mouchards » (il y eut des concierges, sans généraliser, qui abusèrent du pouvoir qui leur avait été imparti pour dénoncer et piller des locataires juifs).

Tout compte fait, ce n'est qu'avec le recul que l'on peut apprécier la portée de certains engagements et l'ampleur des risques courus.

Une anecdocte illustre l'absence de peur, qui ne m'est jamais apparue comme une expression de courage.

Une ancienne camarade des Auberges de jeunesse me trouva au centre Amelot où elle était venue pour des conseils ou une aide quelconque. Souhaitant la recruter pour mon groupe, je lui fixai rendez-vous dans un café. On pouvait encore sortir le soir et je l'y retrouvais après le travail. Elle était avec une amie qu'elle me présenta comme une « étudiante belge » qu'elle hébergeait.

En bavardant, je distinguai nettement chez cette jeune fille un accent « judéo-polonais ». Je la taquinai sur son absence d'accent belge. Je lui donnai une carte de visite où figurait le numéro de téléphone de la Colonie scolaire, en lui proposant de venir me voir en cas de besoin.

Une huitaine de jours après, ma camarade ajiste revint me voir rue Amelot, demandant à me parler en privé ! Nous nous isolâmes et je compris son attitude embarrassée. La jeune « étudiante belge » qu'elle hébergeait avait été arrêtée et fusillée, comme espionne russe. Elle-même était restée détenue quelques jours. Apparemment, on n'avait rien retenu contre elle et on l'avait relâchée.

Elle était venue me prévenir pour que je me mette à l'abri. L'information fut naturellement un choc pour moi. Je me souvenais lui avoir donné ma carte, et la logique voulait que je parte de chez moi, en zone sud naturellement. Mais je me mis à réfléchir à haute voix, disant à ma camarade qu'elle devrait partir et que je pouvais l'aider en cela. Quant à moi, n'ayant pas été inquiété jusque-là, je me dis que la jeune femme, si elle était vraiment une espionne, avait dû détruire la carte de visite que je lui avais donnée. Je parlais et raisonnais pour écarter toute crainte, considérant avec ma logique primaire que, s'il y avait eu menace, elle se serait déjà manifestée.

Je n'ai pas revu ma camarade ajiste. Pour ma part, je n'eus pas de fâcheuse surprise.

Peut-on parler ici de courage ? À mon sens, non ! Je vois dans cet épisode la difficulté qu'il y a à distinguer entre un comportement basé sur la pleine conscience du danger et une bonne dose d'inconscience. Il est vrai que mon raisonnement se tenait, car, en général, la Gestapo agissait vite.

Cela ne m'a pas empêché, quand je rentrai chez moi, de regarder derrière moi pour voir si j'étais suivi.

Avions-nous conscience que chaque réunion, chaque mission représentaient un danger ? Pensions-nous qu'être arrêtés en possession de fausses cartes ou de tracts nous conduisait dans les geôles de la Gestapo ou des officines créées par des collaborateurs français ? En tout cas, on ne parlait ni de tortures, ni d'exécutions (les premières eurent lieu le 15 décembre 1941).

Je ne puis analyser les sentiments de chacun de mes camarades. La peur devait être omniprésente, mais on ne l'évoquait jamais ; on insistait sur la prudence indispensable, sans plus !

Nous accomplissions nos missions sans discuter. Plusieurs camarades ont caché du matériel chez eux, ou dans leurs caves. Et cela, sans la moindre hésitation, sans relever qu'ils mettaient, ce faisant, leurs parents en danger. Mais le danger n'était-il pas, pour les Juifs, devenu quotidien ? Vivre, c'est-à-dire pour nous militer, comme si de rien n'était, était-ce du courage, ou cela relevait-il d'un dynamisme propre à la jeunesse ?

Signalons ici quelques épisodes significatifs.

Le premier marque la fin de nos sorties champêtres. Ce jour-là, en juin 1941, nous revenions d'une excursion à La Varenne. À la gare, les gens très agités parlaient à voix haute : les Allemands ont envahi l'URSS. La nouvelle nous frappe de plein fouet. Bien vite, la stupeur fait place à l'enthousiasme : « Cette fois, les nazis sont fichus ! »

Dans le train, l'un de nous se met à chanter, et nous nous joignons à lui. Pendant le trajet, tous les chants révolutionnaires y passent. Les voyageurs nous écoutent avec sympathie, mais sans intervenir : ils sont plus prudents. Quant à nous, nous donnons encore une fois la preuve de notre impétuosité juvénile.

Le lendemain, l'exaltation tombera quand, réunis chez un camarade qui a un poste de radio, nous entendons à Radio-Londres que Brest-Litovsk est tombé après une héroïque résistance. Bien plus tard, réunis chez une camarade du parti Poalé Sion de gauche, nous y recevions un important stock de tracts à diffuser. C'était au moment de la Pâque juive 1942. Comment faire la répartition ?

Soudain, je vis des paquets de « matzoth » (pain azyme). Je proposai de les vider et de reformer les paquets avec les tracts. Une heure après, plusieurs porteurs de pain azyme quittaient la rue Keller (dans le XIe arrondissement de Paris) pour se diriger vers d'autres quartiers effectuer leur livraison. La ruse réussit, mais il y avait néanmoins là une certaine forme de défi...

Les premiers tracts arrivés, on discuta sur la meilleure façon de les diffuser : les « lancer » sur un marché était spectaculaire mais dangereux (un groupe tomba dans le faubourg du Temple, après un lâcher de tracts, un dimanche matin, jour de marché).

Il fallait faire preuve d'imagination. En déposer dans les boîtes à lettres, quand il y en avait. Pour ma part, je pris sur moi de visiter les bureaux de postes et de feindre de consulter les annuaires pour y glisser des appels. Il fallait prendre des risques mais surtout ne pas être pris, déclenchant ainsi une série d'arrestations.

On devait aussi faire des inscriptions sur les murs ; l'objectif était de démontrer que, malgré les rafles, les arrestations, les fusillades (puis les déportations), la Résistance était présente et active. Cela relevait peut-être davantage de la guerre psychologique et précédait l'action physique, les attentats.

Je fus arrêté à la sortie du métro Ménilmontant en portant des tracts et des fausses cartes. Me retrouvant au commissariat de la place Gambetta, je réussis à détruire ce matériel (on ne m'avait pas encore fouillé car j'arrivais tard en soirée) dans les WC, déchirant le tout et le faisant disparaître en tirant plusieurs fois la chasse d'eau.

Des habitués, qui jouaient aux cartes, me demandèrent ce que je faisais. Je répondis avec le plus d'autorité possible : « Ça ne vous regarde pas. » Ils n'insistèrent pas. De toute façon, tout avait disparu dans la cuvette.

Après cela, je me sentis calme. Advienne que pourra, j'étais seul concerné !

Je sais que ce témoignage est très subjectif. D'autres eurent des responsabilités plus aiguës, notamment sur le plan « militaire ». S'interrogèrent-ils sur les risques qu'ils couraient, sur ceux qu'ils faisaient courir aux jeunes combattants qu'ils envoyaient en action ?

Certains responsables de la Résistance, juifs notamment, avaient subi leur baptême du feu durant la guerre civile en Espagne, où ils combattirent dans les Brigades internationales.

Ils étaient plus aguerris que nombre de mes camarades lancés dans cette aventure où ils s'engagèrent avec ardeur, souvent mus par une volonté de vengeance.

Un élément à retenir fut leur *credo* quasi religieux. La plupart croyaient en la Révolution d'octobre : ils acceptaient de donner leur vie pour vaincre le nazisme, convaincus que, sur ses ruines, grâce à l'URSS, une société fraternelle s'installerait.

Il y eut, par la suite, bien des désillusions.

Cette foi « religieuse » explique que les camarades arrêtés subirent les tortures sans parler (sauf rares exceptions, hélas coûteuses). Certains d'entre eux, arrêtés plus tard par les agents de Staline, avouèrent tout ce qu'on voulait. Ayant perdu leur idéal, ils n'avaient plus de raisons de résister. Leurs aveux extorqués témoignaient de leur désespoir devant leurs tortionnaires, qui jusqu'alors avaient représenté ce pour quoi ils avaient accepté tous les sacrifices.

L'attitude « courageuse » n'avait plus aucune signification.

Parmi les causes de certains effondrements, il y eut, bien sûr, la torture. J'ai connu les coups et les « punitions sportives » à Auschwitz, pas la torture pratiquée dans les officines de la Gestapo, allemandes ou françaises. La plupart de mes camarades de la Résistance estiment qu'on ne doit pas juger les « faiblesses » qui coûtèrent cher, car qui sait comment il réagirait dans de telles circonstances ! Le renoncement, parfois la trahison, furent ici le résultat d'une résistance physique brisée.

Dans le cas des procès staliniens, où des gens que nous considérions comme exceptionnels signèrent des « aveux » ne correspondant à rien, la cause est à chercher dans la perte brutale de leur foi. Soudain, ils durent avoir le sentiment que tout ce qu'ils avaient enduré, tous les risques pris pour servir leur idéal avaient été vains. On les avait trompés. Voilà qu'on les traitait en ennemis, ennemis de la classe ouvrière, ennemis de leur si chère Union soviétique, ennemis et traîtres. Avec la désillusion vint le renoncement au combat.

D'autres, comme le raconte Arthur Koestler dans *Le Zéro et l'infini*, acceptèrent de prendre sur eux les charges les plus infamantes, en se laissant convaincre qu'ainsi ils continuaient à servir leur idéal.

Les ouvrages de Koestler, Moshe Zalcman ou Artur London *(L'Aveu)* illustrent tragiquement le sort de certains héros authentiques.

Je suis étonné de voir des commentateurs, qui ne connurent pas les camps nazis, discuter sans fin sur la présence de Dieu. Je n'ai pas rencontré le moindre signe divin dans l'univers de la mort, lente ou rapide mais inexorable. Martin Buber a parlé de « l'éclipse de Dieu ». Élie Wiesel, pour sa part, interpelle Dieu sur ses « silences ».

J'évoque ce point car il me ramène au courage. Que signifiait cette notion pour ceux qui furent éliminés dès leur arrivée sur la rampe d'Auschwitz, où avait lieu la première sélection : les faibles,

les vieillards, les femmes avec enfants et les enfants venus seuls (les parents ayant déjà été déportés, le gouvernement de Vichy envoya les enfants « rejoindre leurs familles » !) c'est-à-dire les trois quarts ou davantage de certains convois.

On évoque de nombreux actes de courage : une femme cracha au visage d'un SS et tenta de lui arracher son arme ; elle fut abattue sur place. Là, un homme appela au refus d'obéir ; il fut tué avant d'atteindre le seuil de la « salle de douches » dont nul ne ressortit vivant.

Pour les autres, ceux qui entrèrent au camp, ce fut tout d'abord la tragique révélation. Étaient-ils venus avec parents, femmes, enfants ? Ces derniers passaient déjà à travers la haute cheminée des crématoires.

Les anciens, chargés du rasage et du marquage du numéro sur le bras gauche, racontaient cela avec le détachement de ceux qui avaient vu disparaître les leurs, qui s'étaient habitués à cet univers où l'être humain n'était plus qu'un numéro et où tout espoir de survie exigeait des efforts de volonté constants.

Il fallait d'abord lutter contre le désespoir (certains se jetèrent sur les barbelés), contre la résignation, contre la dégradation.

Si l'on veut faire des distinctions dans le comportement des membres de mon groupe, je dirais que l'on pouvait distinguer dès l'abord les « militants » (il y avait un noyau communiste au comportement exemplaire) qui, sinon physiquement, tout au moins intellectuellement, faisaient mieux face à l'adversité.

Et puis il y avait les « apolitiques » qui, dans le train de déportation déjà, se lamentaient, invoquant leur innocence : « Mais je n'ai rien fait. Je ne m'intéressais pas à la politique, etc. » À l'arrivée au camp, devant la révélation de l'enfer qui refermait sur eux son étau, ils s'effondrèrent. On ne peut dire que ce fut de la lâcheté, mais plutôt l'absence de toute raison de lutter, de résister.

Qu'avaient-ils fait pour mériter de tels traitements ? Ils étaient « innocents » dans le plein sens du terme et ils ne pouvaient accepter de subir des tourments incessants. Cela concernait encore plus ceux qui, venus avec leurs proches (parents âgés, femmes ou enfants) apprenaient par l'équipe des « tatoueurs » et « tondeurs » (des anciens du camp) que ceux qui avaient été sélectionnés à la descente du train et emmenés en camions avaient été gazés et incinérés. Ils montraient la grande cheminée qui s'élevait au-dessus des baraques et d'où s'échappait une fumée noire striée de flammèches rougeâtres, en disant : « Les voilà qui passent dans le ''Himmel Kommando'' formule que les SS reprenaient souvent en guise de menace. »

Le désespoir se heurtait à l'incrédulité. Quelle forme de courage pouvait-on attendre d'eux ? Leur volonté de vivre et d'essayer de survivre malgré tout, n'en était-elle pas une ? L'instinct de conservation jouait, mais aussi cette force mystérieuse qui fait que, devant une catastrophe brutale et sans rémission, il y a encore en soi des ressources qui échappent au rationnel et fonctionnent mécaniquement, d'elles-mêmes, échappant au contrôle de la pensée qui, elle, paraît prête à se diluer.

Il est vrai qu'un autre facteur apparaissait alors, même s'il pouvait paraître dérisoire dans ces circonstances : la volonté de se venger, de faire payer leurs crimes aux tortionnaires. Après la guerre, un débat s'instaura sur la haine et le pardon.

Sur le pardon, Vladimir Jankélévitch a écrit des choses fondamentales[5]. Reste la haine. Cette haine dont beaucoup eurent honte après la guerre, dont la force s'est émoussée en moi sans jamais disparaître ; cette haine qui, pour moi, ne s'est jamais transcrite en acte mais qui, là-bas, était un des éléments de notre lutte pour la vie.

Haine impuissante qui, dans l'anarchie de la Libération, inspira certains actes isolés de vengeance, mais qui a été étouffée par beaucoup comme une maladie honteuse. Haïr, alors qu'on est impuissant à exprimer ce sentiment ; garder la haine en soi, la nourrir, est-ce aussi une forme de courage ? Je ne sais.

Il y eut aussi des « collabos », appelés « kapos ». Je me console en pensant que la plupart, Allemands ou Polonais, étaient des « droits communs » et non des politiques.

Par chance, un petit groupe de Français put se maintenir après la quarantaine de Birkenau. Nous fûmes envoyés au camp-satellite de Jaworzno, créé autour d'une mine de charbon et où l'on construisait une centrale électrique. Quelques-uns eurent droit à des « planques » (emplois privilégiés) : électricien, horloger, pluches de patates, tailleur, etc. La plupart furent affectués à la mine (où je fis moi-même un certain séjour) et à la centrale en construction.

---

5. Vladimir Jankélévitch : *Le Pardon*, Aubier-Montaigne, et *L'Imprescriptible*, Le Seuil.

Notre groupe français pratiquait la solidarité et, en 1944, projetait une action (en liaison avec un groupe polonais clandestin) lorsque les Russes seraient à portée de canon. L'évacuation du camp, le 18 janvier 1945, ne permit pas de réaliser ce projet, les Russes n'étant arrivés que le 27 janvier 1945.

Parmi les engagements pris envers nous-mêmes, il en était de fondamentaux : préserver sa dignité, se laver chaque jour (même avec de l'eau douteuse, en hiver avec la neige). C'était important sur le plan psychologique et hygiénique. La faim ne devait pas nous laisser transformer en sous-hommes, bien que les SS nous aient considérés ainsi et traités en conséquence.

Où intervient ici le courage ?

En posant cette question, je pense à des camarades disparus. À Mala, la jeune Belge, qui s'évada, fut reprise et eut un comportement héroïque devant la potence. De ses cheveux, elle sortit une lame de rasoir, se taillada les veines, cracha au visage du SS et lança aux femmes rassemblées pour assister à l'exécution : « Tenez bon : la liberté est proche. Nos bourreaux payeront bientôt pour leurs crimes. »

On ne la pendit pas. On l'emporta, la tortura et la jeta dans les flammes du crématoire. Son compagnon, Edek, fut pendu dans le camp des hommes.

L'historien Ber Mark raconte cette histoire[6] qui mériterait un ouvrage en soi. Lui, Edek Galinski, travaillait au kommando des électriciens. Elle était Lauferin (coursière), pouvait circuler partout et mit sa position à profit pour aider ses camarades.

Un jour, ils décidèrent de s'évader ; lui se déguisa en SS et elle revêtit une combinaison d'ouvrier, passant sur sa tête une cuvette de WC retournée : c'était un SS conduisant un ouvrier accomplissant une corvée. Ils s'évadèrent, restèrent dehors plusieurs semaines mais furent repris et exécutés. Si les mots courage et héroïsme ont un sens, Mala et Edek les ont incarnés de façon remarquable.

Je pense aussi à Henri, Thomas et Lucien, trois jeunes communistes, se tenant ensemble comme des frères siamois. Quand l'un d'eux était battu, on aurait dit que tous les trois souffraient. Quand le premier tomba, les deux autres suivirent peu après. Leur cou-

---

6. Ben Mark, *Des voix dans la nuit*, Plon.

rage résida dans leur comportement qui était un défi constant à leurs bourreaux.

Et comment ne pas évoquer l'étudiant en médecine Léon Steinberg, de Sosnowiec, qui, garçon de salle à l'hôpital de campagne (Krankenbau), devint mon ami et, lors des sélections (les malades de longue durée étaient envoyés à la chambre à gaz), me cacha dans les waters ? Si le SS m'y avait trouvé, nous y avions droit tous les deux. Il prit un risque énorme, me permettant ainsi de passer une partie de l'hiver 1943-1944 à l'abri de la faim et du froid. Il est mort, m'a-t-on dit, en cours d'évacuation.

En ce qui me concerne, j'évoquerai ici quelques épisodes peut-être liés à l'idée de courage :

À l'arrivée à Jaworzno, on nous affecta à la mine. Le SS chargé de nous demanda qui parlait l'allemand. Les camarades, m'ayant entendu baragouiner un allemand mâtiné de yiddish, ou *vice versa*, me poussèrent en avant.

C'est ainsi que j'eus droit à un bâton et à une soupe supplémentaire. La fonction était celle d'un contremaître, en allemand *Vorarbeiter*. Il fallait que, vers 5 heures du matin, après avoir absorbé le liquide tenant lieu de café, je range mes copains en rangs par cinq, prêts à partir. Quand je leur demandai de faire ce que l'on m'avait recommandé, ils me lancèrent :

« Toi aussi, tu t'y mets. Tu crois qu'on n'en a pas assez avec les SS.

- Bon, rétorquai-je, vous verrez ce qu'il adviendra quand il sera là. »

Ils restèrent allongés par terre (on était au mois d'août 1943) sans plus faire attention à mes requêtes.

Surgit le SS qui, devant ce spectacle, se mit à hurler, en allemand argotique et vulgaire, du genre : « Bande de sales youpins, fainéants, fils de chiens, etc. » ; j'édulcore quelque peu. « Debout, *schnell* ! Qui est le *Vorarbeiter* ? » Je m'avançai, cachant le bâton dans mon dos. « Où est ton bâton ? » Je le présentai.

« À présent, montre-leur voir ce qu'est la discipline. »

Me tournant vers mes camarades qui remuaient, se levant sans hâte (en vérité, ils étaient épuisés), je leur fis : « Vous voyez le résultat. Magnez-vous un peu, je vous prie. »

Le SS explosa de fureur : « Et ton bâton ? À quoi te sert-il ? Montre-leur, te dis-je ! »

Je le regardai un instant sans rien dire, puis répliquai : « Chez nous, en France, on ne frappe pas un homme. »

La rage du SS n'eut plus de limites. Il s'empara de mon bâton et se mit à me frapper. J'essayai de préserver ma tête, pendant qu'il criait : « *Franzos-Kultur, Scheisse noch mal* » (la culture française encore une fois de la merde) !

Il en fut ainsi jusqu'à la mine et au retour ; le lendemain et le surlendemain. Au bout de huit jours, j'étais à bout. Et surtout, je pensais à ce qu'il m'avait promis : « *Franzos-Kultur, ich wurde dich värtig machen* » (culture française, je vais t'achever) !

Je savais qu'il ne parlait pas pour ne rien dire. Il me fallait fuir ce kommando. Sim Kessel m'aida un soir, au retour de la mine, à aller à l'hôpital (où, disait-on, on risquait une piqûre mortelle). On ne me reçut pas, me laissant traîner par terre. Le lendemain, je partis vers un autre kommando.

Était-ce vraiment un acte de courage (réfléchi), ou plutôt d'inconscience ? En tout état de cause, il n'était pas question que je frappe mes codéportés.

Une autre fois, ayant encore reçu un bâton, je refusai de m'en servir. Un camarade, aux lunettes cassées et rafistolées, ayant renversé une brouette, le SS m'ordonna de lui donner une leçon. Dans mon indécrottable candeur, je redressai la brouette et commençai à y replacer les briques qu'elle transportait. Le SS se mit à hurler : « Ce n'est pas ce que je t'ai ordonné. Montre-lui à quoi sert ton bâton. »

Je restai planté, sans répondre. Le SS s'empara de l'instrument et me couvrit de coups. À quelques mois de distance, la même scène se reproduisait. Cette fois, je n'avais pas essayé de « philosopher » avec le SS, mais je savais qu'il me fallait vite changer de kommando. Ce n'était pas chose aisée, mais avec le nombre de morts accumulés chaque jour, les kapos avaient du mal à s'y retrouver. Avec l'aide de quelques camarades, je fus affecté au déchargement des wagons de ciment.

Ce sont là deux scènes évocatrices. Mais, au camp, le courage c'était aussi avoir faim sans voler son compagnon (voler à la cuisine ou derrière les baraques du SS où s'accumulaient les restes des repas, c'était légitime !) ; c'était partager son pain quand on le pouvait ; c'était recueillir des nouvelles auprès d'André Deutsch qui, comme électricien, avait accès aux radios des SS, écoutait Radio-

Londres ou Moscou et me transmettait les nouvelles du front, ô combien réconfortantes, pour les communiquer aux camarades.

En automne 1944, quand les Russes progressèrent vers la Pologne à marches forcées (pas assez rapides pour beaucoup d'entre nous), on aurait dit que la peur avait changé de camp. Par temps de brouillard, ils ne nous emmenaient pas au travail. Un jour, l'un d'entre eux vint nous voir et s'adressant à moi, le germaniste confirmé, demanda : « Si les Russes arrivent, que ferez-vous à notre encontre ? »

Question embarrassante, car il fallait dominer notre haine. Je répondis : « Ceux qui ont été corrects (les Allemands affectionnaient ce terme) n'ont rien à craindre.

- *Ich war korrekt, ha ?* (J'ai été correct, n'est-ce pas ?) » Et il sourit à grandes dents.

Je le regardai sans répondre. Il s'éloigna, pensif.

Un jour, ce devait être avant d'entendre le son des canons russes, je me sentis à bout de forces. Mes jambes étaient devenues éléphantesques et je me traînais avec peine.

Un convoi étant annoncé, les SS voulaient faire de la place au camp. Ils nous rassemblèrent tous et demandèrent d'un ton mielleux : « Qui est malade ? Il ira à l'hôpital *sich erholen* (se retaper). »

Dans un moment de désespoir, je commençais à lever mon bras gauche, bien que mon expérience d'ancien m'ait appris la destination finale (la chambre à gaz). Mon voisin de gauche, un Hollandais que je ne connaissais pas, me donna un coup sur le bras qui retomba. Le kapo m'avait vu esquisser le geste. Il lança dans ma direction :

« Je crois qu'il y en a un qui a levé la main. *Komm* (viens). »

Je ne répondis pas. En fait, il n'avait pas distingué celui qui avait fait le geste, et il n'insista pas.

Ai-je fait acte de lâcheté, alors que la mort m'apparaissait comme une délivrance ? Mon camarade inconnu ne mérite-t-il pas un coup de chapeau ? Sans me connaître, il est intervenu, me sauvant de la chambre à gaz. Solidarité et courage ne vont-ils pas ici de pair ?

Puis-je parler de courage sans évoquer le geste de mon camarade Yacov (Jacques) Wajatrob, qui était responsable, avec sa femme Léa, du mouvement de la jeunesse sioniste à Nice (faux papiers, planques, passage d'enfants vers la Suisse, etc.) ?

Arrêté, il est emmené dans un commissariat. Il dépose sa serviette. Un policier le fouille, ne trouve rien sur lui et le laisse repartir. Dehors, il pense à la serviette où se trouvent des documents précieux. Que faire ? Dilemme ! Il décide de rentrer dans le commissariat pour récupérer sa serviette. Il sera déporté et ne reviendra pas.

Le vrai courage est-il indissociablement lié au respect de soi et à l'altruisme ?

Courageux étaient ces Polonais (parmi lesquels un Juif) qui furent pendus devant tout le camp rassemblé et qui, au moment où on leur passait la corde au cou, avant qu'on ne fasse tomber le tabouret sur lequel ils avaient été juchés, lancèrent des cris patriotiques.

Courageux les soldats russes présents à Auschwitz (beaucoup y moururent) et qui tentèrent de s'évader. L'entreprise était aventureuse. Rares furent ceux qui réussirent[7].

Avec mon camarade Maurice Honel (ancien député communiste) nous projetâmes une évasion. Les évadés repris, ramenés au camp le corps criblé de balles (et que je dus parfois porter jusqu'à la baraque servant de morgue) nous firent hésiter. Aucun des deux ne connaissait le polonais et les paysans des environs étaient peu accueillants, par cupidité ou par peur ; nous avions un numéro tatoué sur le bras, les cheveux rasés, les vêtements rayés des bagnards. On dit qu'à la mine, avec l'aide d'un civil, un déporté polonais réussit à s'enfuir en y restant terré et la quittant en vêtement cicil.

Nous avions hésité trop longtemps, car ce qui semblait possible en équipe de nuit, cessa de l'être quand nous changeâmes d'horaire de travail.

Il ne s'agit plus ici de courage ou d'absence, mais d'un calcul rationnel qui prouve que l'on n'était pas tout à fait, alors, au bord du désespoir.

Mais je pense à ce que des camarades et moi-même avons fait il y a quarante-sept, quarante-huit ans. Nous étions jeunes alors. Pour nous certaines valeurs semblaient mériter tous les sacrifices.

---

7. Rudolf Wrba (avec Alan Bestic), *Je me suis évadé d'Auschwitz*, Ramsay, coll. « Document ».

Que ferions-nous aujourd'hui dans les mêmes conditions ? Question très théorique, mais qui mérite un instant d'attention.

Quarante, cinquante ans après (sans parler de ceux qui ne sont plus et qui ne peuvent plus répondre), alors que l'on a vieilli, avec plus ou moins de bonheur, que l'on n'a plus la même mobilité, que l'on est malade, souvent chargé de famille (jadis, nul n'était épargné par les nazis et leurs complices français. Souvent on s'engageait dans le combat par esprit de vengeance), pourrait-on accomplir les mêmes gestes, réagir de la même façon, avec le même élan, la même foi ?

Je pose la question, conscient de ce que le témoignage d'un résistant et déporté peut avoir de spécifique quand il s'agit d'aborder une réflexion sur le courage.

En revoyant défiler dans mon souvenir tant de camarades disparus, je me dis que le courage fut souvent discret, anonyme.

Le survivant ne saurait revendiquer, en tout état de cause, les lauriers revenant à d'autres...

Pour illustrer ma réflexion sur le courage, je voudrais citer, enfin, quelques extraits de lettres de résistants fusillés, jeunes pour la plupart. Avant d'être conduits devant le peloton d'exécution, ils ont eu droit à une dernière lettre. Toutes méritent attention et respect[8].

La plupart ne songent qu'à délivrer un message de courage à ceux (parents, femme, enfants) qu'ils ne reverront plus.

« Mes derniers instants, écrit Joseph Epstein (colonel Gilles), je veux les consacrer à vous. »

À sa femme, il ajoute : « Sois courageuse. » Celui qui va à la mort pense à sa femme et à ses enfants et souhaite qu'ils soient heureux.

Samuel Tsyszelman demande à ses parents et à sa sœur de lui pardonner les « petites misères » qu'il a pu leur faire.

On retrouve pratiquement dans chaque lettre ce souci pour ceux que l'on a l'impression d'abandonner.

Jacques Grinbaum écrit : « J'ai eu mes vingt et un ans loin de vous que j'aime plus que jamais. J'aurais voulu dire que je suis fier de vous, de votre courage devant les épreuves passées. »

---

8. David Diamant, *Combattants, héros et martyrs de la Résistance*, éd. Renouveau.

Bernard Grinbaum, fusillé à vingt et un ans, affirme : « Je suis fier de mourir ainsi. »

Certains ont écrit en prison des poèmes.

Elie Wallach « philosophe » : « Rire n'empêche pas de souffrir, mais souffrir ne doit pas empêcher de rire. »

Marcel Rayman, fusillé à l'âge de vingt et un ans, écrit à sa mère : « Je t'adore, et vive la vie. »

Dans chaque lettre, il est question d'amour. On se sent « coupable » d'abandonner les membres de sa famille confrontés aux persécutions de l'occupant nazi et de ses collaborateurs policiers ou miliciens. On s'attache à insuffler du courage à ceux qui vont devoir porter le deuil d'un être cher.

Et toujours, explicitement ou implicitement, se révèle chez ces jeunes qui, pour la plupart, n'ont pas eu le temps de connaître la vie, un regret fugitif d'en être privé, tout en affirmant accepter sereinement la mort qui les attend.

Chaque lettre est un témoignage de courage, surtout si l'on imagine que certains (sinon la plupart) ont été auparavant « questionnés » et torturés.

Henry Bulawko

Femmes à Auschwitz

Entretien avec Cypora Gutnic

Comment tenir dans l'intenable ? Et soutenir la vue, nuit après nuit, de cette « flamme dans le ciel noir » qui le saturait des poussières de millions d'êtres humains carbonisés, presque tous morts d'être nés juifs ? Quelques pages qui en témoignent, afin qu'au moins demeure inoubliable ce que l'on ne comprendra jamais.

Pierre Michel Klein. - *À quelle date et comment avez-vous été arrêtée ?*

Cypora Gutnic. - Le 2 juillet 1943. Du 1er au 7 juillet, ils ont ramassé un nombre considérable des actifs les plus importants de la Solidarité juive et de la MOI[1].
À ce moment-là, j'avais une sorte de pressentiment. J'avais eu un rendez-vous manqué avec un responsable. Vous savez quelles étaient les consignes concernant les rendez-vous. Si on n'est pas venu à l'heure, on ne doit pas attendre plus de cinq minutes. Parce que les flics étaient partout. Il suffisait qu'ils voient une même personne passer plusieurs fois au même endroit, ils en déduisaient vite qu'on attendait quelqu'un. Donc, on n'avait pas le droit de rester plus de cinq minutes, et s'il ne s'agissait que d'un retard, tant pis. Dans ce cas il y avait un repêchage : le lendemain à la même heure. Et si le lendemain on n'était pas venu, là c'était mauvais signe. Or moi, j'avais rendez-vous avec mon responsable et il n'est pas venu. Et le lendemain non plus. Là, je sentais déjà les poux... Je me suis dit : « Je vais aller voir mon fils... »

---

1. MOI : Main-d'œuvre immigrée. Mouvement de résistance composé de travailleurs étrangers.

Quel âge avait-il ?

À peu près deux ans et demi. Il est né en octobre 1940. J'avais dû le placer, non sans difficulté, chez une nourrice, sans quoi il m'aurait été presque impossible de continuer l'action. Je ne devais aller le visiter que le dimanche. Et là j'arrive un jour de semaine, et cela irrite la femme qui le gardait : « Pourquoi juste aujourd'hui ? » me demanda-t-elle sèchement. Et je lui répondis : « Est-ce que je sais ? Peut-être que dimanche, je ne pourrai pas venir... mais, ajoutai-je, aujourd'hui j'avais le temps. » Ainsi, elle pouvait penser que je travaillais régulièrement dans la semaine, aujourd'hui n'étant qu'une simple exception, et l'expression de mon pressentiment passa inaperçu. J'ai vu mon fils. Au moment de partir, il pleurait plus que d'habitude. Je lui ai donné une photo de moi, une photo maquillée : « Vois, c'est ta maman. Prends ça. » Ça lui a plu. J'ai commencé à le divertir, il s'est calmé. Et je suis sortie...

Qu'avez-vous fait alors ?

Normalement, il fallait toujours éviter de se rendre les uns chez les autres, qu'on se connaisse ou pas. Mais j'avais perdu le contact. Alors je suis montée chez une amie qui habitait place des Fêtes, rue Compans, au quatrième étage. Je monte les étages et j'arrive au quatrième. Je m'apprête à mettre un mot : « Je viens de chez Marcel et Philippe doit être gravement malade. » Philippe, c'était le camarade que je devais voir, du bureau parisien. Je suis en train de glisser ça dans le trou de la serrure... quand je sens de la fumée. « Ça, c'est mauvais », je me dis. Elle ne fume pas et aucun homme ne vient chez elle. Son mari était prisonnier de guerre. Alors je me précipite vers l'escalier et je commence à dégringoler les marches en sautant. J'étais déjà au premier quand ils m'ont attrapée. La première chose qu'ils font, ils m'arrachent le sac...

C'était la police française ?

Oui. J'avais un petit papier dont je devais me débarrasser, une sorte de pense-bête avec ce que je devais me rappeler. Pas un nom bien sûr.
« Il faut que j'aille aux cabinets. »

- Non ! Tu vas pas !
- Alors je vais faire pipi au milieu de la salle.
- Tu laisseras... »

Cela se passait toujours chez votre ami ?

Oui. Ils ont arrêté cette amie, puis ils sont restés. Et là ils m'ont prise. Je suis entrée aux cabinets. Et aussitôt j'ai tiré la chasse d'eau. « Ah ! la salope ! » Ils m'attrapent :
« Qu'est-ce que ces deux clés ? » me demandent-ils. En vidant mon sac, ils les avaient trouvées.
« Mais, celles de ma maison ! L'autre, celle de la maison de la dame qui garde mon enfant.
- Qui est ce Marcel ? » Ils avaient le mot que je voulais glisser.
« Marcel, c'est mon fils.
- Quel âge qu'il a ?... Qui est Philippe ?
- Philippe, c'est... c'est Philippe. C'est mon ami. »
Bien. Alors on m'emmène au poste. Je n'étais pas la première, une trentaine de personnes m'y précédaient, qu'on venait d'arrêter. C'était rue d'Assas. Je me rappelle encore, au quatrième étage, la salle Tissot. C'était la salle de torture. Ils lui avaient donné le nom d'un des leurs qui avait été liquidé par la Résistance, un de la Gestapo française. Et là, on nous a drôlement arrangés ! Qu'est-ce qu'ils ont torturé les gars qu'ils ont pris l'arme à la main ! C'était terrible... Bien. Alors j'étais là, au poste. Et ils me demandent tout le temps : « La deuxième clé ? » Je répète : « C'est la clé de la maison où se trouve mon enfant. Il est en nourrice, et si vous me coupez en morceaux, naturellement chaque morceau va se taire, parce que je ne vous donnerai pas, jamais l'adresse de mon fils. Vous me tenez, cela vous suffit.
- Et où est ta chambre ?
- Ça ne vous regarde pas. »

Vous avez dit tout ça...

Oui. « Ça ne vous regarde pas. Ma chambre, je la garde pour moi. Peut-être la nourrice viendra-t-elle un jour avec mon fils, alors vous allez l'attendre comme vous m'avez attendue, vous la raflerez. Comment voulez-vous que j'aie confiance en vous ! »

Ils m'emmènent chez le chef. Je le revois, avec ses cheveux blancs.
« Qui est Marcel ?
- Marcel est mon fils.
- Quel âge a-t-il ? »
Je répète la même chose.
« Où est-il ?
- Là où il doit être, dans une bonne famille française qui
s'occupera de lui, parce que moi, je ne sais pas si je le reverrai
encore.
- Vous me voyez, dit-il alors sur un ton doucereux, j'ai les cheveux
blancs, et puis je suis déjà grand-père. Si c'est un gosse de deux
ans et demi, comme vous dites, et s'il vous arrivait quelque
chose... »
Je comprenais par là que quelque chose devait m'arriver.
« ... je m'occuperai de lui. »
Alors je lui lance : « Voulez-vous que j'aie plus confiance en vous
qui collaborez avec nos plus grands ennemis de France, qu'en une
vraie famille française dont je suis sûre qu'elle sauvera mon fils des
fascistes allemands ?
- Alors vous n'avez pas confiance en moi ?
- Non ! Vous n'êtes pas un bon Français, vous collaborez avec eux.
Je n'ai pas besoin que vous vous occupiez de mon fils après ma
mort. Les autres s'en occuperont... »
Il me décoche alors une gifle terrible, elle me siffle encore dans
les oreilles, une gifle que... je croyais chercher ma tête par terre.
Voilà le bon grand-père qui voulait s'occuper de mon enfant !

*Et ce qui vous a poussée à lui répondre comme ça, c'était quoi, le
dégoût...*

C'était le dégoût, et c'était... cette hypocrisie : « Vous voyez, je
suis grand-père, donc j'ai pitié, je vais m'occuper de votre fils. »
Il veut me tuer moi, il va s'occuper de mon fils ! Il savait ce qui
m'attendait.

Est-ce que vous aviez peur ?

J'avais peur, mais j'étais prête à tout. Ils sont venus en apportant
un tas d'instruments lugubres. Ils ont commencé à s'étaler en

préparatifs pour me faire peur. J'avais un petit dentier de quatre dents. En voyant ces préparatifs, j'ai sorti ce dentier et je l'ai posé sur la table. Ils se sont regardés, et j'ai senti qu'ils étaient désarmés. Et je leur dis : « D'abord ne faites pas tant de préparatifs, parce que je suis cardiaque. Vous feriez mieux d'appeler un médecin, à moins que vous ne vouliez me liquider sur place. Mais si vous croyez que je dois rester encore en vie, alors il faut qu'il vous dise jusqu'où vous pouvez aller.
- Vous êtes cardiaque ? demanda-t-il.
- Oui.
- Allons ! Elle raconte des histoires. Commence, toi » lança-t-il à son compagnon. Et ils me jettent un tas de paroles dégoûtantes. Moi je serre les dents. Bien. Alors, combien de temps ça va encore durer ? J'avais mal au ventre, je m'attendais à être bien tabassée, mais tout d'un coup, l'un d'eux m'a prise par le cou, a ouvert la porte et m'a jetée à travers notre chambrée jusqu'au mur. Là se trouvaient mes camarades, on était seize. Et moi je riais ! Alors mes camarades croyaient que j'étais devenue folle. Comme je n'avais pas mes dents, mon appareil, ils étaient sûrs qu'ils s'étaient acharnés sur moi. Et après, je suis encore retournée pour aller prendre mes dents ! Mais il y avait un petit qui était dans l'autre salle. Il s'appelait Roger, il avait seize ans. Lui se tenait vraiment comme un héros. Ils l'ont tellement battu - parce qu'ils l'ont pris avec un revolver - que quand ils l'ont ramené chez nous, il était noir. Et moi, avec la doctoresse, Dora Slawka Kleinowa, une femme admirable, on lui mettait des compresses froides, pour le soigner un peu. À ce moment le type de la salle Tissot entre, et rugit : « Salope ! Tu le soignes ! D'abord tu le prépares pour qu'il ne parle pas, et après tu le soignes ! » Moi j'étais tellement énervée et tellement touchée, j'ai rétorqué : « Sors de là assassin ! » Alors il s'est jeté sur moi. Mais il y avait la police qui nous gardait, et les policiers m'ont entourée, en disant : « Pas ici. Dans la salle Tissot. Ici ce n'est pas la salle Tissot. » Les policiers m'ont protégée...

Les policiers français, en uniforme ?

Oui, en uniforme. Et la nuit ils nous couvraient avec leur capote. Ils étaient tellement gentils... incroyable.

Ils disaient : « Salle Tissot, mais pas ici »... mais la salle Tissot était juste à côté...

La salle Tissot, c'était la salle de torture. Ça veut dire : « Nous on n'est pas là pour laisser torturer les gens. Nous on les garde. Si tu dois faire des cochoneries, fais-les là-bas. » Ça veut dire ça. L'autre est sorti rouge comme une tomate.

Lui aussi, c'était un Français, un collaborateur...

Mais oui, il n'y avait là que des Français, on ne voyait pas un Allemand. Mais ces policiers étaient chics. Le soir, quand ceux de la salle Tissot étaient partis, ils nous apportaient des sandwichs que nos camarades des autres étages nous envoyaient, avec des messages glissés dedans. Et puis par eux on avait des informations : qui était frappé, qu'est-ce qu'ils ont dit, et si quelqu'un a craqué... on devait être si fort pour tenir.
Alors là j'ai appris qu'un ami de mon mari, Meir List, avait été pris le revolver à la main, et qu'il était tellement charcuté... il avait demandé que je monte le voir. Alors j'ai demandé à un type qui nous gardait :
« C'est mon cousin, est-ce qu'on pourrait s'arranger pour que je le voie ?
- Il vaut mieux que vous ne le voyiez pas dans cet état. »
J'ai insisté, je suis montée. J'ai failli tomber raide en le voyant... C'était un morceau de... de chair. Il était sur un banc, le sang coulait. Il me dit : « Écoute. Sache que quelqu'un nous a donnés. Les questions qu'ils m'ont posées sur notre travail montrent qu'ils savent ce que nous faisons, ce que nous allons faire. Et tâche de faire parvenir un mot, de redoubler d'attention, ils connaissent déjà pas mal de camarades, ils les suivent pour découvrir les autres. Il faut qu'on sache dehors qu'il y a un donneur. » Je suis descendue. Comment faire ? Il fallait faire sortir le message. Alors j'ai commencé par écrire un testament. Un policier s'est approché :
« Qu'est-ce que vous faites ? me demanda-t-il.
- J'écris mon testament ; pour celle qui garde mon fils, parce que je suis sûre que je ne reviendrai pas. J'écris que je lui permets d'adopter mon enfant, à condition de lui dire plus tard que ses parents étaient Juifs, et qu'ils sont morts pour la France. »

Je lui demande de porter cette lettre et de me rapporter une brosse à dents et quelques effets nécessaires.
« J'irai dimanche, promet-il, en civil, je vous assure que j'irai. »
J'ai eu confiance. J'avais mille francs, je lui ai donné.

Vous avez donné l'adresse de votre enfant au policier ?

Oui. J'ai mis en danger, peut-être, mon fils. Mais il est revenu avec une lettre et avec les quelques bricoles que j'avais demandées dans ma lettre à la nourrice.
Dès lors, j'avais confiance en lui. J'ai rédigé le message pour nos amis de dehors, pour les prévenir. Mais j'ai pris mes précautions, je l'ai écrit en hébreu, à destination d'une amie qui connaissait cette langue, et par l'intermédiaire d'un tailleur juif qui faisait des survêtements pour l'armée allemande, mais qui ne connaissait que le yiddish. La lettre est parvenue à destination : l'Organisation était alertée sur les dangers qui pesaient sur elle.

Quel fut le sort des détenus de la rue d'Assas ?

On a fusillé tous ceux qui avaient été arrêtés avec l'arme à la main. Ils étaient fusillés dans la semaine, je crois. Nous, ils nous ont envoyés à Auschwitz.

Vous êtes passée par Drancy ?

Oui. On est resté en tout une dizaine de jours à Drancy. Ils ne voulaient pas qu'on se mélange avec tous les autres Juifs, qu'on leur raconte tout ça, qu'on agisse sur eux, vous savez. C'est ce qu'on a essayé de faire. Aux femmes de Drancy, prises dans les rafles, dont celle du 16 juillet, celle du Vel' d'Hiv', on ne cessait de dire : « N'emmenez pas vos enfants. Surtout ne faites pas ça. Parce que nous ne savons pas où nous allons. Ils ne nous donneront pas à manger pour rien, les Allemands... »

Les femmes vous croyaient ?

Les femmes, elles disaient : « Non, ce sont des communistes, c'est de la propagande ! » C'est qu'elles avaient été méthodiquement prévenues contre nous : « On amène de la Gestapo un groupe communiste, il faut faire attention... » Vous savez, on ne nous aimait pas. Mais nous avons persévéré : « Ne faites pas ça. Même si vous devez travailler dur, qu'est-ce que vous ferez avec vos enfants ? Vous croyez que les Allemands nous donneront à manger pour rien ? »

Mais elles ne le croyaient pas...

Et nous avons vu des filles et des garçons de douze ans, de treize ans... Ah ! quand je me rappelle ça... dans le train...

Cela se passait donc en 1943, en juillet...

En juillet. Le 31 juillet, on était déporté. Notre nom figure dans le mémorial de Serge Klarsfeld. J'y suis. Shapira, Cypora Shapira. Je n'avais pas le nom de mon mari.

31 juillet 1943...

31 juillet 1943, tout un groupe de résistants. Vers Auschwitz.

Pouvez-vous maintenant raconter comment ça s'est passé ? Vous voilà donc dans...

À Auschwitz.

D'abord dans le wagon...

Dans le wagon c'était terrible. Il y avait des vieillards, des petits enfants. On avait à peine la place pour s'allonger. Le peu qu'on nous avait donné à manger, on le partageait. Parce qu'ils nous avaient donné, soi-disant pour le train, puisqu'ils nous avaient dit qu'on allait dans un camp de travail ! Et puis les excréments, et tout, pendant trois jours.
C'était le 31 juillet, il faisait une chaleur accablante, c'était terrible, cette saleté, l'air... c'était terrible ; une petite image déjà de ce qui nous attendait.

Des gens sont-ils morts dans votre wagon, durant ces trois jours ?

Oui. Quand on est sorti, il y en a deux ou trois qui sont restés couchés sur le sol. On est arrivés à neuf heures du soir. Après cette chaleur, on arrive à Auschwitz, c'est un marécage, vous savez, là-bas ; il faisait frais. Brusquement, on a ouvert les portes du wagon à bestiaux, et on nous a jetés dehors, comme des bêtes, comme des sacs de pommes de terre qu'on balance. Avec nos valises, et tout. Et on entendit hurler : « Les valises et les sacs, tout par terre, rien toucher ! » Alors il fallait jeter mon sac, mais tout à coup j'attrape le sac et je sors les photos de mon fils pour les dissimuler... et je reçois un coup terrible, je croyais sentir tomber ma tête.

On vous a matraquée.

Oui. Et puis je me suis retournée, et j'ai vu des vieux qui étaient déjà par terre, dans le sang. Et après, ils ont commencé la sélection. Alors ils ont crié : « Tous ceux qui sont fatigués, femmes, enfants, vieux avec cheveux blancs, qu'ils montent sur le camion. » Moi j'étais malade dans le wagon. Alors une copine m'a poussée : « Va, monte ! tu vas te reposer. » Et Mengele était là, avec la cigarette, il devait comprendre le yiddish.
Je répondis : « Mais laisse-moi tranquille, je ne veux pas monter. Regarde ce qui se passe là. Tu crois qu'on va dans une maison de santé, là-bas ? qu'on va s'occuper de nous donner à manger pour rien ? Ici il faudra bosser, on va pas s'amuser. » Alors elle insiste : « Mais tu es fatiguée, tu ne pourras pas travailler... » Pour finir je lui dis : « Bien, écoute. Si tu as peur que je me repose sur toi, alors va-t-en, laisse-moi tranquille ! » Alors lui vient, comme ça, il me demande...

Mengele ?

Je ne suis pas sûre, je ne sais plus si c'était Mengele ou un autre ; c'était celui qui faisait la sélection. Ça m'aidait beaucoup de savoir l'allemand. « *Kannst du laufen ? - Ja, gewiss kann ich laufen - Was bist du von Beruf ? - Krankenschwester. Wo hast du gearbeitet ? - Im Rothschildspital, in Paris, in der Picpustrasse.*

Vous pouvez traduire...

Oui. Alors il me dit : « Tu peux courir ? » Je réponds : « Bien sûr
que je peux courir. - Et quel est ton métier ? » J'ai dit : « Je suis
infirmière. - Où as-tu appris à travailler ? - À l'hôpital Rothschild,
à Paris, rue Picpus. » Alors il lance : « *Fort von hier* » (fous le camp
d'ici !)
Et puis il s'est marré, il s'est marré, je ne savais pas pourquoi. Il
devait se dire : « Celle-là, elle a bien choisi ! » Sur les mille cinq
cents qu'on était en arrivant, on s'est retrouvé cent cinquante ; cent
hommes qui devaient aller à Birkenau, et cinquante femmes qui
restaient à Auschwitz. On ne savait pas où on était. Après on nous
a emmenées pour nous couper les cheveux, et puis on nous a fait
la douche historique...

La « douche historique » ?

Une douche, on appelait ça « douche historique », parce que les
hommes étaient là pour se moquer de nous, les kapos ; il y avait
même des Juifs aussi. Et ce sont eux qui nous ont rasé la tête,
et rasées un peu partout. Nous avions envie de... de râler de dégoût.
Après ils nous ont donné des robes, des robes reprises aux mortes.
Pour nous ridiculiser un peu plus, à moi qui suis petite ils ont
donné une robe qui traînait par terre, alors qu'une amie de deux
têtes plus grande se retrouvait avec une robe qui lui arrivait au-
dessus des genoux. Ils ont fait de nous... nous nous croyions dans
une maison de fous. Nous sommes arrivées dans le block vers dix
ou onze heures du soir.

Pendant ce temps-là, entre neuf et onze heures, de l'autre côté...

De l'autre côté ils étaient déjà dans les chambres à gaz. Parce qu'ils
y allaient directement. Quand nous sommes entrées dans le block
- le block était un baraquement -, des filles qui y dormaient se
sont réveillées, elles demandèrent :
« D'où venez-vous ?
- De France.
- Combien sont montés sur le camion ?
- Nous ne sommes que quelques-unes à ne pas y être montées.

- Et les hommes ?
- Il reste très peu d'hommes.
- Tous ceux qui sont montés sur le camion sont déjà... cendres. »
Moi j'ai dit à une amie : « Tu ne vois pas qu'on est dans une
maison de fous ! Regarde leurs yeux... ». Et nous, nous avions déjà
l'air de folles. On ne pouvait pas le croire. Elles nous disent à onze
heures du soir que les autres sont déjà... cendres. On croyait tout,
mais pas ça ! Après, naturellement, je n'ai pas fermé l'œil de la
nuit. Entre les fous, on devient vite fou ; je me disais : « Demain
tout le monde sera folle ». Bien. On se lève le lendemain. Nous
nous trouvions dans le block 10, le block d'expériences sur les
femmes. Le bâtiment était fermé, les fenêtres bouchées par les
planches, pour qu'on ne puisse pas regarder les hommes dehors.
Seuls deux camarades qui étaient dans un groupe de résistants
d'Auschwitz pouvaient entrer chez nous : ils travaillaient à la laverie,
apportaient chaque matin le linge et venaient chercher le sale.
C'était soi-disant un hôpital, cela devait paraître propre ! L'un d'eux
nous demande : « Combien vous êtes ? » C'était un déporté de
France. Je lui réponds, et je lui dis :
« Écoute, on est dans une maison de fous ?
- Oui, oui...
- Les femmes d'ici nous ont dit que ceux qui étaient avec nous
sont déjà... C'est vrai ?
- Ils ont été... Il y a des fours crématoires qui brûlent nuit et jour,
qui avalent des dizaines de milliers de Juifs tous les jours, tous les
soirs, ils n'arrêtent jamais. Ici on ne peut pas le voir, mais à
Birkenau vous les verrez.
- Malheur !
- Et ici, ici c'est un block d'expériences. On y charcute les femmes
juives, et on les stérilise. »
Ah ! quand on a entendu ça... on voulait déjà la mort. Bien. Alors
je me trouvais depuis deux semaines dans le block quand j'entends
crier mon numéro : « 52343 ! » Ah ! la la la la la la...

Vous saviez déjà ce qu'on faisait aux femmes dans ce block... plus
précisément...

Ils faisaient... aux femmes mariées, ils faisaient des piqûres dans
l'utérus, ils injectaient un liquide mystérieux - jusqu'à maintenant

on ne savait pas exactement ce que c'était - un liquide pour stériliser. Chaque semaine, on injectait le liquide. Et quand les femmes rentraient après cette piqûre, elles hurlaient comme des bêtes sauvages. Ça leur brûlait les entrailles. Et il y avait encore pire que ça ; car ça, c'était pour les femmes mariées. Aux jeunes filles, qu'on ne pouvait piquer dans l'utérus, ils mettaient des plaques électriques sur le bas ventre, pour leur brûler les ovaires. Elles étaient toutes brûlées là. Brûlées, à devenir fou. Et pour être sûrs du résultat, ils ouvraient ensuite le ventre, et ils vérifiaient si jamais un des deux ovaires avait résisté et pouvait donc encore servir, auquel cas ils en faisaient l'ablation. L'ablation d'un, ou des deux ovaires. Je me rappelle, il y avait des jeunes filles grecques, l'une d'elles, nous l'appelions « le rossignol », elle chantait si bien... on n'a jamais entendu une si belle voix. Et elle revenait après ça : les cris, les pleurs, et elle souffrait le martyre. Physiquement, moralement. Et elle a complètement changé. Et sa voix, sa belle voix de chanteuse, elle est devenue rauque... tout cela me hante maintenant, bien des fois dans la nuit. Quand je... je reviens au camp, quand je souffre parfois plusieurs nuits en revoyant le camp, je me rappelle ces jeunes filles grecques, que j'ai vues tellement abîmées... Elles sont aujourd'hui toutes en Israël, celles qui ont survécu.

Vous-même, comment... où vous trouviez-vous au moment où on vous a appelée ?

Il y avait deux salles, l'une pour celles qui étaient déjà charcutées, qu'on traitait encore après la stérilisation ; l'autre pour celles dont on devait déterminer le sort exact, où j'étais. Un chirurgien, un Juif allemand, le professeur Salomon, examinait chaque femme afin de décider du genre de stérilisation qu'il fallait pratiquer. Il nous avait déjà toutes vues. À moi, il me disait que j'étais destinée à la recherche du cancer de l'utérus. Mais moi je ne le croyais pas.

Et donc, on vous appelle...

On m'appelle. « 52343 ! » Je saute tout de suite de mon lit, j'étais au troisième étage. Et je me précipite dans l'autre salle, de celles qui sont déjà traitées. Il y avait là une amie, Irène Kasman, que je connaissais de Paris. Vite, je me fourre dans son lit. Et on appelle encore le numéro... et ça ne répond pas. Mon amie était assise sur moi ; je lui dis : « Va, descend de ton lit, éloigne-toi ! Je ne veux pas qu'on te voie ici. Après... on verra. » Moi, j'étais résolue à ne pas sortir de là, quitte à y étouffer... Et l'autre m'appelait et m'appelait, elle criait comme une folle : « Si elle ne sort pas, hurlait-elle, je ferai une *Meldung*, une punition pour tout le block ! »

Qui était-ce ?

La *Blockalteste*, la responsable du block ; c'était une Juive tchèque. Ah ! elle était terrible... on l'appelait « le Tigre ». Quand j'ai entendu ça, une *Meldung* pour le block - vous savez, ça veut dire qu'ils peuvent nous envoyer toutes à Birkenau - cela, je ne le voulais pas. Je ne voulais pas que cinq cents femmes souffrent pour moi. Je suis sortie, et j'ai dit au Tigre : « Tu ne m'aurais jamais trouvée ; mais cinq cents femmes ne paieront pas pour moi. » Elle m'a traînée du premier étage jusqu'en bas, jusqu'à la salle d'opération, et m'y a jetée. Je reste là et bientôt, une infirmière s'avance vers moi avec une seringue, pour m'endormir. Je lui lance : « Je ne te laisserai pas... » Ce n'était pas de sa faute à cette infirmière, une Juive belge ; elle me dit :
« Mais qu'est-ce que je peux faire ?
- Arrange-toi pour ne pas me piquer.
- Mais ils verront que tu ne dors pas, et ils te feront eux-mêmes la piqûre ; et moi j'aurai une *Meldung*, c'est moi qui serai punie. Alors qu'est-ce que tu vas gagner là-dedans ? »
Elle avait raison, la pauvre. Alors je lui dis : « Viens ici. » Elle s'approche. Et je lui égratigne la figure : « Va, dis que je suis devenue folle, que je ne me laisse pas faire, que je t'ai battue, voilà. » C'est ce qu'elle fait. Peu après la porte s'ouvre, et le chef apparaît. Il me dit...

Salomon ? le docteur Salomon ?

Professeur Salomon. Il dit :
« Écoutez. Il y a des femmes qui venaient d'Amérique et qui me

payaient deux mille Deutschmarks pour que je leur fasse l'opération que je vais pratiquer sur vous.
- Quelle belle chose ! C'est le genre d'opérations que tu fais - je le tutoyais - aux jeunes filles, que tu fais brûler vives !
- Non.
- Alors pourquoi tu fais ça ?
- Parce que je ne peux pas faire autrement. Si je peux sauver parfois un ovaire valable, je le fais. Mais cela, ils ne le savent pas. »
Je lui déclare tout net : « Non, je n'ai pas confiance en toi.
- Écoute, continue-t-il, tu dois savoir que tu as une descente de l'utérus. Si par malheur on t'envoie à Birkenau, et que tu travailles seulement deux jours dans les conditions de là-bas, tu perdras tout de suite ton utérus en route. Tu peux en mourir. Alors qu'est-ce que tu risques ? Quel mal puis-je te faire ? Je vais arranger ça et te coudre. Et je ferai de toi une jeune fille. Parce que tu es déchirée. »
Je savais que ce qu'il diagnostiquait était vrai. Il me demanda encore : « Pourquoi ne t'a-t-on pas opérée ?
- Parce que j'étais clandestine.
- Je te répète qu'à toi je ne ferai pas de mal, parce que j'ai de quoi me couvrir. Je cherche le cancer - et c'est vrai que tu peux avoir un cancer à l'utérus - avec biopsie et tout. Tout est préparé comme dans un hôpital ! »
Tout en me parlant, il gardait une main derrière le dos, et tout à coup... hop ! il me fait la piqûre. Et je sens que je meurs. Quand je me suis réveillée, je souffrais beaucoup. Un officier venait voir et s'exclamait : « *Das ist ja fabelhaft ! So eine Operation !* » C'est une opération gigantesque, on n'a jamais vu ça ! Elle est devenue une jeune fille !

Qui disait ça ?

Les Allemands, l'un des médecins allemands, qui admirait l'opération.

Et là, c'était une vraie opération ?

Une vraie opération. Et moi je n'ai pas voulu le croire. Bien plus tard, quand les Russes ont libéré le camp, ils nous ont interrogés pour savoir ce qui s'était passé. Alors je leur ai dit que d'abord, j'étais dans le block 10 - ils savaient déjà ce que c'était - dans le block d'expériences. J'ai raconté ce qu'ils avaient fait aux jeunes filles, et que moi aussi, j'avais été stérilisée, et que je ne croyais pas à ce qu'avait dit Salomon : il avait stérilisé tant de femmes ! Alors ils ont appelé une gynécologue qui m'examina : « Je ne vois pas ça, affirma-t-elle, rien n'est sûr, mais il est possible qu'elle ait subi une opération formidable !... » et elle continua : « Si c'est vrai, tu peux remercier ce docteur. » Et de fait, le professeur Salomon avait écrit un épais traité de gynécologie. Et puis Weber, ou Wirtz, un des docteurs allemands du camp, a accaparé le livre, l'a signé de son nom et a descendu Salomon d'une balle dans la tête, peu avant la libération.

Pouvez-vous me dire, au moment où l'on en est, comment se caractérisaient les relations entre les femmes du block, comment elles pouvaient se soutenir... ?

Là-dessus je vais raconter une histoire, une formidable histoire de courage. Le lendemain de notre arrivée, il y avait chez nous une fille qui a reconnu un ami de Varsovie. Un lien profond s'est noué entre eux, ce genre de lien que l'on maintenait coûte que coûte au camp. Ils s'écrivaient des mots d'amour qu'ils se faisaient parvenir secrètement et qu'ils dissimulaient. Mais la *Blockalteste* montrait beaucoup de zèle à décider souvent des fouilles, à nous faire sortir des salles et à rechercher ce qu'on avait bien pu cacher. Un jour donc, elle trouva un petit mot écrit en polonais : « Je t'aime »... je ne sais pas, un petit message, quoi, quelques mots d'amour. Ça, c'était interdit au camp.

Le Tigre a condamné cette fille à vingt-cinq coups de bâton sur le derrière. Elle apporte alors le tabouret sur lequel la suppliciée devait se courber et se coller, pour y recevoir les coups. Nombre de victimes en mouraient, après ou pendant le supplice, parce que parfois on était condamné à cinquante coups, cela dépendait de la férocité du *Blockaltester*. Nous étions un groupe uni de seize femmes. Nous avions réussi à relever le niveau moral des femmes, qui était très bas. Le soir nos filles chantaient, l'une racontait une histoire, l'autre un film, une pièce de théâtre, et chacune en revenait un peu à la vie. Alors qu'au début on se battait au premier litige

concernant le moindre morceau de pain, on en est arrivé - lorsque
parfois on avait une ration double - à ce que chacune en réserve
une part pour l'apporter à celles qui revenaient de la salle
d'« opération » et perdaient leur sang. Quand moi-même j'étais ainsi
couchée, les filles - on était seize - prélevèrent les trois pauvres
morceaux de pomme de terre noyés dans leur lavasse de soupe pour
m'en faire une purée qu'elles m'ont apportée. Une autre fois c'était
de sa malheureuse cuillerée de marmelade dont chacune se priva
pour moi. Elles me l'ont portée, et elles m'ont sauvé la vie. Et
à tout le monde qui descendait à l'hôpital, on faisait ça.

Vous parliez donc de cette femme qui devait recevoir vingt-cinq coups de...

Quand la *Blockalteste* a levé son bâton, tout à coup une camarade
- elle s'appelait Rose Beserman - a lancé un cri : « Non !... » et
nous toutes on a suivi : « Non ! non ! non ! » et tout le block avec
nous. On a tellement hurlé que la furie est devenue rouge comme
une tomate, et qu'au bout de cinq ou six coups elle a jeté le bâton,
s'est précipitée dehors et n'est plus revenue.

Ce qui a sauvé cette femme ce jour-là, ce serait votre... solidarité ?

Oui, notre solidarité ; mais aussi quelque chose d'autre, quelque
chose dans notre attitude qui a amené le Tigre à arrêter... mais
ce n'est pas tout. Il fallait encore prévenir le garçon qui avait écrit
le mot. Comment faire ? Nous devions sortir, comme tous les jours.
Mais avant de quitter les lieux il fallait rester debout un bon
moment pour l'appel. On nous comptait en sortant et en rentrant
pour vérifier si personne ne s'était sauvé. Pendant cette cérémonie
de comptage, il y avait souvent un camarade qui passait de manière
nonchalante pour jeter sur nous un coup d'œil. Nous avons donc
prévu entre nous que celle qui serait le plus près de l'homme qui
passerait lui lancerait un mot : « On a trouvé chez nous un papier.
Nettoyez chez vous. » Quand j'ai entendu : « En avant, marche ! »,
personne n'ayant encore prévenu l'homme, je me suis éloignée un
peu des rangs en lançant ces quelques mots en yiddish : « On a
trouvé chez nous, nettoyez chez vous. » Mais l'Allemande qui nous
surveillait était là, elle m'avait repérée du perron. Elle me lance :
« *Komm, komm, komm... komm, komm, komm...* » Vous savez,

« *komm, komm...* » c'est pour aller au diable. J'avais cinq marches à monter. Alors je les ai montées lentement, lentement, me disant à chaque pas : « Pourquoi te dépêcher, la mort t'attend. » Je me suis plantée devant elle et l'ai regardée droit dans les yeux.
« *Was hast du da gesprochen ?* me lança-t-elle (qu'est-ce que tu as dit ?)
- Je lui ai dit que je l'aime. »
Je m'attendais au pire, je croyais qu'elle m'annoncerait tout de suite : « *... nach Birkenau !* » mais elle continua :
« Tu ne sais pas qu'on ne doit pas parler aux hommes ?
- C'est mon mari. »
Elle m'assena une gifle terrible, et une autre, han ! han ! han ! Ma tête sautait de tous les côtés, elle me battit et me poussa violemment à l'intérieur du bâtiment. Mais elle ne m'avait pas annoncé de *Meldung*, elle n'avait pas prononcé les paroles fatidiques : « *nach Birkenau* »

Elle ne l'a pas fait...

Parce qu'elle a vu que... dans ma façon de monter, je la regardais, je montais lentement...

Et cela pour prévenir qu'on avait trouvé le mot d'amour.

Oui, oui, oui. Et pour qu'ils sachent.

Qu'ils sachent...

Qu'ils apprennent qu'on a résisté, qu'elle n'a pas subi ses vingt-cinq... *Schmitze*, ses vingt-cinq coups. De ça on a parlé dans tout le camp. C'était la première fois... tout le camp l'a su. C'était un acte de courage formidable.

Qui a donné du courage a tout le monde...

Et qui a enlevé le « courage » à l'autre, à la tueuse - parce que c'était une tueuse - celle qu'on appelait... comment je vous ai dit... le « Tigre » : eh bien ! le Tigre a arrêté de nous mordre. Après que l'Allemande m'eut jetée ainsi, je suis montée jusqu'à ma salle, je me suis assise sur le lit, j'étais toute tuméfiée. Alors j'ai pris une serviette et j'ai commencé à la couper en deux, pour me faire une sorte de gant et m'éponger la figure d'eau froide. Là-dessus, le Tigre arrive - elle ne savait pas que l'autre m'avait giflée : « Tu fais du sabotage ! » me lance-t-elle. J'ai eu beau lui expliquer que j'avais mal, que je voulais seulement m'humecter la figure, elle commence à me traîner jusqu'à l'escalier dans le but de m'enfermer en bas pour cause de « sabotage ». Elle aurait prévenu l'autre, et comme je venais déjà d'en recevoir les coups, cette fois c'était Birkenau. Il fallait faire quelque chose, vite. Alors je réussis à m'adresser à la furie, et je lui dis : « Écoute, tu es juive, tu allumes chaque vendredi une bougie. Quand tu iras au ciel, tu paieras pour tout ce que tu nous as fait là. Tu paieras, je te le promets. » D'un coup, elle m'a lâchée, comme ça, sur place. Plus jamais elle ne m'a touchée. Quand elle passait devant moi, elle semblait éviter de me remarquer, comme ça... elle avait peur de moi, vous ne pouvez pas vous imaginer.

Elle avait peur, le Tigre ?

Mais je vais vous dire maintenant comment l'histoire du block 10 s'est terminée pour nous. Il est arrivé un moment où la doctoresse - Slavka, qui inventait ce qu'elle pouvait pour différer les « expériences » - ne pouvait plus sauver les filles. Alors toutes, nous avons décidé d'aller volontairement à Birkenau. Aller à Birkenau, c'était aller à la mort : la mort par le travail, un terrible travail savamment étudié pour tuer, le *Aussenarbeit* ; ou directement à la chambre à gaz et aux fours crématoires. Et voilà que tout à coup, dix-huit femmes - deux femmes avaient rejoint notre groupe - voulaient aller à Birkenau ! On nous a regardé comme des folles. Mais il était entendu que celles qui avaient déjà été « traitées » pouvaient rester. Nous étions deux dans ce cas : Irène Kasman, dans le lit de qui je m'étais cachée quand on était venu me chercher, elle était arrivée avant nous, quand il n'y avait pas encore de groupe qui lui aurait permis de résister. Nous deux, quoique nous aurions pu rester au block 10 - étant « traitées » nous ne risquions plus grand-chose - nous avons décidé de suivre le groupe, sachant que l'on peut mieux résister en groupe que tout seul dans cet océan de souffrance.

Donc le groupe part à Birkenau...

Alors nous sommes parties, et comment nous sommes parties ! Toute la nuit nous chantions ! Des chants de paix, des chants révolutionnaires, des... en toutes les langues. Et le lendemain nous sommes sorties en chantant la Marseillaise. Dans les blocks des hommes, les fenêtres s'ouvraient : « Bravo les Françaises ! Bravo les Françaises ! » criaient-ils, et on nous jetait des morceaux de pain. Et nous allions ainsi, mais nous n'étions pas rassurées : peut-être allions-nous vers les chambres à gaz ? Cela parce que nous n'avions pas le droit de décider de notre vie. Nous allions à la mort, de ne pas les avoir laissés décider de notre mort. On vous envoie à Birkenau quand ils le veulent, pas quand vous le voulez, vous comprenez ? C'était déjà une résistance, seulement d'inverser cela.

C'était un acte de résistance, au camp, de choisir soi-même sa mort...

Mais oui... de choisir un autre chemin que celui que eux veulent nous tracer. Eux, ils veulent qu'on reste là et qu'on donne notre corps pour leurs sales expériences. Et nous on s'oppose, et nous décidons de notre gré d'aller à Birkenau. C'était une résistance.

Cela se passait combien de temps après votre arrivée à Auschwitz ?

Un an, presque. Nous sommes arrivées en juillet et ça, c'était au mois de mai, fin mai 1944.

Donc votre groupe se dirige vers Birkenau...

Oui. On va directement vers la chambre à gaz... directement : on en était à quelques dizaines de mètres. Nous reconnaissons l'endroit sinistre des fours crématoires dont on voyait toujours la fumée noire. Le jour on ne voyait pas la flamme, mais la nuit, c'était terrible de voir cette flamme dans le ciel noir, c'était terrible. Et nous nous avancions par là. Alors je me penche vers une amie, Mira Honel, et je lui dis : « Maintenant qu'est-ce qu'on fait, on se bagarre ? » On était convenues que si on voyait qu'on nous emmenait aux chambres à gaz, on tomberait sur eux et on se battrait : on mordrait, on taperait, on tâcherait de tuer au moins celui qui nous emmènerait. Alors il fallait décider. Quelle responsabilité ! On s'avançait, pas après pas, à gauche se profilait le block 27 ; à droite, c'était la chambre à gaz. Dans la colonne, on se préparait à l'ultime assaut, quand tout à coup on entendit crier : « *Links !* » À gauche ! Une seconde plus tard, et on faisait la bêtise fatale. Ça, c'était un coup de hasard ! Et voilà, on se dirige donc vers le block 27, et là on est accueillies par la *Blockalteste*, une Juive tchèque, qui nous dit comme ça, comme dans un ricanement lugubre : « *Ah ! die Damen von Auschwitz, mit die weisse Koller !* (Ah ! les dames d'Auschwitz en cols blancs ! Ici c'est fini, les dames d'Auschwitz). Demain, vous irez au *Aussenkommando*, au kommando du travail extérieur. Là vous tiendrez quatre, cinq, six semaines ; et puis, vous irez au *Himmelkommando*, au kommando du ciel ! » Et elle dit tout cela en savourant ses mots voluptueusement, je l'aurais étranglée. Mais elle dut lire dans mes yeux cette sourde haine, car elle se tourna vers moi : « Et celle-là, glapit-elle, elle ne tiendra même pas trois semaines ! » Elle devait se réjouir de me voir déjà maigre comme un clou. Et voilà l'arrivée à Birkenau. Le lendemain, on commençait au *Aussenkommando*...

Là, quel était le travail ?

On appelle ça « travail » ! Aucun travail utile ! Par exemple on portait des briques. Il y avait ici un tas de briques. On devait porter cinq briques, et les bras bien en avant, pour mieux fatiguer le cœur. Il fallait les transporter un ou deux kilomètres plus loin par un chemin escarpé où vous risquiez de vous rompre le cou à chaque pas ; et une fois arrivée au bout, il fallait se retourner et les rapporter. Ça, du matin au soir. Et le soir, nous portions les morts sur notre dos. Moi donc, j'empile les cinq briques, mais je suis petite, et la cinquième m'empêche de voir. À côté de moi il y avait une camarade de deux têtes plus grande que moi ; très grande. « Regarde, lui dis-je, impossible d'y arriver ! » Alors elle me prend la cinquième brique. Ça a l'air simple, mais comprenez cela : elle n'avait pas plus mangé que moi, nous vivions dans des conditions terribles, et porter une brique de l'autre, vous savez ce que c'est ? C'est donner un peu de son sang. Comme donner un peu de soupe, c'est donner un peu de sa vie. Elle prend donc six briques et moi quatre. Mais l'Allemand est là-bas, qui veille ; il regarde, et court

vers moi : « Sabotage ! hurle-t-il, *Wirst du machen* ! Qu'est-ce que tu fais là ! Tu dois prendre ce qu'on t'a dit de prendre... c'est cinq qu'il faut porter, et tu ne portes que quatre ! Tu auras tout de suite une punition. » Alors je dis : « Non, j'en porte cinq. La cinquième, c'est ma sœur qui la porte, parce qu'elle est plus grande que moi. »
Tout cela en allemand ; cela servait, vous savez, de parler allemand... Lui n'en revenait pas : « *Das habe ich nie gesehen* » (alors ça... je n'ai jamais vu...) Qu'on lui réponde comme ça, froidement, « Cinq, ça m'arrive jusque-là, et mes yeux, ils sont ici et pas là... », ce n'était pas l'habitude de l'endroit.

Combien de temps êtes-vous restée comme ça ?

Trois semaines. Et la saloperie qui nous a accueillies, elle avait raison : je n'aurais pas tenu plus. Mais la résistance s'était arrangée pour parvenir à envoyer quelques-unes d'entre nous à l'hôpital, d'abord comme malades, puis comme aides-infirmières ou comme infirmières, et c'est comme ça qu'on nous a sauvées.

Vous vous retrouvez donc à l'hôpital ?

Oui, au *Revier*. C'est là que j'ai rencontré Orli, une femme dont le rôle a été déterminant pour la suite...

Qui était Orli ?

Orli était la *Lageralteste*, la responsable du *Revier*, de l'hôpital. C'était une communiste allemande qui avait été internée très tôt, et avait survécu aux conditions terribles des prisons et des camps nazis. Elle avait dix-sept ans quand on l'a arrêtée. Elle a connu les cachots, les tortures cinq ans durant, puis elle a été envoyée à Auschwitz, et elle était là depuis cinq ans quand je l'ai rencontrée au *Revier*, donc elle avait été nommée responsable en raison de son ancienneté, de sa personnalité...

Elle n'était pas juive...

Non. Sa mère était luxembourgeoise et son père allemand. Et quand nous sommes arrivées, elle était assez démoralisée. Elle battait même les femmes, « pour les empêcher de faire des bêtises », affirmait-elle. Et puis, en dix ans de camps et de souffrance, son langage était devenu dur, arrogant parfois. Mais nous avons eu une influence formidable sur elle. D'abord on a dit : « Tu ne battras plus ». Elle a beaucoup changé. Sans qu'elle s'intègre tout à fait au groupe de résistantes que nous formions, on l'a associée à notre action et son aide était extraordinairement précieuse. J'étais moi-même responsable au bureau de la résistance à Birkenau ; responsable pour les femmes juives de France. Il y avait là Marie-Claude Vaillant-Couturier, et puis d'autres responsables pour d'autres pays, pour les Autrichiennes par exemple, une femme que j'ai revue il y a dix ans à Vienne... elle s'appelait Lotty.

Quel travail faisiez-vous à l'hôpital ?

Orli m'a envoyée dans le block des Allemandes. Il y avait là des « triangles noirs », c'est-à-dire des détenues de droit commun : des prostituées, des voleuses, etc. Les Allemandes, on les soignait comme à l'hôpital, elles avaient des médicaments, elles recevaient des colis... La *Blockalteste* elle-même était une *Schwartz*, une « triangle noir ». Elle était très gentille et m'appréciait beaucoup ; je travaillais comme un diable. Il y avait deux à trois cents filles, à trois par lit, qu'il fallait laver, à qui on devait prendre le pouls, la température ; il fallait aussi nettoyer le block, et tout cela avant neuf heures du matin, heure à laquelle apparaissait le sinistre Mengele, suivi d'officiers nazis, de la doctoresse - il y avait une doctoresse juive, Ena - et de Orli. On criait : « *Alles fertig !* » (tout est prêt) et la visite commençait. Orli m'avait envoyée là parce qu'elle savait que je pourrais utiliser cette situation. C'est ce que j'ai fait, grâce à la doctoresse allemande du block, une démocrate-socialiste. Celle-ci s'arrangeait pour me donner des médicaments, du charbon parce que la dysenterie faisait rage, des fortifiants pour le cœur, de la quinine, il y avait le typhus, la malaria ; c'était marécageux là-bas, vous savez... Alors je mettais tout cela dans les deux grandes poches de mon tablier blanc et je sortais, les mains crispées sur mon précieux chargement : dans ces poches il y avait... quelques vies humaines. Inutile de vous dire que c'était très risqué ; mais la doctoresse risquait encore plus que moi. J'ai donc travaillé là pendant un bon moment, puis j'ai été envoyée dans un block de typhoïde. Les malades étaient réparties dans des blocks correspondant à leur maladie, ou bien étaient parfois mélangées les uns aux autres. C'était terrible ; chaque jour il en mourait des centaines. Les nazis laissaient les microbes se propager pour tuer « naturellement », en masse. Et pour finir, ils opéraient des « sélections », c'est-à-dire qu'ils envoyaient une grande partie des malades à la chambre à gaz. Je savais que lorsqu'il y avait des sélections, les infirmières devaient monter les femmes jusqu'au camion destiné à les conduire à la mort, des camions maquillés en camions-ambulances. J'avais dit à Orli : « Si jamais cela m'arrivait, je ne pourrais pas le faire. Si tu apprends que le block où je travaille doit être "sélectionné", préviens-moi. » Je travaillais donc depuis quelque temps dans le block de typhoïde, block 22, et l'état des malades s'améliorait même un peu, parce qu'on parvenait à se procurer des médicaments, quand tout à coup arrive une directive : les femmes du block tout entier devaient passer au four crématoire. Orli est venue me l'annoncer. Et elle m'a suppliée : « Surtout ne fais pas de bêtises, sinon tu risques d'aller avec elles et je ne pourrai rien faire... » J'ai répondu : « Je ne pourrai pas mettre mes sœurs sur le camion, en sachant où je les envoie. Je ne pourrai pas. De toute façon, tôt ou tard... » Une autre infirmière était là, Dora Wallach, une Juive française déjà déportée depuis 1942 dans le camp ; ma décision lui plut, car elle déclara : « Moi non plus, je ne le ferai pas ; j'irai me cacher dans un autre camp. » Elle se disait qu'elle pourrait se débrouiller pour passer, pour déclarer qu'on l'avait envoyée, etc., alors je dis : « Je ne me cacherai pas, je ne veux pas compromettre Orli, je ne veux pas qu'elle paie pour moi. Mais je te le répète, Orli, je ne le ferai pas. Je m'allongerai sur mon lit, et si on m'appelle, tu m'appelleras, je ne veux pas que tu prennes cela sur toi. » Le lendemain matin, on est venu chercher les femmes, et on entendit crier : « *Pflegerinnen von Block zweizwanzig*, (les infirmières du block 22), les infirmières... » Les infirmières ne répondent pas. Orli est sortie tout de suite, et commença par aller chercher les Polonaises, pour que ça aille plus vite : les Polonaises étaient assez contentes d'envoyer les Juives au gaz ! Et puis, cela faisait déjà un bon moment qu'on appelait, et nous, nous ne sortions pas. Bientôt la responsable allemande du camp appela Orli car les femmes s'opposaient et ne voulaient pas sortir. Avant de partir, nous les

avions prévenues : « Demain, on vient vous chercher. » Et nous leur
avions donné tout ce qu'il y avait dans le block de vaisselle,
d'ustensiles divers que nous avions glissés dans leur lit en leur disant :
« Défendez-vous, criez, hurlez, battez, tout ce que vous pourrez ;
nous, nous ne serons pas là... » et on fourrait sous leurs grabats des
morceaux de bois, n'importe quoi. Et maintenant, elles hurlaient,
elles se débattaient, elles ne se laissaient pas traîner hors de leur
couverture. Aussi Orli avait-elle appelé la responsable du camp.

Une Allemande...

Oui, une Allemande, elle devait être officier ou quelque chose
comme ça, elle était décorée...

Et Orli l'avait appelée...

Oui, elle était obligée de le faire, pour annoncer que...

Et auparavant, elle avait appelé les Polonaises pour...

Oui, oui, mais les femmes ne se laissaient pas sortir, elles se
bagarraient avec les Polonaises. Et ça, c'était déjà une révolution.
Orli était obligée de signaler cela. Alors l'Allemande est arrivée ;
il paraît qu'elle avait une canne arrondie avec laquelle elle prenait
les femmes par le cou. Cela a duré peut-être deux, trois heures,
alors que d'habitude, une telle opération se terminait en quelques
minutes : il y avait *Blocksperre*, fermeture totale du block, et puis
on entendait des hurlements, personne ne sortait plus que ces
pauvres victimes qu'on jetait dans les camions et dont les cris
terribles parvenaient jusqu'au camp des hommes. Tout le monde
connaissait le déroulement sinistre de ce processus « spécial » ; on
savait qu'un « malheur » - on appelait cela ainsi - arrivait dans le
camp des femmes. Cette fois, cela durait, durait... Le lendemain,
ils ont appris que les femmes ont résisté, qu'elles ne se sont pas
laissées faire... Malheureusement...

Et à ce moment-là, vous étiez...

Sur mon lit ; durant tout ce temps. Et je pleurais, je pleurais toutes mes larmes, et j'entendais les hurlements et j'étais déchirée de douleur. Après, Orli est venue en me regardant dans les yeux, et m'a dit : « *Deine Hände sind sauber, aber meine sind schmutzig* » (Tes mains sont propres, mais les miennes sont sales). Et ses yeux se fixèrent sur les miens, et je ne pus supporter son regard. Alors je rétorquais : « Mais ce n'est pas la première fois que tu les trompes, ce que tu as fait, tu l'as déjà fait... » Parce que pendant cinq ans, il fallait faire pas mal de choses. Et pourtant, je lui ai demandé pardon. Elle souffrait terriblement. Je lui ai dit : « Je n'avais pas le droit de le faire, ce n'était pas un acte de bravoure de ma part, parce que je me suis reposée sur toi - Non, répondit-elle, tu ne t'es pas reposée sur moi. Tu as attendu qu'on vienne te chercher. Tu ne t'es même pas sauvée... » Ensuite elle a regretté de m'avoir dit cela, que mes mains étaient propres et les siennes sales.

Pourquoi a-t-elle regretté ?

Parce que ça m'a fait mal. Ça m'a fait très mal, ça.

Pourquoi ça vous a fait mal ?

Parce que je me suis dit : ce n'était pas tant que je voulais me montrer courageuse... mais je sentais que ça, je ne pourrais pas le faire. Ma conscience ne me laisserait pas. Demain, moi aussi j'irai à la chambre à gaz. Nous, on était là pour ça. Alors pourquoi aider encore à mentir aux femmes, à les envoyer à la mort sans que je le leur dise ! Cela m'obsédait...

Mais Orli, elle, elle le faisait...

Elle le faisait.

Mais pourquoi ?

Parce que... tout le monde le faisait... elle était obligée.

Mais pourquoi vous ne l'avez pas fait, vous ?

... il y avait un *Sonderkommando*...

Mais pourquoi vous ne le faisiez pas, vous ?

Parce que moi, je... ma conscience ne m'a pas laissée, je ne sais pas. Mais c'était... je ne sais pas si on peut appeler ça un acte de courage.

Comment vous appelleriez cela alors, si ce n'est pas du courage ?

C'était une résistance. Ne pas se mettre sous les ordre des Allemands pour les aider à liquider mes sœurs. À ceux qui ont aidé, je disais : « N'importe comment si moi je ne le fais pas, l'autre le fera. » Mais moi, j'ai senti que je ne pourrais pas le faire.

Mais vous dites que ça vous a fait mal quand Orli vous a dit qu'elle a les mains sales et vous...

Oui... et que moi j'ai les mains propres.

Mais pourquoi... expliquez-moi pourquoi ça vous a fait mal ?

Je ne sais pas. Je me sentais un peu... un peu humiliée devant elle. Je ressentais que je m'étais servie d'elle parce que je savais qu'elle me remplacerait. Vous savez... ce n'était pas alors un si grand courage. Si je n'avais pas eu Orli, est-ce que j'aurais fait...

Mais en quoi vous aurait-elle remplacée ?

Elle a fait ce que je devais faire, moi. C'était un sale travail... un sale travail...

Mais vous, de toute manière vous ne l'auriez pas fait...

Non. J'étais sûre de moi. Mais par la suite, j'ai douté : « Et si Orli n'était pas de ton côté... » Bien que je m'étais déjà testée, pour ainsi dire, quand j'étais sous les griffes de la Gestapo, etc. Je ne faisais rien qui allait contre ma conscience.

Et pourtant vous avez douté...

J'ai hésité...

Cette parole d'Orli, c'était un reproche ?

Oui, c'était un reproche, parce qu'elle a dit : « Toi tu t'es gardé les mains propres, et moi j'ai sali les miennes. » C'était un reproche. Et c'est pour ça que j'ai hésité, si j'avais le droit de le faire, mais j'ai riposté, j'ai dit : « Mais les tiennes étaient déjà sales avant... » Et moi, je n'avais pas encore sali les miennes. Et Dieu merci, je ne les ai pas salies jusqu'à la fin. J'avais peut-être de la chance... Mais je vais vous dire un acte d'Orli ; c'est formidable. C'était le moment où ils avaient l'intention de faire sauter le camp avec les Juifs, et où donc ils avaient retiré tous les non-Juifs du camp. Un matin, à quatre heures, ils sont venus nous réveiller pour faire immédiatement l'appel. Ce n'était pas du tout l'habitude. Et Orli était certaine que c'était pour nous envoyer à la chambre à gaz, toutes les femmes juives restantes. On nous comptait donc, on comptait, on comptait. J'étais aux côtés d'une camarade, Mira Honel. Orli s'est approchée, et nous a dit : « *Ob ihr ins Oven kommt, dann komme ich mit euch* (si vous allez dans le four, moi je vais avec vous). » Ça je n'oublierai jamais.

Comment expliquez-vous qu'elle ait dit cela, alors qu'auparavant...

Parce qu'elle était tellement liée à nous, elle admirait tant notre résistance qu'elle se disait : « Si on liquide des femmes comme ça, je vais avec elles. » Cela voulait dire qu'elle reprenait confiance en la lutte, parce qu'elle était déjà abîmée quand nous sommes venues. Elle était déjà un peu démoralisée.

Et donc à vous voir, dans votre lutte, dans votre résistance...

Ça a agi.

Quand vous vous rappelez tout ce que vous avez vécu à Auschwitz, comment pouvez-vous comprendre le courage qui vous permettait de tenir ? Qu'est-ce que vous pouvez dire de ce qui vous différenciait de ceux à qui le courage a pu manquer ?

Dans le camp, ceux qui résistaient le plus étaient ceux qui avaient un idéal. Les curés, les rabbins, les communistes... ceux-là avaient la religion, nous on avait l'idéal ; les antiracistes, les antinazis, les antifascistes... ils ont lié leur lutte, ils se sont donné la main. La résistance internationale nous a beaucoup aidées. Les Yougoslaves, par exemple, elles sauvaient beaucoup de femmes juives. Les politiques allemands, comme Adolf, un camarade : il a sauvé au moins trois cents femmes juives. Il avait passé douze ans de prison et de camps, et puis après on a eu beau le défendre devant les Russes, pour eux c'était un Allemand ; il a passé dix autres années dans les camps staliniens. Il en est rentré vivant, mais avec les mains gelées.

Ce serait donc l'idéal qui mobiliserait principalement le courage ?

Il fallait aussi une certaine force de caractère ; mais dans le camp l'appartenance à un groupe, avoir un idéal, c'était l'essentiel. Alors on ne se sentait pas seul, on savait avoir un appui ; vous savez, c'est beaucoup...

Savoir que l'on a un appui...

Oui. Par exemple Irène Fein Kasman ; c'était une camarade qui avait été artiste du théâtre yiddish à Paris, et qui allait de block en block, le dimanche après-midi, pour chanter, jouer des sketches... Il fallait alors voir ces femmes à moitié mortes lever la tête, pleurer, rire même, renaître un peu à ce petit fond de joie qui osait encore s'animer. Le dimanche alors, on entendait chanter, raconter des histoires ; cela, on l'avait commencé dans le block 10. Et le moral des femmes reprenait vie d'une manière incroyable. C'était rare dans les camps. Or Irène Fein fut un jour punie et envoyée dans un autre camp ; et là elle s'est vue seule. Elle se croyait perdue, elle ne sentait plus d'appui. On a réussi à la faire prendre au kommando des *Kartoffelschälern*, des éplucheurs de pommes de terre. Au moins elle n'était pas dehors ; et pouvoir travailler aux épluchures, c'était manger. Plus tard elle m'a dit : « Si je n'avais pas eu votre appui, je serais morte au bout de huit jours ». Elle qui avait un tel courage quand elle était avec nous.

Ce serait donc que cette force que l'on cherche en soi-même, on la trouverait grâce aux autres...

Ensemble, ensemble, c'est plus facile de lutter que seul. Seul il faut, ou bien abandonner la vie, ou bien posséder une force morale et physique extrêmement solide. Et le physique marche avec le moral. Ainsi nous, nous avions cette devise : ne pas se laisser amoindrir, ne pas perdre la face de l'homme. Il ne faut pas prendre par terre une saloperie et la manger parce qu'on a faim. D'autres le faisaient. Un autre exemple : quand on était au *Aussenkom-mando*, la plupart avait la dysenterie. Elles étaient prises de terribles diarrhées qu'il fallait vite soulager, à chaque fois. Il y avait plus loin un trou pour ça. Et quand j'y allais, j'en trouvais toujours qui étaient - je m'excuse - couchées dans la merde. Je leur disais : « Pourquoi faites-vous ça, vous perdez... l'humain, pourquoi faites-vous ça ? » Et moi, je ne pourrais jamais le faire. Il ne faut pas se laisser avilir, il ne faut pas perdre la...

Est-ce la dignité, le sentiment de la dignité ?

Pas seulement la dignité, mais l'être, l'être... Comment pourrais-je me coucher sur la merde ! On me tuerait que je ne le pourrais pas. Alors je me disais : « Peut-être ne suis-je pas aussi fatiguée qu'elles. » Et nous étions toutes comme ça. On se surveillait.

Mais quel est ce sentiment qui vous imposait en quelque sorte le courage, et qui n'était pas exactement le sentiment de la dignité ?

On ne peut pas appeler cela la dignité...

Quel mot alors ?

Le sentiment de ne pas perdre la face humaine... de ne pas devenir un animal, parce que là-bas c'était une double lutte : ne pas se laisser avilir par nos ennemis, et ne pas perdre la face humaine.

Propos recueillis par Pierre Michel Klein

Entretien avec Cypora Gutnic

5. Annexes

Bibliographie

Le courage constitue le ressort principal de nombre de légendes mythologiques et d'intrigues romanesques. Curieusement, on constate une étonnante disproportion entre cette foisonnante littérature et la relative minceur des œuvres, des sections ou même des fragments d'œuvres consacrés à la *réflexion* sur cette vertu. Aussi ne proposons-nous ici que trente titres, classiques pour la plupart, sans autre prétention que de guider simplement le lecteur sur une piste bibliographique limitée, mais exacte.

Textes anciens

Archiloque, *Fragments*, Éd. Les Belles Lettres, 1958.

Platon, *Protagoras ; Lachès ; La République*, Éd. Gallimard, Bibliothèque de la Pléiade, 1950, tome I.

Aristote, *Éthique à Nicomaque*, II, 7 ; III, 9 à 12, Éd. Vrin, collection de Poche, 1990.

Cicéron, « Sur les fins des biens et des maux », en particulier III, 8, in *Les Stoïciens*, Bibliothèque de la Pléiade, 1964.

Sénèque, « De la constance du sage », in *Les Stoïciens, ibid.*

Épictère, « Entretiens », en particulier II, 1, in *Les Stoïciens, ibid.*

Plotin, *Ennéades*, en particulier I, 2 (§ 3) Éd. Les Belles Lettres, 1960.

Saint Thomas, *Somme théologique*, IIa, IIae, q. 123-140, Éd. du Cerf.

Senault, *De l'usage des passions*, IIe traité, « De la hardiesse et de la crainte », Paris, 1641, Éd. Fayard, 1987.

Descartes, *Traité des passions*, II art. 59 ; III art. 171 et 173, Éd. Gallimard, Bibliothèque de la Pléiade, 1953.

Pascal, *Pensées*, Éd. Brunschvicg, III, 194, Éd. Garnier-Flammarion, 1976.

La Motte Le Vayer, « De la hardiesse et de la crainte », in *Œuvres*, Paris, 1662, tome II.

Spinoza, *Éthique*, III prop. 59, scolie, Éd. Gallimard, Bibliothèque de la Pléiade, 1954.

Fénelon, *Les Aventures de Télémaque*, Livre II, Éd. Garnier-Flammarion, 1968.

Montesquieu, *Considérations sur les causes de la grandeur des romains et de leur décadence*, Éd. Garnier-Flammarion, 1968.

Rousseau, *Julie ou la Nouvelle Héloïse*, III, lettre 22 (« contre le suicide »), Éd. Garnier, 1960.

Kant, *Métaphysique des mœurs*, IIe partie, « Doctrine de la Vertu », Éd. Vrin, 1968, p. 50, 77, 96, 100.

Kierkegaard, *Ou bien... ou bien*, IIe partie, texte 2 : « L'équilibre entre l'esthétique et l'éthique dans l'élaboration de la personnalité », Éd. Gallimard, 1943, en particulier à partir de la page 557.

Bergson, *Les Deux Sources de la morale et de la religion*, en particulier « L'appel du héros », Éd. PUF, Éd. du Centenaire, 1959, p. 1003.

Textes contemporains

R. Le Senne, *Traité de morale générale*, II, 5, A, Éd. PUF, 1947.

E. Mounier, *Traité du caractère*, Éd. du Seuil, 1947.

H.I. Marrou, *Histoire de l'éducation dans l'Antiquité*, Éd. du Seuil, 1948.

P. Ricœur, *Philosophie de la volonté*, tome I, Éd. Aubier-Montaigne, 1967.

P. Tillich, *Le Courage d'être*, Éd. Casterman, 1967.

P. Sellier, *Le Mythe du héros*, Univers des Lettres, Éd. Bordas, 1970.

J.-P. Vernant, *Problèmes de la guerre en Grèce ancienne*, Recueil, Mouton, 1968.

J. de Romilly, « Réflexions sur le courage chez Thucydide et chez Platon », *Revue des études grecques*, XCII (1980/2), n° 442-444.

G. Dumézil, *Heur et malheur du guerrier*, « Aspects mythiques de la fonction guerrière chez les Indo-Européens », 2e éd. remaniée, Éd. Flammarion, 1985.

V. Jankélévitch, *Traité des vertus*, II, vol. 1, ch. 2, « Le courage et la fidélité », Éd. Flammarion, Champs, 1986.

E. Lévinas, « Le clair et l'obscur » in *Difficile liberté*, Éd. Albin Michel, 1963.

Biographie des auteurs

Lucie Aubrac

Agrégée d'histoire. Cofondatrice, en octobre 1940, du Mouvement de résistance Libération Sud. Déléguée par la Résistance à l'Assemblée consultative provisoire à Alger puis à Paris. A notamment publié *Ils partiront dans l'ivresse*, éd. du Seuil, 1984.

Henry Bulawko

Président de l'Amicale des anciens déportés juifs de France. Président du Cercle Bernard Lazare.
A notamment publié *Les Jeux de la mort et de l'espoir*, éd. Encres, 1980.

Georges Canguilhem

Professeur honoraire de philosophie à la Sorbonne, université Paris I. A notamment publié *La Connaissance de la vie*, éd. Vrin, 1965, et *Études d'histoire et de philosophie des sciences*, éd. Vrin, 1968.

Dominique Eudes

Journaliste et écrivain. A notamment publié *Les Kapetanios ; la guerre civile grecque 1943-1949*, éd. Fayard, 1970.

Marc Fréchet

Psychologue. Attaché de recherche à l'hôpital Paul-Brousse de Villejuif au service du professeur J.-L. Nisset. Thèse de doctorat de recherche intitulée *Somatisation, répétitions et cycles de vie*.

Michel Gillibert

Secrétaire d'État aux handicapés et aux accidentés de la vie.

Cypora Gutnic

Membre fondateur (1945) et actuellement vice-présidente de l'Amicale des anciens déportés juifs de France.

Anne Henriot

Cinéaste et enseignante de réalisation cinéma.

Pierre Jakob

Professeur agrégé de philosophie. Auteur de *Freud et la psychanalyse*, éd. Nathan, 1987.

Pierre Michel Klein

Professeur agrégé de philosophie. A notamment publié une édition de l'*Introduction à la science de la logique*, de Hegel, éd. Nathan, 1985 ; et *Logique de la mort*, éd. du Cerf, 1988.

Sylvain Matton

Chargé de recherche au CNRS. Directeur de la revue *Chrysopœia*.

Daniel Mayer

Chef de la rubrique sociale du *Populaire* (1933-1939). Secrétaire général du Parti socialiste clandestin. Ancien ministre. Ancien président (1983-1986) et membre du Conseil constitutionnel. A notamment publié *Les Socialistes dans la Résistance*, éd. PUF, 1968 ; et *Pour une histoire de la gauche*, éd. Plon, 1969.

Charles Melman

Médecin des hôpitaux psychiatrique et psychanalyste. Membre fondateur de l'Association freudienne. A notamment publié *Nouvelles Études sur l'hystérie*, éd. Joseph Clims/Denoël, 1984.

Lucette Savier

Directrice de collection aux éd. Syros.

Étienne Smoes

Professeur au collège Saint-Michel à Bruxelles. Docteur de l'université catholique de Louvain. Auteur d'une thèse sur *Le Courage chez les Grecs* et d'une étude sur *Le Courage chez Platon et Aristote* (à paraître).

Roland Topor

Peintre, dessinateur, écrivain. A publié entre autres *Les Combles parisiens*, éd. Séguier, 1989, *Journal intime*, éd. Ramsay, 1989, *Le Sacré Livre de Proutto*, éd. Syros, 1990. Auteur, avec Henri Xhonneux, du film *Marquis*, 1989.

Table des matières

Déjà parus dans la même collection

La Fidélité. Un horizon, un échange, une mémoire.
N° 1. Dirigé par Cécile Wajsbrot.

La Politesse. Vertu des apparences.
N° 2. Dirigé par Régine Dhoquois.

L'Honneur. Image de soi ou don de soi : un idéal équivoque.
N° 3. Dirigé par Marie Gautheron.

Le Pardon. Briser la dette et l'oubli.
N° 4. Dirigé par Olivier Abel.

La Tolérance. Pour un humanisme hérétique.
N° 5. Dirigé par Claude Sahel.

La Patience. Passion de la durée consentie.
N° 7. Dirigé par Catherine Chalier.

À paraître dans la même collection

L'Humilité.
N° 8. Dirigé par Gaëtanne Lamarche-Vadel.

La pudeur.
N° 9. Dirigé par Claude Habib.

Le respect.
N° 10. Dirigé par Catherine Audard.

Charité.
N° 11. Dirigé par Adèle Gandon.

Éditions Autrement

Directeur-rédacteur en chef : Henry Dougier. *Rédaction :* Béatrice Ajchenbaum-Boffety. Jean-Claude Béhar. Nicole Czechowski. Chantal Dahan. Richard Figuier. *Fabrication/Secrétariat de rédaction :* Bernadette Mercier, *assistée de* Hélène Dupont. *Maquette :* Patricia Chapuis. *Service financier :* Éric Moulette. *Gestion et administration :* Anne Allasseur. Agnès André. Hassina Mérabet. Christian Da Silva. *Service commercial :* Patrick Leimgruber. *Responsable du service de presse :* Magalie Cornetto.

Abonnements au 1er janvier 1992 : la collection « Morales », complémentaire des Séries « Monde », « Mutation », « Mémoires » et « Sciences en société » est vendue à l'unité (98 F par ouvrage) ou par abonnement (France : 315 F ; Étranger : 370 F) de 4 titres par an. L'abonnement peut être souscrit auprès de votre libraire, ou directement à Autrement, Service abonnements, 4, rue d'Enghien, 75010 Paris. Établir votre paiement (chèque bancaire ou postal, mandat-lettre) à l'ordre de NEXSO (CCP Paris 1-198-50-C). Le montant de l'abonnement doit être joint à la commande. Veuillez prévoir un délai d'un mois pour l'installation de votre abonnement, plus le délai d'acheminement normal. Pour tout changement d'adresse, veuillez nous prévenir avant le 15 du mois et nous joindre votre dernière étiquette d'envoi. Un nouvel abonnement débute avec le numéro du mois en cours.
Vente en librairie exclusivement. Diffusion : Éditions du Seuil.

Directeur de la publication : Henry Dougier, Revue publiée par Autrement
Comm. par. 55778. Corlet, Imp. S.A., 14110 Condé-sur-Noireau. N° 5568.
Dépôt légal : 3e trimestre 1992. Précédent dépôt : février 1992.
ISSN : 1154-5763.
ISBN : 2-86260-353-8. *Imprimé en France*